그들은 어떻게 재택근무로 최고의 성과를 올렸나

새로운 일 방식으로 성과를 높인 기업들의 비밀

그들은 어떻게 재택근무로 최고의 성과를 올렸나

이형종 지음

'감시와 통제'가 아니라 '자율성'이 성과를 만든다!
"언택트 시대, 모든 경영자와 직원이 꼭 읽어야 할 필독서"

레인북

펜데믹 시대, 뷔리당의 당나귀처럼
새로운 혁신 앞에서 아직도 머뭇거리는 당신에게

유럽국가 중에는 행복도가 높은 나라가 많다. 행복도가 높은 나라는 노동시간이 짧고, 생산성이 높다. 그 대표적인 나라가 독일과 덴마크다. 독일은 선진국 중에서 가장 짧은 노동시간과 높은 생산성을 자랑하고 있다. 이렇게 높은 노동생산성을 실현하는 요인 중에 노동의 유연성을 촉진하는 노동시간 저축제도가 있다. 이러한 노동시간 저축제도는 유연근무제, 재택근무와 병행하여 노동환경을 더욱 유연하게 만들고 있다.

노동시간 저축제도는 노동자가 노동시간 전용계좌를 이용하여 정규 노동시간 외에 추가 노동시간을 저축하는 제도다. 야근한 시간을 저축하고 다른 날에 근무시간을 줄이거나 유급휴가로 사용할 수 있다. 예를 들어, 2시간 야근하면 다른 날에 2시간 빨리 퇴근할 수 있다. 야근하면 할증하여 임금을 늘리지 않고 휴식할 수 있기 때문에 야근수당을 받는 노동자는 줄어들고, 기업은 비용을 절감할 수 있다. 유연하고 자유로운 시간관리로 업무효율성을 높일 수 있다. 사전에 노동시간 총량이 정해져 있고, 초과할 경우 휴가로 사용하여 보충할 수 있기 때문에 노동자의 과로를 방지하고 워라밸Work-life balance을 실현할 수 있다.

덴마크는 유럽국가 중에서도 특히 노동생산성이 높다. 덴마크 사람들은 주 평균 33시간 일하면서 높은 생산성을 실현하고 있다. 그 배경에는 덴마크도 플렉시큐리티flexsecurity라는 유연한 노동시장 모델이 작동하고 있다. 노동시장의 유연성flexibility을 높이고 동시에 사회보장으로 노동자의 생활을 지키는 노동력 확보security정책이 양립되어 필요한 곳에 노동력을 순환시키고 있다. 쉽게 말해 기업은 필요에 따라 노동자를 해고하기 쉽고, 노동자는 실업수당과 직업훈련 등 두터운 사회보장으로 안심하고 재취업을 할 수 있다. 실제로 매년 노동인구의 3분의 1이 이직하고 있지만, 최대 2년간 실업 전 임금의 약 80%를 보상하는 실업보험 등 매우 두터운 사회 안전망이 갖춰져 있다. 동시에 실업 노동자는 의무적인 액티베이션 취업활동 프로그램에 참여하여 일찍 재취업할 수 있다. 노동시장의 유연성과 유동성이 커지면서 경제발전에도 기여하고 있다.

미국은 유연한 노동제도에 관한 국가제도는 없다. 그러나 기업은 유연한 근무 형태를 도입하여 우수한 인재를 적극 확보하고 있다. 그중에 실리콘 밸리에 있는 IT 기업과 스타트업 기업은 가장 진보적인 일 방식으로 유명하다. 취업형태와 기업의 규정은 다르지만, 노동자는 재택근무 등 일하는 장소와 노동시간을 자유롭게 선택하여 일할 수 있다. 바쁜 시기에 집중해서 일하고, 한산할 때 장기 휴가를 떠난다. 기업에는 무료 식당과 스포츠센터, 운동장, 스트레스를 완화하는 오피스견 등 여유롭고 쾌적한 사무공간을 제공하고 있다. 기업은 유연한 일 방식을 제공하여 우수한 엔지니어를 확보하고 있다. 모든 사람이 일률적 규정에 맞추지 않고, 개인 차원에서 유연하게 일할 수 있다. 개인은 대우에 걸맞게 높은 성과로 보답하고 있다.

유연한 노동제도를 갖춘 유럽국가의 모델은 한국의 현실에서 이상형이다. 한국의 노동 유연성은 유럽과 비교가 되지 않을 정도로 매우 후진적 모습이기 때문이다. 2019년 세계경제포럼(WEF)이 발표한 국가경쟁력 평가에 따르면 한국은 141개국 중에서 13위를 차지했다. 정보통신기술의 보급과 거시경제 안정성은 1위였으나 노동시장과 관련된 정리해고 비용(116위), 고용과 해고 관행(102위), 임금결정의 유연성(84위) 등의 항목은 세계 최하위 수준이다. OECD가 발표한 "노동생산성 국제비교"를 보면 취업자 1인당 노동생산성(77,219달러)은 36개 회원국 중에 25위로 하위권을 차지하고 있다. 경제적 풍요를 실현하려면 보다 적은 노력으로 더 많은 경제적 성과를 내야 한다. 가까운 장래에 인구감소로 노동력이 증가하지 않더라도 노동생산성을 높일 수 있다면 국민 1인당 GDP는 상승한다. 노동생산성이 높아지면 지속적인 경제성장과 경제적 풍요를 실현할 수 있다.

직원의 행복이 업무생산성을 높인다

기업의 높은 업무생산성은 어디에서 올까? 생산성 관련 지표 중에 전요소생산성(TFP: Total Factor Productivity)이란 개념이 있다. 사람의 노동력뿐만 아니라 자본과 기술혁신, 브랜드 가치 등을 고려한 것이다.

예를 들면, 제조업이라면 원재료와 기계설비 투자도 포함된다. 자본과 노동인구, 기술 진보로 인해 다가올 미래의 경제성장과 경영혁신에도 영향을 준다. 이런 경제적 요인 외에도 직원의 행복도가 노동생산성을 높인다는 연구결과가 있다. 영국 워릭대학교 연구결과에 따르면, 행복도와 업무효율이 서로 영향을 주고, 행복도가 높은 직원의 노동생산성은 행복도가 낮은 직원보다 12% 높았다. 즉 맡은 업무를 짧은 시간에 처리하고 가족과 취미에 쓸 수 있는 시간이 늘어나기 때문에 행복도가 올라간다. 결국 직원의 행복도가 높아질수록 업무효율이 올라가는 선순환 상태를 유지하는 것이다.

또한 노동환경을 둘러싼 유연성도 생산성을 높이는 매우 중요한 요소다. 영국의 마케팅 기업 '에이전트Agent'는 1일 6시간 근무제도를 도입하고, 직원은 2교대(8:30~15:30 또는 10:30~17:30) 중에서 근무 시간대를 선택할 수 있다. 회사는 재택근무도 적극적으로 추천하고 있다. 하루 노동시간을 줄이기 위해 이전에 1시간 넘게 하던 정례회의를 8분까지 단축하였다. 1시간의 휴식시간 사이에 오피스에서 외출하도록 요구하고 있다. 외부에서 새로운 자극을 받고 떠오른 참신한 아이디어를 업무에 활용하라는 취지다.

빌 게이츠는 앞으로 직원에게 충분한 노동 유연성을 제공하는 기업이 경쟁우위를 차지할 것이라고 했다. 치열한 인재시장에서 우수한 인재를 확보할 수 있기 때문이다. 유연한 일 방식은 단지 복지 차원의 문제가 아니다. 조직의 인사관리 수단이 아니라 우수한 인재를 끌어오고 육성하는 대책이 되었다. 경쟁력 있는 회사를 지향하는 경영자라면 모든 직원에게 유연한 일 방식을 선택할 수 있도록 해야 한다.

실제로 세계 많은 국가의 노동자들은 유연한 일 방식을 제공하는 기업을 선호하고 있다. 2016년 맨파워그룹 솔루션은 19개국 14,000명(18~65세)의 노동자를 대상으로 취업활동에서 중시하는 것을 조사했다. 모든 연령층에서 일과 가정의 양립에 관심을 갖고 있었다. 유연한 근무 형태를 중시하는 사람이 38%였다. 전체적으로 가장 희망하는 근무 형태는 유연한 출퇴근 시간과 완전 재택근무, 자유로운 근무지 선택이었다.

영국의 '타임와이즈'는 기업이 텔레워크를 제공하면 채용시장에서 우수한 인재를 끌어들일 수 있다고 강조했다. 채용광고에 유연한 일 방식을 제공한다고 기재하지 않으면 우수한 능력을 갖춘 채용후보자를 잃는 것과 같다고 했다. 실제로 영국 노동자의 90%는 유연근무제를 선호하고 있고 직장을 찾을 때 유연한 근무제도가 있는 기업에 적극 지원한다.

글로벌 기업은 유연한 근무 형태를 선호하는 우수한 인재를 세계에서 찾고 있다. 미국의 IT 기업은 인터넷으로 접속할 수 있는 사람이라면 세계 어디에서도 채용한다. 보스턴대학의 '슬론 고령화 노동연구센터'에 따르면, 업무 범위와 공급자, 제품 등의 다국적화가 진행되어, 기업은 세계의 소비자와 거래하기 위해 시간과 장소에서 유연하게 대응할 수 있는 노동자를 찾고 있다. 기업은 국경을 넘어 사업을 추진하고, 세계의 고객과 공급자와 연계하고 있다. 이는 치열한 경쟁환경에서 승리하는 중요한 전략이다. 해외에 있는 우수한 인재를 값싸게 채용하여 인건비를 절감할 수 있다. 채용되는 직원도 많은 혜택이 있다. 거주지역의 평균임금보다 많은 급여를 받고, 직접 일하는 국가로 이동할 필요가 없다. 앞으로 인재의 요구뿐만 아니라 비즈니스모델의 변화로 인해 유연한 일 방식을 요구하는 트렌드는 시간이 지나면서 더욱 강해지고 있다.

[일을 선택할 때 가장 중요하게 생각하는 요소]

요소	비율	요소	비율
일과 가정의 양립	72%	건강보험	37%
융통성 있는 업무스케줄	69%	프로페셔널로서 일하는 보람	36%
급여	69%	기업문화와 풍토	34%
재택근무	60%	커리어 상승	30%
의미 있는 일	57%	퇴직금 제도	29%
업무 스케줄	48%	유급휴가	29%
장소	45%	스킬 훈련과 학습 가능성	28%
회사의 평판	40%	이동시간	25%

출처: 플렉스잡스 2017 Annual Survey(2017)

세계에 확산되는 텔레워크 일 방식

2017년 국제노동기구(ILO)의 발표자료에 따르면, 1995년에 세계 노동인구의 9%만 재택근무를 이용했지만, 2015년에는 37%까지 증가하였다. 갤럽조사에 따르면 미국에서 2012년도 텔레워크로 일한 직원이 39%였지만, 2016년에 43%까지 증가하였다.

일과 가정의 양립, 유연한 노동시간, 재택근무는 누구에게나 일을 선택할 때 중요한 요소였다. 오피스에서 장시간 구속되지 않고 필요에 따라 재택으로 일할 수 있다면 직원의 워라밸을 실현하고 우수한 인재를 확보할 수 있다. 지금까지 여성은 출산과 육아 때문에 이직하는 사례가 많았고, 기업에 필요한 노동력을 상실하는 문제가 있었다. 앞으로 고령인구의 증가와 함께 간병 상태에 있는 고령자도 대폭 늘어날 전망이다. 자녀세대가 부모의 간병 때문에 이직할 경우 계속해서 노동력을 확보하는 대책도 필요하다. 이러한 시간적 제약이 있는 많은 사람들이 텔레워크 기반으로 계속 일할 수 있다는 점에서 저출산 고령화의 과제를 해결하는 대책으로서 큰 의미가 있다.

텔레워크는 기업에 많은 장점이 있다. 텔레워크를 활용할 경우 업무에 집중할 수 있어 능률이 올랐다거나 생산성이 높아졌다는 사례도 많다. 이직을 방지하는 효과도 있다. 새로운 인재를 채용하기보다 귀중한 직원을 유지하는 것만으로도 비용을 대폭 절약할 수 있다. 또한 회사의 규모를 유연하게 확대하거나 축소할 수 있다. 프로젝트 기반으로 직원을 채용하여 프로젝트팀을 구성하고, 프로젝트를 완수하면 조직을 축소할 수 있다.

어느 IT 회사는 소프트웨어를 개발할 때 우수한 기술을 가진 인재를 세계에서 모아 버츄얼팀을 만들고, 팀이 개발한 소프트웨어를 고객에게 납품하면 팀을 해산한다. 그리고 다음 프로젝트를 개시한다. 대규모의 텔레워크를 실시할 경우 오피스 비용을 크게 절감할 수 있다. 넓은 사무공간을 유지할 필요가 없어 임대료를 줄이는 효과도 있다. 인터넷을 통해 불특정 사람에게 일을 발주하는 클라우드소싱이 더욱 확산되면 어디에서도 ICT를 활용하여 일할 수 있다. 서울에 있는 기업의 일을 지방 이주자가 수주받으면 지방의 고용이 활성화되고, 지역경제 발전에도 기여한다.

지시와 통제가 아닌 자율성이 성과를 만든다

지금까지 한국에서 어떤 조직에 들어가 일하느냐에 따라 인생이 결정되는 경향이 강했다. 대체로 개인의 인생설계, 사회적 안전망은 소속된 조직에 맡겨져 왔다. 개인은 한 직장에서 로열티를 갖고 오래 일하면서 승진하고, 정년까지 커리어를 쌓아가는 것이 일반적인 노동관행이자 미덕이었다. 이렇게 한 조직에 귀속을 전제로 하는 인생설계는 장기적인 안정을 주었지만, 반면에 동질성과 획일성이 높은 사회를 만드는 요인이었다.

그러나 이러한 안정된 고용시스템이 흔들리고 있다. 기업은 불연속적이고 급격한 환경변화가 일어나는 뷰카(VUCA) 시대에 직면해 있다. 뷰카란 Volatility(불안정성), Uncertainty(불확실성), Complexity(복잡성), Ambiguity(불명확성)를 의미한다. 앞으로 코로나와 같은 위협뿐만 아니라 자연환경 변화에 따른 사회경제적 위기가 빈번하게 출현할 수 있다. 우리가 배운 지식과 경험으로 전혀 예측할 수 없는 위기가 일상화되는 세상을 맞이하고 있다. 경영환경이 예측할 수 없는 혼돈의 시대로 변하여 기존의 전략과 비즈니스모델이 통용되지 않고 있다. 반석으로 여겨온 안정적 사업도 순식간에 소멸하고 있다. 빠른 기술혁신으로 기업의 수명은 더욱 짧아지고 있다.

이러한 뷰카 시대에 국가와 기업은 개인의 길어진 생애에 걸쳐 장기적 안정을 보장할 수 없다. 그러한 현실을 전제로 VUCA 시대에 적응하려면 조직의 귀속에서 개인의 선택과 자기결정에 따른 인생설계의 관점으로 바꿔야 한다. 안정을 중시하기보다 변화에 적응하거나 도전하고, 동질적 사회를 넘어 다양성을 받아들이는 사회로 바꾸어나가야 한다. 국가와 기업은 개인의 선택을 존중하고 다양성 사회를 실현하기 위해 사회 시스템과 노동제도를 시대에 맞춰 바꿀 필요가 있다.

코로나 이후 뉴노멀 시대에 직원의 자율성을 기반으로 새로운 일 방식의 혁명이 조용하고 착실하게 일어날 것이다. 모든 직원이 한 장소에 정해진 시간에 모여 일하는 획일적 일 방식에 의문을 갖고 개혁을 시도하려는 기업이 나타나기 시작했다. 최근에 크게 발전된 테크놀로지 덕분에 직원은 시간과 장소에 얽매이지 않고 일하며 높은 성과를 낼 수 있다. 하지만 현실적으로 보이지 않는 직원의 업무생산성에 불안함을 느끼는 경영자도 있다. 기본적으로 직원을 관리감독 해야 생산성을 유지할 수 있다고 생각하기 때문이다. 지금까지 업무프로세스를 철저히 관리하여 성과를 내는 시간 지향적인 일 방식의 산물이다.

불확실한 환경에서는 성과를 중시하는 매니지먼트로 바꾸어야 한다. 2003년에 기업 컨설턴트였던 칼리 레슬러Cali Ressler와 조디 톰슨Jody Thompson은 시간이 아니라 성과에 근거한 직장전략, 즉 "완전성과지향 직장환경(ROWE=Results Only Work Environment)"이라는 개념을 창안했다. ROWE는 출근율과 업무프로세스가 아니라 성과로 직원을 평가하는 경영전략이다.

성과중심의 조직은 오피스에 모든 직원이 모여 일하기보다 분산된 팀으로 편한 장소에서 일하며 높은 성과를 낼 것을 기대한다. 회사의 중요한 비전과 목표를 실현하기 위한 큰 과제를 세분하거나 단기적 업무로 분할하여 직원에게 배분하다. 직원에게 과감하게 권한을 위임하여 자율적으로 일하도록 한다. 신뢰와 자율적인 업무환경에서 직원은 조직의 이익에 공헌하려는 의식이 높아지고 열정과 의욕도 커진다. 자율적인 직원은 성과에 대한 책임을 강하게 느끼기 때문에 적절하고 신속하게 행동한다.

텔레워크는 직원의 자율적 업무를 기반으로 성과를 중시하는 기업풍토를 만들 수 있는 절호의 기회다. 많은 회사는 텔레워크라는 유연한 일 방식이 필요한 시대적 트렌드를 인식하지만 남의 일로 여길지도 모른다. 현재 회사의 업무나 인력 상황에 맞지 않다거나 일단 사회적 분위기가 무르익을 때까지 기다리겠다고 생각하는 경영자도 있다.

뷔리당의 당나귀 효과라는 말이 있다. 어느 배고픈 당나귀 한 마리가 있다. 그 당나귀 앞에 똑같은 거리에 똑같은 양과 똑같은 질로 만들어진 2개의 건초가 놓여 있을 때 어디로 가야 할지 고민한다. 당나귀는 이성을 이용하여 분석하고 논리적으로 판단하려고 하지만 아무리 분석해도 결과는 똑같다. 결국 선택하지 못하고 죽어버린다. 현실의 기업도 마찬가지다. 논리적으로 분석하고 논의만 수없이 반복할 뿐 판단하지 못하고 행동하지 않는 기업도 많다. 어떤 제도의 장점과 단점이 균형을 이룰 때 방황하고 방향을 결정하지 못한다. 이런 상황에서 이론만으로 결정할 수 없기 때문에 무엇보다 자유의지가 필요하다.

뉴노멀 시대에 이성과 분석, 논리에 편중되면 사고정지 상태에 빠지고 이 당나귀처럼 종말을 맞이할 것이다. 예측할 수 없는 세상에서 분석만으로 해답을 찾아낼 수 없다. 의지를 갖고 행동할 때 세상이 바뀐다. 그리고 시행착오를 반복하면서 목적을 실현하며 성공에 다가간다.

업무의 효율화 관점에서 텔레워크는 분명히 가치가 높다. 그러나 텔레워크 환경에서 기본적으로 회사와 동료 간 심리적 연계가 약화될 수밖에 없다. 사람과 사람을 연계하는 문화와 동료의식은 기업문화의 원천이다. 경영자는 새로운 업무스타일을 생각할 때 효율을 강조한 나머지 소중한 기업문화가 손상되지 않도록 관심을 가져야 한다.

어떤 회사는 텔레워크가 장기화되면서 회사의 핵심가치를 인식하기 시작했다. 직원의 결속을 강화하기 위해 기업의 핵심가치를 공유하는 교육도 실시하고 있다. 불확실한 경영환경에서 기업은 존재의의core purpose와 핵심가치core value를 더욱 명확하게 정의하여 독자적인 기업문화를 만들어나가야 한다. 미국의 월마트 등 대기업부터 중소기업까지 규모와 업종을 가리지 않고 독자적 기업문화를 조성하는 데 주력하고 있다. 경영자는 텔레워크의 단점을 극복하고 기업의 일체감과 동료의식을 유지하기 위해 적극적으로 대응해야 한다.

그들은 어떻게 재택근무로 최고의 성과를 올렸나

chapter
03 **과감한 결단,**
믿음과 자율성이 성과를 만든다 · 135

|일러두기|

재택근무는 집에서 일하는 것이고, 텔레워크는 "Tele(떨어져)"와 "Work(일)"
의 합성어로 떨어진 장소에서 일하는 비대면·원격 근무를 의미합니다. 따라서
의미상 재택근무는 텔레워크의 일종입니다. 현재 한국에서는 대부분 재택근무
라는 용어를 사용하지만, 이 책에서는 포괄적인 의미에서 주로 텔레워크라는
용어를 사용하고 있습니다.

혁신, 피할 수 없는 기업의 숙명

코로나 종식 이후에 당분간 텔레워크를 검토하거나 도입하는 기업이 점차 늘어날 것이다. 인구구조와 개인의 라이프스타일을 볼 때 텔레워크 도입은 피할 수 없는 기업의 대책이다. 5년 이후 장기적 경영환경을 내다보고 지금부터 개혁에 착수하지 않는 회사는 도태될 것이다. 지금 당장 텔레워크를 도입하지 않아도 미래에는 하나의 선택지로 받아들일 수밖에 없는 환경이 되었다.

1962년 미국의 해양생물학자인 레이첼 카슨은 『침묵의 봄』을 발표했다. 당시 화학약품 회사는 DDT를 비롯한 살충제를 개발하여 판매하였다. 사람들은 그 약품을 인체에 해가 없다고 믿고 대량으로 살포하였다. DDT를 비롯한 살충제는 토양과 물을 오염시키고 생물의 먹이사슬에 큰 영향을 미쳤다. 낯선 병으로 수많은 동물이 앓다가 갑작스럽게 죽어가면서 마을에 활기가 없어지고 봄의 소리가 들리지 않았다. 이처럼 경제성장을 맹신하는 사회에서 저자는 새소리도 없는 침묵의 봄을 맞이하자 경종을 울렸다. 과학만능주의로 인한 환경오염의 결과를 세상에 폭로하고 인간과 자연이 조화롭게 살아야 하는 대안을 제시했다.

지속가능경영을 추구하라

코로나 시대에 불확실성이 높아지면서 인간도 기업도 지속가능성에 의문을 품게 되었다. 단기적인 사업 확대보다 장기적 안목으로 사업의 계속성을 보장하고 지속가능한 경영이 필요한 시대가 되었다. 지속가능경영이란 SDGs(지속가능개발목표)와 ESG(환경, 사회, 지배구조) 등의 지속가능한 구조를 기업경영에 포함하는 것이다. 지속가능경영에서 단기적인 수익보다 장기적인 지속가능성에 중점을 두기 때문에 재무정보보다 비재무정보가 중요하다. SDGs와 ESG는 지속가능경영에 빼놓을 수 없는 중요한 요소다. 상장기업과 대기업은 주주, 자본가, 소비자들에게 비재무정보를 공개해야 한다.

세계적으로 SDGs에 대한 인식과 관심이 높아지고 있다. 2019년에는 SDGs에 관한 다양한 이벤트가 개최되었다. 미국 최대규모의 경제단체 '비즈니스 라운드 테이블'도 2019년 8월에 미국 기업경영의 전통인 주주 제일주의를 폐지하고 직원의 처우개선과 지역사회의 지원 등을 제창했다.

　국제연합은 SDGs의 달성은 기업과 시민사회의 사명이라고 정의하고 있다. 전 세계의 사회과제와 니즈이기 때문에 장래에 중요한 비즈니스 기회로 포착할 수 있다. 기업은 이번 코로나 위기를 일시적인 폭풍으로 인식하고 지나칠 것이 아니라 중장기적인 변화를 가속화하는 계기로 인식하면 새로운 변혁 기회를 맞이할 것이다. 국제연합의 SDGs을 중시하는 환경, 사회, 경제의 균형과 다양한 이해관계자(고객, 직원, 거래처, 주주와 금융회사)를 배려하는 관점에서 기업이 직면한 사업 포트폴리오와 오퍼레이션을 전면 점검해볼 기회로 삼아야 한다.

　2015년 국제연합에서 채택된 SDGs에는 "목표 8. 일하는 보람과 경제성장"이라는 목표로 노동환경의 개선을 언급하고 있다. 지속가능한 경제성장을 위해 세계에서 "일하는 보람이 있는 인간다운 고용"을 중시하고 있다. 일하는 보람이 있는 고용이란 누구라도 적절한 노동시간과 임금으로 괴롭힘과 차별을 받지 않고 안심하고 일할 수 있는 것이다.

　이렇게 일하기 쉬운 직장을 만들면 기업은 노동력을 더 쉽게 확보하여 생산성을 올릴 수 있다. 세계의 많은 기업은 노동조건과 직장환경을 정비하고 있다. 그 대표적인 대책이 바로 텔레워크다. 텔레워크는 개인이 일하는 장소를 선택할 수 있고, 일하는 보람을 느낄 수 있는 일 방식이다. 특히 요즘 들어 그 가치가 더욱 주목받고 있다.

사업계속전략(BCP)으로 '유연한 일 방식'을 설계하라

하루빨리 코로나가 종식되길 바라는 사람이 많다. 하지만 코로나가 종식되고 경제활동이 회복되어도 이전과 똑같은 상황으로 돌아가지 않을 것이다. 코로나에 적응하는 환경에서 이미 바뀐 가치관까지 원래 상태로 되돌릴 수 없기 때문이다. 뉴노멀이라고 부르듯이 사회경제의 구조적 변화를 피할 수 없을 것이다. 사회와 기업은 뉴노멀 시대에 적응하고 변혁을 추진해 나갈 것이다.

기업은 뉴노멀 시대에 대비한 전략을 생각해야 한다. 장기적 관점에서 코로나 사태와 같은 갑작스러운 환경변화에 대응하기 위해 사업계속전략을 검토해야 한다. '사업계속전략(BCP)'이란 현재의 경영자원에 대한 영향을 전제로 대책을 수립하는 것이다. 예를 들면 '내일 재해가 발생하면 어떻게 사업을 계속할까?' 하는 관점에서 중요한 사업과 업무를 정해 대체 계획들을 검토한다. 긴급한 사태가 발생할 때 사업자산의 손해를 최소화하고, 핵심이 되는 사업을 유지하고 어려움을 조기에 극복하려면 평소에 추진해야 할 활동과 긴급 시에 사업을 계속하기 위한 방법과 수단을 미리 정해두는 계획이다. 코로나 사태처럼 긴급한 상황에서 모든 직원이 사무실에 모일 수 없는 상황에 대비한 유연한 일 방식도 하나의 전략이다.

가까운 장래에 텔레워크는 뉴노멀로 자리를 잡는 시대가 올 것이다. 즉 텔레워크를 당연하게 생각하는 사회가 될 것이다. 예를 들면 재택근무를 경험한 기업 중 일부는 상시적으로 재택근무를 추진할 것이다. 코로나로 인해 불가피하게 재택근무를 실시했지만, 뚜껑을 열어보니 재택근무가 업무에 주는 영향이 크지 않다는 사실을 알았다. 출근하는 것을 일로 생각하는 개념이 없어지고, 자택과 위성오피스 등 장소를 가리지 않고 일하는 환경이 상식이 되는 현상이 나타날 것이다. 직원도 재택근무를 희망할 것이다. 대면 업무방식을 철칙으로 여겼던 교육과 의료분야 등 많은 서비스업무에 온라인이 일상화될 것이다. 뿌리 깊은 기존의 사고방식에 얽매여 미뤄왔던 다양한 대책이 이번 코로나 위기를 계기로 일시에 새로운 국면을 맞을 것이다.

텔레워크가 본격적으로 도입되면 기업의 전반적인 업무프로세스, 조직인사 매니지먼트, 커뮤니케이션 등에 혁신이 일어날 것이다. 경영자는 기존의 오피스 근무라는 고정관념에서 벗어나 모든 업무를 새로운 관점에서 볼 필요가 있다. 즉 기존의 중요업무는 근무지를 한정할지 또는 텔레워크로 대응할지 검토하는 것이다. 어쩔 수 없는 경우를 제외하고 장소를 가리지 않는 일 방식을 설계한다면 유사시 대응력을 높이고 경쟁력을 유지할 수 있다.

위기상황에 대비한 레질리언스를 높여라

잊지 못할 인생드라마에는 공통된 흐름이 있다. 주인공이 인생의 장벽을 만나 고난과 고통을 겪지만, 난관을 뚫고 결국 다시 일어나 원하는 목표를 성취한다. 이런 인생역정을 오뚜기 인생이라고 한다. 어떤 사람은 한 번의 사업실패로 좌절하고 회복하지 못하지만, 몇 번의 실패를 딛고 다시 일어나 성공하는 사람도 있다. 보통 심리학에서 이런 인생역전을 이룬 사람의 능력을 '레질리언스Resilience'라고 한다.

코로나가 장기화되면서 기업은 어떻게 위기를 극복하고 성장할지 중대한 국면에 있다. 이른바 레질리언스를 어떻게 높일지가 중요한 시점이다. 레질리언스란 원래 물리학 용어로 어떤 물질이 변형되어 원래 상태로 돌아오는 능력이라는 의미다. 반동, 탄력, 회복력, 복원력이라는 의미다. 물리학에서 사용된 언어지만, 심리학에서 다양한 외부환경과 상황에서 압력을 받아도 적응하고, 생존하는 능력이다. 심리학 외에도 조직론과 사회시스템론, 리스크 관리능력으로 널리 주목받는 용어다.

외부압력에 대한 탄력성을 의미하는 레질리언스는 건강관리에 비유할 수 있다. 사람의 건강을 비교하면 기초체력, 면역력에 해당한다. 올바른 생활습관은 면역력을 높이고, 만일의 질병에 대한 예방과 치료에서 선택의 폭을 넓히고, 그 효과를 촉진한다. 레질리언스를 위기와 환경변화를 극복하고, 성장할 수 있는 조직의 힘으로 활용할 필요가 있다. 즉 어떤 위기에도 견딜 수 있는 조직적 대응력을 강화하는 것이다. 위기관리 매뉴얼과 사업을 지속할 대책이 있더라도 어디까지나 사전계획에 불과하다. 결국에는 직원의 능력과 의식, 통제 등의 조직력에 의존해야 한다. 조직의 존망을 좌우하는 환경변화와 위기상황을 받아들이고, 변화의 과정에서 유연하게 상황을 판단해야 한다. 그리고 그 상황을 활용하고 대응할 수 있는 최선의 방법을 찾고, 실행해 나갈 수 있는 조직으로 체질을 개선하는 것이다. 위기상황에서 주도적으로 생각하고 자율적으로 행동할 수 있는 조직을 만드는 것은 어떤 전략보다 효과적이다. 평소에 지시와 명령의 업무풍토가 배여 있는 조직에서는 이러한 위기상황을 헤쳐나가기가 힘들다. 코로나 사태로 경영환경이 급변하고, 불확실성이 증가하는 가운데 예상치 못한 상황에 직면해도 유연하게 대응하고 회복하려면 조직의 레질리언스를 높여야 한다.

텔레워크 도입은 기업혁신을 이끈다

코로나 사태로 인한 긴급한 국면에서 대부분 기업은 아무런 준비 없이 갑자기 텔레워크를 추진했다. 직원도 텔레워크 환경에서 어떻게 일해야 할지 인식조차 없었다. 단순히 집에서 일하는 이미지만 그릴 뿐이었다. 막상 재택근무를 하고 보니, 좋은 점도 있고 나쁜 점도 있었다. 우선 출퇴근 전쟁에서 해방되고 시간적 여유가 생겼다. 사무실에서 무의미하게 진행되는 형식적인 회의도 없어 편하다. 상사의 눈치를 보거나 조직의 분위기를 파악하는 일도 일시에 없어졌다. 반면 관리자는 보이지 않는 직원을 어떻게 관리하고, 커뮤니케이션해야 할지 등 다양한 매니지먼트의 과제도 드러났다.

현재 기업이 실시하는 대부분의 텔레워크는 불가피하게 의무적으로 추진했다는 점에서 조직적이고 체계적인 업무혁신과는 큰 차이가 있다. 많은 기업이 의도치 않게 도입한 텔레워크를 장기적인 혁신대책으로 생각하지 않는다. 그러나 선제적 경험은 텔레워크의 가능성을 시험해볼 수 있었다는 점에서 새로운 관점을 주고 있다. 어떤 기업은 회사 특성에 맞는 텔레워크 환경과 업무 효율화를 모색하기 시작했다.

텔레워크는 단순히 회사의 업무를 집에서 하는 정도가 아니다. 텔레워크는 회사 업무의 합리화, 디지털화에도 크게 기여할 수 있다. 텔레워크의 대상업무, 업무담당자의 행동자료를 축적해 쓸모없거나 소모적인 일을 제거하여 업무를 최적화할 수 있다. 회사 부문별 업무프로세스를 전면적으로 점검하고, 고객지향적인 업무에 초점을 맞출 수 있다. 기존의 일 방식에서 탈피해 업무생산성을 높일 수 있는 절호의 기회다.

해외 선진기업들이 텔레워크 도입을 업무혁신의 계기로 활용한 사례는 많다. 가령 텔레워크에 적합하지 않다고 생각한 업종과 직종이라도 실제로 텔레워크를 시작하면 더 효율화할 수 있는 업무를 발견한 기업도 있다. 어떤 기업은 본격적으로 ICT를 도입할 수 없어도 지금 바로 할 수 있는 것부터 착수하여 성과를 올리고 있다. 업무 과정 일부를 온라인으로 추진하고, 자동화 툴을 도입하여 업무를 더욱 효율화하고 비용까지 절감하고 있다.

업무 디지털화가 추진되면 관리자의 역할도 바뀐다. 지금까지 부서 업무승인과 직원 감시 등의 일상적인 관리업무는 사라질 것이다. 변화가 극심한 디지털 비즈니스 환경에서 직원이 스스로 의사결정을 내리고 행동할 수 있는 조직시스템이 경쟁력의 원천이다. 관리자는 단순히 관리 감독보다 조직의 성과를 내기 위한 매니지먼트 능력이 필요하다. 지시 관리형에서 자율적인 대화 협조형의 매니지먼트로 바뀌어야 한다. 상의하달 능력이 아니라 조직 운영방침을 명확히 하고 젊은 세대가 일하며 성장할 수 있는 직장 리더이자 조언자 역할을 해야 한다. 경영자는 새로운 환경에 적합한 관리직을 육성하거나 관리라는 프로세스 자체를 개혁하는 역할을 해야 한다.

자율적인 조직은 고객접점의 대응력을 높인다. 예를 들어 미국의 '제너럴 일렉트리닉'은 불확실한 경영환경에 대응하기 위해 독자적인 경영시스템인 "Fast Work"를 도입하고 있다. 실현할 수 있는 최소한의 제품을 만들고, 고객의 목소리를 듣고 수정해나가는 프로세스를 반복하는 기법이다. 또한 실제 문제해결을 통해 학습하는 교육을 실시하여 기업문화를 변혁하고 있다. '넷플릭스'에서는 직원이 고객(시청자)을 제일로 생각하고 행동할 수 있는 환경을 구축했다.

철저한 성과주의를 도입하고, 직원에게는 자율적인 업무처리를 요구한다. 이러한 기업문화 때문에 우수한 인재가 끊임없이 들어오고 있다.

디지털화에 따라 업무는 고객접점까지 확대되고 있다. 또한 실질적으로 고객접점이 필요한 요소만 선택해 대응하면서 기존 방식보다 높은 서비스 품질이 요구된다. 예를 들면 현재 일부 패션 온라인 사이트는 온라인에서 축적한 정보를 바탕으로 고객의 기호에 맞는 양복을 사전에 준비한다. 신장과 체중만 선택하면 100만 건 이상의 체형 데이터를 활용하여 고객에게 가장 적합한 사이즈의 제품이 자동적으로 추천된다. 디지털 정보와 세련된 실제상황을 조합하여 기존의 방식보다 높은 고객가치를 제공할 수 있다. 격변하는 패션 비즈니스 환경에서 한 사람 한 사람의 기호와 체형에 맞는 제품을 주문 생산하고 잉여재고가 없도록 하여 수익을 크게 확대하고 있다.

고객접점이 디지털로 전환되면 사업확대의 장벽도 크게 완화된다. 고객을 개척할 때 디지털 접점이나 AI로 대체하면 영업거점과 인력확보 비용이 대폭 감소한다. 또한 제품 서비스의 가치를 높일 수 있다.

텔레워크를 도입할 때 업무추진과 커뮤니케이션 툴이 필요하다. ICT와 툴을 도입하면서 업무의 디지털화가 추진되면 사업 전체로 디지털화가 이어질 가능성이 있다. 텔레워크를 실시할 때 기업은 외부용 디지털화와 내부용 디지털화의 2가지 방면에서 준비야 한다. 외부용 디지털화라는 고객에 대응하는 업무의 디지털화다. 예를 들면 Google Meet, Zoom 등 온라인 회의 툴을 사용하여 고객상담을 하거나 웨비나(온라인 개최 세미나)로 가망고객을 모으고, 웹사이트로 신청할 수 있고, 문의를 채팅으로 대체하는 것이다. 내부용 디지털화는 일하는 환경을 정비하는 것이다. 근태관리 툴과 업무 프로젝트 관리 툴을 활용하거나 자택에서 직장 컴퓨터로 조작할 수 있는 리모트 데스크탑을 도입한다. 회사 내의 커뮤니케이션을 소홀히 하지 않도록 LINE WORKS, Chatwork, Slack 등 비즈니스 채팅 툴의 도입도 검토해야 한다.

온라인 회의만 도입했다고 해서 텔레워크 체제가 만들어진 것이 아니다. 외부용과 내부용 디지털화를 이룬 후에 취업규정을 바꾸고, 세심한 정보보안 대책을 수립해야 한다. 무엇보다 중요한 것은 관리자와 직원이 텔레워크 환경에서 일하는 방식과 커뮤니케이션 기술을 숙지해야 한다.

업무프로세스 변화, 업무 디지털화는 기업경영에 큰 영향을 준다. 업무가 디지털화되면 시간과 장소에 얽매이지 않는 일 방식이 더욱 확산된다. 텔레워크 환경에서는 국적과 거주지역의 의미가 없어진다. 육아를 책임진 여성, 고령자, 가정형편으로 일할 수 없던 많은 인재를 활용할 수 있다. 현재 외국에 거주하는 글로벌 인재를 활용할 수 있다. 필리핀 '다바오시'에는 매년 1,000명 이상이 IT 학부를 졸업하고, IT 기업과 프리랜서로 활동하는 IT 전문인력이 늘어나고 있다. 미국과 일본은 해외의 우수 IT 전문인력을 텔레워크 환경에서 활용하고 있다. 단지 싼 인건비뿐만 아니라 회사에 없는 능력을 활용할 수 있다는 점에서 효과가 있다. 최근 커뮤니케이션의 디지털화와 기계번역의 정밀도가 높아졌다. 이런 시스템을 잘 활용하면 언어와 거주지역에 상관없이 다양한 외국 인재를 적재적소에 투입할 수 있다.

텔레워크가 정착되는 환경에서 틈새 시간을 효과적으로 활용하여 새로운 업무에 도전하고 성장을 시도하는 인재가 늘어날 것이다. 삶의 질을 높이고, 일과 자신의 가치관을 중시하는 인재가 늘어나면서 유능한 인재를 확보하는 것이 기업성장의 열쇠가 된다. 유능한 인재는 자신의 커리어를 성장시킬 기회를 제공하는 기업으로 언제든지 이동하려고 한다. 단기적 성과를 추구하고 내부 안정 지향적인 조직은 유능한 인재를 유지하기 어렵다. 유능한 인재의 유출을 방지하고 적극적으로 개혁을 추진하고 인재가 매력을 느끼고 모이기 쉬운 구조와 조직환경을 갖춰야 한다. 텔레워크는 유능한 인재를 확보하고 유지하는 하나의 전략이 될 수 있다.

텔레워크가 확대되면 오피스의 입지 조건도 크게 바뀔 가능성이 있다. 2018년 5월 공정거래위원회가 공시대상으로 지정한 자산총액 5조 원 이상의 60개 대기업과 1,000대 기업의 74%가 서울에 집중되어 있다. 서울에서도 중구, 종로구, 강남구 3곳에 본사가 밀집되어 있는 현상이다.

구글, 넷플릭스, 시스코 등 미국을 대표하는 유명기업은 뉴욕이나 시카고 같은 대도시가 아닌 미국 서북부의 외진 곳에 있다. 마이크로소프트, 아마존 같은 기업, IT 기업과 창업기업은 땅값이 싸고 조용하고 한적한 곳에 사무시설과 공장을 짓는다. 런던, 파리, 베를린에도 대기업의 본사가 거의 없고, 전국에 골고루 퍼져 있다.

대기업이 서울에 본사를 집중하는 효과도 있겠지만, 서울 중심의 일극-極집중에 따른 부작용은 매우 크다. 인구가 계속 늘어나 과밀화로 인한 환경오염이 심화된다. 또한 주민들은 비싼 주택과 물가, 치솟는 임대료로 힘든 생활을 감내해야 한다. 교통혼잡으로 긴 통근 시간에 스트레스를 받고 시달려야 한다. 실제로 수도권 직장인은 하루 평균 1시간 55분을 통근에 쓰고 있다(2019년 잡코리아 조사결과).

텔레워크는 대도시에 집중된 오피스를 분산시키는 기능이 있다. 대도시에 있는 본사의 일극집중 오피스에서 위성오피스와 자택으로 분산되면 집중 오피스에 필요한 기능과 공간은 크게 줄어든다. 고객접점도 디지털로 전환하기 때문에 오피스 입지를 자유롭게 선택할 수 있다. 인구가 많은 입지 조건에서 해방되어 보다 많은 지역에 오피스를 선택할 수 있다. 집중 오피스는 최소한의 기능을 수행하고, 전국에 걸쳐 분산된 위성오피스와 네크워크로 연계하여 일하는 방식이 주류를 이룰 것이다.

조직 몰입도를 높이는 오피스 분산

코로나 사태라는 위기 상황에서 기업은 텔레워크를 활용하여 사업을 유지하고 있다. 텔레워크를 도입하면서 일부 오피스 업무는 정지하거나 대폭 줄인 회사도 있다. 외출자제 요청에 따라 재택근무를 긴급 피난 차원에서 대규모로 도입하였다. 직원이 시간과 장소에 얽매이지 않는 다양하고 유연한 일 방식을 개인 상황에 맞춰 선택할 수 있는 업무개혁과는 전혀 다른 차원이다. 하지만 반강제적이고 장기적인 재택근무는 부족한 대면 커뮤니케이션으로 인한 불안과 고독 등의 정신적 스트레스를 초래한다. 재택근무의 생산성은 자택의 업무환경에 따라 큰 차이가 날 수밖에 없다. 자택에 사무용 가구가 없거나 업무공간이 쾌적하지 않고, 돌봐야 하는 어린 자녀가 있다면 육체적 피로감도 커지고, 업무생산성도 크게 떨어질 것이다.

실제로 재택근무를 경험한 사람 중에 생산성 하락을 경험한 사람이 적지 않다. 글로벌 인재의 전직지원 회사 '로버트 월터스 재팬㈜'은 재택근무 회사원 501명을 대상으로 "재택근무의 생산성"을 조사했다. 사무실 근무보다 생산성에 변화가 없었다는 사람은 50%, 생산성이 오른 사람은 20%였지만, 생산성이 떨어진 사람은 30%나 되었다. 생산성이 떨어진 원인은 동료와 커뮤니케이션의 어려움(63%), 집중력 유지 곤란(45%), 회사의 불충분한 업무 시스템 정비(44%)였다.

일부 회사는 재택근무 환경을 개선하여 생산성을 높이고자 직원에게 수당을 지급하고 있다. 직원이 집에서 가까운 시설형(공유) 오피스에서 텔레워크로 일할 수 있도록 지원하는 것도 유용한 선택이다. 공유오피스는 전문업자가 운영하는 업무용 시설로 법인회원제 서비스로 운영된다. 최근 일본의 비즈니스호텔은 대폭적인 숙박객 감소를 만회하는 전략으로서 텔레워크 수요를 겨냥하고 있다. 호텔은 자택보다 편안하고 쾌적한 환경이고 보안대책도 우수한 장점이 있다. 여유 시설이 많아 싼 가격을 제시한 시설도 눈에 띈다. 이러한 시설도 재택근무를 보완하는 선택지가 될 수 있다. 기업이 임차나 회사소유의 건물을 이용하여 독자적인 텔레워크 공간을 마련할 수도 있다. 이처럼 코로나 이후에 기업은 지금까지의 동질적인 오피스 근무방식과 재택근무의 효율성을 생각해봐야 한다. 모든 사람이 똑같이 집에서만 일하는 재택근무 일변도가 아니라 직원의 생산성을 높이기 위한 최적의 일 방식과 업무공간의 형태를 냉정하게 생각해야 한다. 코로나 이후에는 사람들의 생활과 일 방식에 대한 사고가 크게 바뀔 것이다. 기업은 오피스 전략을 포함한 기업경영 전반에 걸쳐 생산성을 높이는 일 방식을 진지하게 검토해야 한다.

인간은 본래 실제 어떤 외부공간에 모여 커뮤니케이션을 하면서 신뢰를 쌓고, 협동하며 일하는 사회를 만들었다. 모인 사람들은 획기적인 아이디어를 내고 사회적 혁신을 일으키며 풍요로운 사회를 만들어 왔다. 기업의 오피스 공간은 인간사회의 창조적이고 역동적인 모습을 담고 있는 곳이다. 그런데 코로나로 인해 실제 공간에서 활동하지 못하고, 재택근무 등으로 개별공간 또는 인터넷 공간으로 밀려났다. 하지만 온라인 공간에서는 기업의 혁신 창출에 한계가 있다. 실제 물리적인 장소에서 직원들이 모여 진지한 커뮤니케이션으로 창의적인 사업 아이디어를 내고, 팀 동료들과 함께 업무를 추진하는 사무실 기능의 중요성은 변함이 없다. 많은 업무를 재택근무로 할 수 있다고 판단하고 오피스의 중요한 역할을 인식하지 못하면 실제 공간에서 만남과 대화가 줄어들고 혁신이 정체될 위험도 있다.

그래서 코로나 이후가 더 중요하다. 코로나 이후에도 유연하고 다양한 일 방식을 허용한다면 직원은 삶의 보람과 행복감을 느끼고, 업무 의욕, 능력과 창의성을 충분히 발휘할 것이다. 이러한 환경에서 조직에 신뢰를 가진 자율적인 직원이 업무생산성을 올리고 조직의 혁신을 일으키는 기업풍토가 만들어질 것이다.

미래의 사무공간은 직원 간 교류를 촉진하는 개방적 환경과 집중할 수 있고, 창의성을 자극하는 공간 디자인을 선보일 것이다. 사람이 밀집하고 대화가 많은 사무실 공간에서 3密(밀폐, 밀집, 밀접)을 피하고, 신체적 거리를 확보하는 등 직원의 행동에서 사무실 레이아웃 변경에 이르기까지 다방면의 변혁이 필요한 시대다. 어떤 기업은 매우 비효율적 공간으로 간주하고 유지관리 비용이 상대적으로 적게 드는 획일적인 공간으로 바꿀지도 모른다. 즉, 직원의 비공식적 커뮤니케이션을 촉진하는 휴게공간, 다양성을 살린 오피스 공간은 조직 슬랙(조직의 여유부분)으로 생각할지도 모른다. 그러나 이러한 조직 슬랙은 혁신의 원천이 된다. 조직의 효율성과 경제성만을 추구하는 전략은 장기적으로 경제적 이익을 가져오지 못한다. 조직의 창의성을 촉진하고 혁신을 일으키고, 장기적인 이익을 추구하려면 조직 슬랙에 투자하는 발상으로 바꿔야 한다.

앞에서 언급했지만, 앞으로 기업은 텔레워크를 직원이 자유롭게 선택할 수 있는 하나의 일 방식으로 생각해야 한다. 경영자의 지시가 아니라 직원이 스스로 자신의 상황에 따라 더 편리한 공간에서 생산성을 높일 수 있도록 선택할 수 있어야 한다. 앞으로 한국기업은 사업계속대책(BCP)으로서 재택근무를 생각해야 한다. 직원이 언제라도 원활하게 재택근무체제로 이행할 수 있도록 철저히 준비하고 사전훈련도 필요하다.

기업은 일하는 장소와 일하는 방식을 다양화하고, 코로나 사태와 같은 만일의 재해에 대응하는 사업계속대책으로서 사무공간을 분산하는 대책이 필요하다. 자택에서 근무하는 방법 외에도 회사의 위성오피스와 전문업체가 운영하는 공유오피스가 있다. 앞으로 제3의 오피스 활용도 적극적으로 고려해야 한다.

직원이 일하는 장소를 생각할 때 효율성만 추구하지 않고 조직 슬랙을 갖추는 발상이 필요하다. 오피스 이용이 줄어든다고 해서 단기적 비용감소를 위해 사무실 공간을 줄이는데 신중해야 한다.

[미래 기업의 다양한 오피스 운영 형태]

[핵심오피스 본사]

사내외 교류 기능

- 직원간 교류를 위한 휴식공간
- 자유로운 사무공간 활용
  (프리어드레스제)
- 관련 부서와 가까운 공간 확보

업무 집중 기능

- 토론과 미팅룸
- 개인용 집중 부스
- 개별·고정룸

사내외 안전 확보 기능

- 건강을 위한 의료장비
- 웰빙을 위한 식음료서비스,
  레이아웃 구성
- 사무공간의 물리적 거리 유지

[외부 오피스]

회사의 위성오피스
(도시 입지, 교외입지, 지방권 입지)

공유오피스·임대오피스

직원의 자택

워케이션
(여행지, 숙박시설 등)

코로나 시대 텔레워크로 혁신하는 기업

기업이 텔레워크를 미래형 일 방식으로 치밀하게 준비하지 못했다. 당연히 텔레워크를 이해하지도 못한 채 갑자기 추진하면서 예상치 못했던 다양한 문제에 부딪혔다. 예를 들면, IT 환경 측면에서 재택근무용 PC와 네트워크 리소스가 부족하고, 업무와 커뮤니케이션에 문제가 생기고, 주택 인터넷 회선의 보안에 불안감이 생겼다. 직원은 통근 시간이 없어지고 일에 집중할 수 있는 장점도 있지만, 상시적으로 사용할 업무용 공간이 없는 직원도 있고, 온라인 회의 중에 들리는 가족의 목소리도 거슬린다. 업무 시작과 종료 시각이 모호해지면서 과로하기 쉽고, 운동 부족으로 건강이 악화하는 문제도 드러났다. 기업은 텔레워크가 장기화하면서 직원 간 커뮤니케이션이 줄어들고, 생산성을 줄이는 스트레스와 건강 상태를 파악하기 어렵다. 이처럼 회사의 인력관리에 불안을 느끼는 사례도 적지 않다.

재택근무를 지속하기 위해서는 다양한 과제를 해결해야 한다는 사실을 알았다. 이미 적극적으로 텔레워크를 추진한 기업도 일시에 많은 직원이 동시에 재택근무를 하는 것을 예상치 못했고, 그러한 과제를 종합적으로 인식하지 못했다. 지금까지 해결할 과제를 보면 텔레워크를 체계적으로 도입하려면 발상의 전환이 필요하다는 점이다. 앞으로 어떤 재해나 감염증에 대비해서라도 직원 모두가 텔레워크로 업무를 실시하는 것을 전제로 뉴노멀 시대의 일 방식을 설계해야 한다. 실제 외국의 글로벌 기업은 코로나를 계기로 업무 전반의 개혁을 추진하고 있다. 히타치 제작소, 후지쯔 등 선진기업은 단순히 일 방식 개선 차원을 넘어 사무공간, ICT, 조직매니지먼트의 중장기 대책을 수립하여 추진하고 있다.

재택근무 활용을 표준화하는 '히타치 제작소'

'히타치'는 2016년부터 일 방식 개혁을 추진하고, 다양한 인재가 성과를 올릴 수 있는 재택근무를 추진하고 있다. 코로나 사태 이후에는 회사 기능을 유지하기 위해 반드시 출근해야 하는 업무 이외에는 원칙적으로 재택근무를 추진하여 회사 평균 재택근무율은 70%에 이르고 있다. 코로나바이러스의 치료약이 개발되고 실용화되기까지 일정한 시간이 걸리기 때문에 계속해서 텔레워크를 실시할 계획이다. 제2의 감염 확대와 자연재해가 발생할 경우에도 평소의 기업활동을 유지·지속할 수 있도록 뉴노멀 시대의 사업추진체제를 조기에 구축하고 있다.

전례 없는 규모와 기간으로 텔레워크를 실천하면서 IT 운용과 보안 문제 외에도 다양한 과제가 있다는 것을 알았다. 직원이 안심하고 일할 수 있는 장소의 형태, 생산성을 올리기 위한 직원의 성과관리를 포함해 모든 환경을 코로나 이후를 대비하는 뉴노멀 시대의 일 방식으로 재설계할 필요성을 느꼈다. 구체적으로 직원과 그 가족의 건강과 생활을 지키는 것을 최우선으로 하고, 코로나 사태 이후에도 폭넓은 직무에 재택근무 활용을 표준화하고, 생산성을 올리는 대책을 실행하고 있다.

구체적으로 직원의 신체적·정신적 케어 대책, 사무실 환경과 동일한 IT 환경 등을 정비하고 있다. 텔레워크로 일하는 직원의 업무환경을 개선하도록 지원하고, 출근을 전제로 한 회사의 규정을 전면 재점검하고 있다. 직원의 행복감을 지표화하는 "행복도"라는 독자적인 프로그램을 활용하여 직원 간 커뮤니케이션을 활성화하는 대책을 추진하고 있다. 또한 코로나 시대에 적합한 혁신적인 사무공간 대책도 추진하고 있다. 오피스 업무를 전제로 하는 일 방식이 아니라 사람을 중심으로 행복도와 쾌적성, 생산성을 충족하면서 장소에 의존하지 않는 유연한 업무방식을 추진하려는 것이다. 히타치는 사람을 중심으로 한 텔레워크의 바람직한 모습을 3가지 관점에서 생각하고 생산성과 부가가치를 최대화하는 전략을 마련하였다.

[히타치의 새로운 텔레워크 업무환경]

전략	바람직한 모습	고객가치
생산성	생산성을 최대화하는 직원의 성과 관리	· 뉴노멀 인재관리 · 뉴노멀 건강경영 · 직무형 인재평가 · 인재유동성 향상
업무공간	장소에 의존하지 않고, 스트레스 없이 사용할 수 있는 IT	· 클라우드 중심의 선진 IT · IT 운용/관리업무에서 해방 · 긴급한 환경변화에 대응
사무실	새로운 사무공간의 모습 실현	· 시대에 적합한 사무실의 변화 · 지방분산(주거환경 우선) · 자산, 고정비의 최적화

출처: 히타치 제작소 보도 자료

[히타치의 재택근무 표준화 로드맵]

1단계	· 현재까지 재택근무의 과제 점검, 총괄
2단계	· 개인의 직무에 대응한 중장기적 근무 형태 점검 · 재택근무의 적극적 활용을 위한 환경정비
3단계	· 재택근무 활용을 표준화한 일 방식 실시 · 생산성 향상, 비용 최적화를 위한 업무수행 방법, 업무환경, 각종 수당과 복지혜택 점검 · 노무 관련 규정과 협정 점검
4단계 (2021. 4월~)	· 새로운 규정과 협정 적용 · 재택근무 활용을 표준화한 일 방식의 정식 적용

출처: 히타치 제작소 보도자료

언제 어디서나 일할 수 있는 환경을 구축하는 '후지쯔'

'후지쯔'는 코로나 이후를 대비한 새로운 일 방식으로 "Work Life Shift"를 추진하고 있다. 디지털 기업으로 혁신을 창출하고, 직원이 더 높은 생산성을 발휘하도록 하는 목표다. "Work Life Shift"는 일하는 것이 아니라 일과 생활을 총체적으로 전환하고, 웰빙을 실현하는 컨셉이다.

고정적으로 사무실에 출근하는 기존의 출퇴근 개념을 바꾸고 다양한 인재가 더 많은 자율성과 신뢰를 바탕으로 일하도록 하는 대책이다. 시간과 장소에 구애받지 않고 고객에게 가치를 창출하고, 스스로 계속해서 변혁할 수 있는 일 방식을 실현하는 방침이다. 이를 위해 인사제도와 사무실 환경 등 다양한 대책을 수립하였다. 직원은 업무 목적에 가장 적합한 장소를 자유롭게 선택하여 일할 수 있고, 사무실 전체 좌석은 프리 어드레스제(free address制, 자율석)로 운영한다. 2022년 말까지 사무실을 현재의 50% 정도로 유지하고, 쾌적하고 창조성이 넘치는 오피스 환경을 구축하기로 했다.

2017년에 후지쯔는 이미 텔레워크 제도를 정식으로 도입하여 다양한 인재가 활약할 수 있는 일 방식으로 전환하였다. 또한 2020년 4월부터 디지털 기업으로 변혁하기 위해 인사제도를 개혁하였다. 국내 그룹의 간부 직원 약 15,000명을 대상으로 개인이 수행할 직책을 명확히 정의하고, 그 직책에 따른 보수를 정하고 유연한 인재 배치를 위한 직무급 인사제도를 시행하였다.

[후지쯔의 Work Life Shift 개요]

Smart Working **(최적의 일 방식 실현)**	· 전 직원 대상 유연근무제 확대 · 재택근무환경 정비비용 지급 · 독신 세대의 재택근무 대체 · 간병과 배우자 전근에 따라 이주할 때 원격근무 허용
Borderless Office **(오피스 형태 점검)**	· 전국에 허브오피스 설치, 프리어드레스제 실시 · 지역 시설오피스 확장 및 허브오피스 환경정비 · 텔레워크로 가능한 업무프로세스 점검 및 디지털화 추진 · 최신보안 대책을 수립하여 어떤 장소에서 필요한 정보에 접근 할 수 있는 보안네트워크 기반의 글로벌화 · 각 오피스 실제 이용 상황 가시화
Culture Change **(기업문화 변혁)**	· 일반직원까지 직무급 인사제도 확대 · 상사와 부하 간 일대일 커뮤니케이션 스킬 향상 교육 · 직원의 스트레스 조기 파악 및 진단실시 · AI를 활용해 업무 내용을 가시화하여 과제추출과 생산성 향상 · 전 직원에게 스마트폰 대여 확대, 커뮤니케이션 툴의 활용 및 업 무 시스템과 연계 강화

[중소기업의 전국적 텔레워크 대책 사례]

회사	추진 대책
RakSul	· 2020년 3월부터 원칙적으로 재택근무 도입 · 코로나 이후를 대비한 새로운 업무스타일을 시험 운영 중 · 출근은 1회로 하는 재택근무 중심의 일방식 실시

나일(NYLE)㈜	· 영업과 개발 등 전문성을 가진 직종을 대상으로 텔레워크 근무자를
	  전국에 걸쳐 채용
	· 전문성을 살린 포지션에서 직무급 채용을 실시, 사무실 출근은 하지
	  않는 것 이외에는 일반 채용과 동일

Caster	· 2014년 창업 시점부터 직원 700명 전원 텔레워크 실시(90% 여성) · 중소형 백오피스 지원과 재택파견업을 하는 회사로 전국에 걸쳐 재택 파견 인력 운용
디지털 홀딩스	· 카페, 매력적인 미술관, 오락 시설이 있는 나스(那須)에서 워케이션 실시 · 자연체험 공간, 수공예, 유원지가 있어 자녀 동반 서비스도 가능

텔레워크로 생산성을 높이는 기업

텔레워크는 경제에 어떤 영향을 미칠까? 결론부터 말하면, 텔레워크는 통근 시간 감소, 노동력 증가에 따른 생산성 향상, 육아와 일의 병행에 따른 저출산 대책으로서 경제적 효과가 크다는 점이다. 일본제일경제연구소(2018년 조사)는 통근 시간 감소에 따른 텔레워크의 경제적 효과를 분석하였다. 도쿄에 거주하는 직장인 약 262만 명이 통근할 경우 기회손실이 8.6조 엔에 이른다고 발표했다. 262만 명 중에 텔레워크를 이용하는 사람이 늘어나면 그 기회손실은 감소하고, 경제에 긍정적 효과를 주고, 자택에서 일할 수 있기 때문에 저출산 대책으로서 효과를 제시했다.

2018년 '미즈호종합연구소'는 텔레워크로 통근 시간이 줄어들면 약 4,300억 엔의 GDP가 향상되는 효과를 제시했다. 텔레워크로 여성과 고령자에게 일자리가 창출되고, 직장에서 개인과 팀의 생산성이 올라가면 경제적 효과가 훨씬 커질 것이라고 분석했다.

일본기업은 최근 생산성 향상을 목표로 일 방식 개혁을 중점적으로 추진해왔다. 유연한 일 방식인 텔레워크로 다양한 노동력을 확보하는 정책을 폈지만, 텔레워크를 도입하는 회사는 많지 않았다. 2017년 텔레워크 도입률은 13.9%, 2018년에는 19.1%로 점차 상승하는 추세였다. 코로나 사태를 계기로 텔레워크를 처음으로 도입했거나 텔레워크의 대상 업무를 확대한 기업이 크게 늘어나고 있다. 텔레워크도 업무상 성과를 기대할 수 있다는 점에서 일본의 IT 기업을 중심으로 미래를 대비해 본격적으로 텔레워크 체제를 구축하려는 움직임이 있다.

일본의 내각부 조사에 따르면, 코로나 사태 이후 텔레워크를 경험한 사람은 34.6%였다. 도쿄 거주자 중에 텔레워크를 경험한 사람은

55.5%였다. 텔레워크를 경험한 사람은 코로나 사태 이전보다 직업 선택, 워라밸, 지방 이주를 희망하는 사람이 늘었다. 코로나 위기를 극복하면서 그만큼 개인의 건강과 라이프스타일을 생각하는 사람이 늘어났다는 것을 의미한다.

일본 정부의 적극적인 텔레워크 장려대책에도 불구하고 대부분 기업은 텔레워크의 대상업무와 기간을 한정하여 실시하였다. 코로나 사태 이후에는 처음으로 텔레워크를 도입하는 기업, 업무를 한정하지 않고 회사 전체가 텔레워크를 실시하는 기업이 눈에 띄게 늘어나고 있다. 감염대책과 생산성을 유지하기 위해 텔레워크를 확대하거나 텔레워크를 전면적으로 도입한 후에 사무실을 축소하는 기업도 있다. 지금까지 회사마다 특유의 경영상황과 텔레워크의 문제점을 거론하며 도입하지 않았던 회사들이 대거 참여했다. 물론 어쩔 수 없는 사업계속대책으로 실시하였지만, 텔레워크 확산으로 일 방식 개혁이라는 정책에 전기가 마련되었다.

[일본에서 텔레워크가 확산되지 않는 이유]

구분	주요 내용
멤버십 고용제도	· 특정 직무의 담당을 선발하지 않고, 채용 후 다양한 직무를 할당 · 명확한 담당 직무가 없이 정년까지 고용을 보장하고, 잔업과 전근, 배치전환 명령에 따름 · 개인보다 팀으로 업무를 담당하여 빈번한 커뮤니케이션이 필요함
도장과 서류 중심의 기업문화	· FAX와 계약서 등으로 날인하는 문화가 정착(직원의 출근을 조장) · 2019년 전자계약을 도입한 기업 비율이 44.2%에 불과함
정보보안 불안과 재정부담 증가	· 정보보안을 위한 렌탈 노트북과 무선 와이파이, 공유오피스 비용 등으로 기업의 재정부담 증가 · 재택 원격회의 초기비용은 한 회사 평균 연간 490만엔 소요(제일경제연구소 추산)

설비와 기기 부족	· 최근 텔레워크 수요급증으로 통신을 암호화하여 정보 유출을 방지하는 VPN(가상전용선)의 증설작업이 지연됨 · 컴퓨터 수요와 네트워크 기술자의 부족
텔레워크에 적합하지 않은 업무가 있음	· 설비와 기계가 필요한 제조업, 현장 작업이 많은 건설업, 간병 의료시설, 운수업, 서비스업, 판매업 등은 실시하기 어려움

출처: 닛세이기초연구소 기초연리포트(2020. 7월)

코로나 사태 이전에는 주로 대기업 중심으로 텔레워크를 도입하였다. 최근에는 많은 중소기업에 텔레워크를 고정비용 절감과 회사의 업무개혁 등 장기적인 생존전략으로 받아들이고 있다. 후지쯔 그룹은 코로나 사태 이후 전 직원의 텔레워크 실시율을 90%까지 확대했다. 7월부터 원칙적으로 텔레워크로 일하고, 앞으로 3년간 국내 사무실 평면적을 절반으로 줄일 계획이다. 통근 정기권을 폐지하고, 텔레워크 환경정비 보조금으로 월 5,000엔을 지급하기로 했다. 또한 텔레워크 업무 기간 중에는 업무관리 가시화 시스템을 여러 부문에서 시험 도입하고, 업무 내용과 필요한 시간을 가시화하여 생산성이 높아지는지 점검했다.

이 회사는 3만 명의 직원을 대상으로 일 방식에 관한 설문조사를 실시하여 80%의 직원이 텔레워크를 계속 희망하고 있다는 결과를 얻었다. 이렇게 자료검증과 비용 효과를 참고로 국내 전 직원의 텔레워크 근무, 3년 동안 사무실 면적의 50% 축소를 지속 추진할 계획이다.

'㈜디지털홀딩스'는 코로나 사태 이후에도 원칙적으로 텔레워크를 계속 시행하고, 출근은 주 2일 이하로 하는 대책을 마련했다. 통근교통비를 워크디자인 수당으로 월 4,000엔 지급하고, 본사 빌딩 사무실의 30%를 해약하고, 약 2억 엔을 절감하였다. 이 회사는 2014년부터 텔레워크를 부분적으로 도입하고, 2017년에는 전 직원을 대상으로 확대하였다. 또한 텔레워크로 일하는 직원의 업무성과를 가시화하는 시스템을 도입하고 있고, 텔레워크 업무와 생산성을 관리하는 대책을 사전에 준비했기 때문에 전면적으로 실시할 수 있었다.

'미국 트위터'는 일본법인을 포함해 2020년 5월부터 전 세계의 직원에게 자택에서 업무를 완결할 환경을 갖출 경우에 무기한의 텔레워크를 허용하기로 했다. 텔레워크에 필요한 비용과 기기를 갖추도록 직원에게 1,000달러의 특별지원수당을 제공했다. 2020년 9월까지 일부 업무를 제외하고 사무실을 재개하지 않고 모든 출장을 취소한다고 발표했다. 텔레워크 업무환경이 정비되면 사무실 업무와 비교해도 손색없는 효과를 올릴 수 있다고 생각한 것이다.

IT 기업인 '㈜도완고'는 2020년 2월부터 5월까지 전 직원을 대상으로 재택근무를 실시했다. 6월부터 항구적인 재택근무를 위한 시범운용 기간을 거친 후에 7월부터 재택근무를 본격적으로 도입했다. 재택근무 도입으로 전기료와 통신비 수당(주 551엔)을 폐지하고 모든 직원에게 월 2만 엔의 재택근무 수당을 지급하고 있다. 도입 초기에 직원에게 텔레워크를 지원하는 수당이 성공의 요인이었다고 분석하고 있다.

'ClipLine㈜'는 동영상 학습시스템을 제공하는 회사다. 이 회사는 코로나 사태 후에 전 직원을 대상으로 텔레워크를 실시하고 사무실을 축소 이전하기로 했다. 직원의 건강을 지키고 텔레워크가 효과적으로 침투하기 위한 대책이었다. 개인적인 자료를 작성하는 업무와 회의는 텔레워크로 실시하고, 기존의 사무실은 직접 대면 미팅과 공동작업 등 타인과 협동하는 장소로 규정하였다. 이러한 조치로 사무실 평면적을 절반 이하, 임대료는 80%를 줄여 새로운 사무실로 이전하기로 했다.

[코로나 이후 일본기업의 텔레워크 도입 정착 사례]

회사명	추진 내용
후지쯔 그룹	· 텔레워크 도입률 90%, 3년간 사무실 면적 50% 감소 · 텔레워크 환경정비 보조금 지급 · 업무생산성을 관리하는 시스템 도입
디지털홀딩스	· 원칙적 텔레워크 계속 실시, 출근 주 2일 이하로 한정 · 본사 빌딩 사무실의 30% 축소 · 텔레워크 도입에 따른 업무관리 대책 추진
트위터 재팬	· 무기한의 텔레워크 추진 · 텔레워크 특별지원수당 지급
도완고	· 항시적인 텔레워크 체제 구축 · 모든 직원에게 텔레워크 수당 지급
ClipLine㈜	· 전 직원 대상으로 텔레워크 실시 · 사무실 면적 50% 축소 이전 · 사무실 공간을 공동작업의 장으로 전환

텔레워크를 본격 도입하는 글로벌 기업들

과거에 전례가 없을 정도로 전 세계에서 텔레워크를 체험하고 있다. 글로벌 기업은 장기적인 새로운 일 방식 전략으로서 텔레워크의 가치를 찾기 시작했다. IT 분야의 글로벌 기업은 가장 먼저 유연한 일 방식의 선택지로서 텔레워크를 추진하고 있다. 트위터와 페이스북은 새로운 텔레워크 제도를 정식으로 도입한 기업이고, 상시적인 텔레워크 추진체제를 마련하였다. 구글은 재택의 사무 가구 비용으로 직원들에게 1,000달러를 지급하고 있다. 금융서비스 등 규제가 강한 업계도 많은 업무가 텔레워크로 추진할 수 있다는 것을 인식했다. 이런 업종도 텔레워크를 어느 정도 받아들일지 검토하고 있다.

이런 글로벌 기업은 텔레워크를 코로나 이후에도 계속해서 실시할까? 많은 기업이 단지 현재의 코로나 위기를 피하는 대책으로 활용할 것으로 전망하는 사람도 많다. 하지만 글로벌 인재 소개회사 '앤월드 재팬'은 일본에 있는 글로벌 기업(189개)의 텔레워크 실태와 전망을 발표했다. 텔레워크를 실시하고 있는 글로벌 기업의 약 80%가 앞으로 계속해서 실시하겠다고 대답했다. 그중 절반의 기업은 텔레워크를 반영구적으로 계속 실시하겠다고 했다. 기업의 20%는 텔레워크 도입 후에도 직원의 업무성과가 개선되었다고 대답했다. 유연한 노동환경에서 성과가 개선된 이유에 대해 인사담당자는 통근 시간의 감소와 이에 따른 스트레스 감소라고 언급했다(앤월드 재팬 설문조사결과, 2018년 7월).

글로벌 기업뿐만이 아니다. 팬데믹 기간에 텔레워크는 어쩔 수 없이 실시하였지만, 의외로 놀랄 정도로 새로운 일 방식으로 성공을 경험한 기업이 많다. 텔레워크라는 일 방식을 경험한 기업은 코로나 이후에도 유연한 일 방식으로 계속 추진할 가능성이 크다. 전례 없이 많은 기업이 텔레워크를 도입하여 유연한 일 방식의 부가가치를 인식할 수 있었다. 반면에 텔레워크를 본격적으로 추진하기 위한 과제도 더욱 명확해졌다.

텔레워크를 도입하여 일 방식의 유연성을 높여서 직원의 업무 몰입도를 높일 수 있지만, 직원의 커뮤니케이션이 제한되는 부정적 효과도 있다. 기업은 팀워크와 원활한 커뮤니케이션 대책의 중요성을 인식하고 있다. 텔레워크를 계속할 의향이 있는 기업은 각종 온라인 툴을 활용한 감시와 보안대책을 넘어 업무생산성을 좌우할 수 있는 매니지먼트와 커뮤니케이션 대책에 추진할 것이다.

코로나 이후의 사회에서 텔레워크와 유연한 노동환경은 기업의 인재 확보에 중요한 요소로 작용할 것이다. 또한 업무성과를 높일 수 있는 일 방식으로 자리 잡을 수 있다. 진화하는 직장환경을 받아들이고 시대변화에 맞춰 선제적이고 공격적 경영을 하는 기업은 성공할 것이다.

텔레워크로 우수한 인재를 확보하는 미국기업

'텔레워크'라는 말은 1973년 미국 물리학자로서 미항공우주국에서 복잡한 통신시스템 작업을 집에서 했던 잭 닐스Jack Nilles는 자신의 업무를 '텔레코뮤팅telecommuting'으로 표현하면서 시작되었다. 그 당시 오일쇼크에 따른 원가절감, 1990년대의 환경문제 대책으로 텔레워크가 추진되었다. 2000년대부터 디지털 기술의 발전에 따라 개인과 성과주의가 강한 미국기업에 텔레워크가 적극적으로 도입되었다.

2010년 3월 오바마 대통령은 '직장의 유연성에 관한 백악관 포럼'에서 유연근무제에 관한 국민적 논의를 촉발하였다. 이에 노동성 여성국은 '직장의 유연성에 관한 국민과 대화'를 주최하고, 전국에서 포럼을 실시했다. 또한 오바마 정권은 재택근무 추진 법안을 가결하여 재택근무가 연방정부의 중점 과제가 되었다. 2011년에 재택근무를 시행한 비율은 21%로 크게 늘어났다.

미국의 일부 주와 도시는 간병 상황에 있는 사람의 차별을 금지하고, 노동자가 더 유연한 근무제도를 요구할 수 있는 제도를 실시하고 있다. 예를 들어 2014년 샌프란시스코는 가족 친화적 직장에 관한 조례를 제정하였다. 이 법률에 따라 노동자는 18세 이하의 자녀가 있거나 간병 상태에 있는 가족을 지원하기 위해 유연한 근무 형태를 요구할 수 있다.

[미국 텔레워크 제도의 발전과 추이]

연도	주요 사건
1979년	· 오일쇼크를 배경으로 작가 프랭크 쉬프는 유연한 공간(flexplace)이라는 용어를 사용하고, 재택근무로 가솔린을 절약한다는 개념이 대중화됨
1980년	· IBM 등 민간기업이 공식으로 텔레워크 도입 시작
1992년	· 연방정부의 직원을 대상으로 텔레워크 시범 프로젝트 실시
1996년	· 연방정부의 텔레워크 도입 추진 운동(National Telecommuting Initiative) 전개
2010년	· 각 연방정부에 대해 텔레워크 계획의 수립과 도입을 의무화하는 텔레워크 추진법(Telework Enhancement Act) 제정
2013~2017년	· 야후, 베스트 바이, IBM 등 대기업은 텔레워크 철폐 또는 제한 선언
2020년	· 트위터는 텔레워크 희망자에게 무기한 연장 · 페이스북은 2030년까지 직원의 절반을 텔레워크로 활용 계획 발표

출처: 미국의 텔레워크 현상(2020), 필자가 일부 재구성

미국에서 텔레워크는 더 이상 특혜가 아니다. 미국 노동자의 74%는 유연한 일 방식은 새로운 상식이라고 대답했다. 미국에서 텔레워크를 선호하는 사람은 꾸준히 늘어나고 있다. 2017년 온라인 구인정보 사이트 플렉스잡스(flexjobs.com)는 5,500명을 대상으로 "유연성이 있는 일을 찾는 구직자에 관한 연차조사"를 발표했다. 2017년을 기점으로 텔레워크 일 방식은 5년간 44%, 10년 동안 91%, 12년 동안 159% 성장했다. 2017년에 미국 노동자의 4.7백만(3.4%)이 텔레워크로 일하고 있다. 응답자 5,500명 중에 66%는 기존 오피스보다 텔레워크 환경에서 업무생산성이 높다고 말했다.

베이비붐 세대와 X세대(1945~1984년생, 응답자의 70% 이상)의 대다수(81%)는 근무시간 모두를 재택으로 일하며 가족과 함께 최대한

많은 시간을 보내고 싶어 했다. 부모간병, 배우자의 근무지 이동 등으로 가족의 상황이 바뀌어도 텔레워크로 계속 일하고 싶어 했다. 특히 은퇴자들은 더욱 풍요로운 은퇴 생활을 위해 소득원을 찾고 있었다. 매일 직장에서 풀타임 업무를 원하지 않고, 생애에 걸쳐 학습하면서 보유한 지식과 스킬을 사회에 의미 있게 활용하고 싶어 했다. 은퇴자들의 경험과 능력을 활용하거나 소득을 보충하는 차원에서 텔레워크는 더욱 확대될 가능성이 있다.

현재 미국에서 클라우드 소싱 사이트에 의한 계약고용 기회가 늘어나는 점도 텔레워크가 늘어나는 요인이다. 업워크Upwork와 프리랜서 연합회는 매년 '미국의 프리랜서 보고서'를 발표하고 있다. 2019년 3월 발표한 보고서에 따르면, 미국의 18세 이상 노동자 중에 5,700만 명이 프리랜서로 일하고 있는 것으로 추정했다. Z세대(1990년대 중반~2000년대 초반 출생자)가 다른 세대보다 많은 것이 특징이었다. 프리랜서의 소득은 약 1조 달러로 미국 GDP의 5%를 차지했다. 조사 대상자의 많은 사람은 프리랜서를 장기적인 커리어로 생각했다. 실제로 풀타임 프리랜서로 일하는 사람은 2014년 14%에서 28%로 증가했다.

최근 노동시장에서 핵심 인력으로 떠오른 밀레니얼 세대와 Z세대가 프리랜서를 선호하면서 텔레워크는 새로운 일 방식의 선택지가 되었다. 일부 대기업은 텔레워크가 최대한의 성과를 발휘할 수 없다고 텔레워크를 제한하는 움직임도 보인다. 그러나 코로나 감염증 대책으로 2020년 3월 이후 외출 제한과 재택근무령이 내려지면서 텔레워크는 주목을 받았다. 특히 '트위터'는 코로나 이후에도 희망자에게 무기한 재택근무를 인정하기로 했다. '페이스북'은 2030년까지 절반의 직원을 영구적으로 텔레워크로 일할 수 있도록 했다.

텔레워크의 장점을 연구하는 스탠퍼드대 경제학부 니콜라스 블룸 교수는 코로나의 영향으로 재택근무에 잘못된 인식은 없어졌다고 했다. 2015년 블룸 교수는 재택근무 희망자 1,000명의 여행사 직원을 대상으로 재택근무의 효과성을 분석했다. 9개월 동안 주 4일의 재택근무를 실시한 결과, 성과는 13% 증가했고, 이직률은 50% 떨어졌다. 그러나 블룸 교수는 코로나 사태로 재택근무가 의무화되고, 자택에 충분한 업무환경이 갖춰지지 않는 상황에서 생산성은 파괴적인 결과를 가져올 것이라고 분석했다.

미국 싱크탱크 퓨리서치센터의 조사에 따르면, 2019년 시점에 민간기업 취업자 중에 텔레워크로 일할 수 있는 사람은 7%(840만 명)다. 또한 2016년 미국 인재매니지먼트협회(SHRM)에 따르면, 직원에게 텔레워크를 인정하는 회사는 1996년 20%에서 2016년 60%로 증가했다. 코로나 사태 이후 일부 직종을 제외하고 모든 노동자에게 재택근무를 의무화한 이후 텔레워크는 60% 이상으로 확대되었다.

미국 '클러치Clutch'는 2020년 4월 텔레워크의 현상을 조사했다. 코로나 이후 주 1회 재택근무를 했던 노동자는 66%, 주 5일 이상을 했던 사람도 44%로 대폭 증가했다. 재택근무를 노동자 중에 오피스 근무보다 좋다고 말한 사람은 39%였다.

이처럼 미국기업은 오피스 비용 절감이나 긴급한 사업계속대책, 우수한 인재확보를 위해 텔레워크를 제공했다. 테크놀로지의 발전으로 쉽게 텔레워크를 도입할 수 있는 환경에서 익숙한 오피스 근무를 고집하고, 보이지 않는 직원의 업무수행에 회의적인 기업도 있다. 커뮤니케이션과 신뢰 구축은 텔레워크의 큰 과제다. 2007년 미국 심리학회의 학술지에 따르면, 텔레워크는 직원의 자율성을 존중하는 것이 업무 만족도와 성과,

직무의 지속적 동기를 높이는 요인이라고 했다. 다만, 주 2.5회 이상의 과도한 텔레워크는 동료와 관계를 악화시킬 수 있다고 했다.

텔레워크 추진 중장기 대책을 세워라

장기적 생산성에 초점을 두라

한국은 코로나 종식 후에도 계속 텔레워크를 도입할 기업은 얼마나 될까? 2020년 7월 한국경제연구원은 500개 기업을 조사한 결과 재택근무를 도입한 회사는 26.7%였다. 유연근무제를 도입한 회사는 생산성 향상에 긍정적으로 인식했고, 절반 이상의 기업이 코로나 종식 이후에도 유연근무제를 계속 실시하겠다고 했다.

기업이 텔레워크를 포함해 유연근무제가 생산성을 높일 수 있다고 생각한 것은 청신호다. 필자는 텔레워크를 실시한 기업 중에 코로나 사태 이후에 단 5%만 지속해도 성공적이라고 생각한다. 다만 그 5%의 기업이 텔레워크를 본격적으로 계속 시행하느냐가 중요하다. 그런 기업은 텔레워크를 분명히 새로운 일 방식으로 생각한 것이다. 무엇보다 생산성이 오르는 것을 확인했기 때문이다. 텔레워크를 계속 유지하는 회사가 나온다면 1~2년 후에는 텔레워크의 효과를 검증할 수 있을 것이다. 텔레워크가 성과를 낸다는 검증 결과가 나오면서 사회적으로 텔레워크 운동이 벌어질 것이다.

현재 대부분의 경영자는 텔레워크를 비상 상황에 대처하는 수단으로만 보고 있다. 당초에 텔레워크를 사업전략으로 생각하지 않았기 때문에 당연한 현상이다. 오히려 처음부터 텔레워크를 생산성을 높일 목적으로 하지 않아야 한다. 텔레워크를 실시하고 당장 생산성이 올라가는 것을 측정하기 어렵다. 몇 년 전부터 텔레워크를 실시하여 직원이 익숙한 환경이라면 아마 생산성은 상승할 것이다. 적어도 1년은 직원이 새로운 일 방식에 익숙해지고 적응하는 시간이 필요하다. 처음에 생산성이 떨어지지 않으면 그나마 다행이라고 생각하고 적응 기간으로 설정해야 한다.

어떤 경영자는 단기적 성과로서 오피스 임대료의 절감을 기대할 것이다. 이 대책은 확실히 즉시 효과를 낼 수 있고, 정량적으로 평가할 수 있다. 오피스 감소로 각종 사무기기의 리스 비용, 관리비용이 크게 줄어든다. 특히 중소기업일수록 비용감소 효과가 크게 나타날 것이다. 또 하나 텔레워크 도입으로 단기적 성과를 낼 수 있는 것이 있다. 바로 기업의 인력부족 문제를 해결할 수 있다. 인력이 부족한 중소기업은 필요한 분야의 인력을 즉시 채용하여 사업을 확장할 수 있다. 인재를 채용할 때 텔레워크를 실시하는 기업은 그렇지 않은 기업에 비해 모여드는 인재의 양과 질에 차이가 생길 수밖에 없다. 해외인력을 채용할 때 재택근무를 선택적 근로조건으로 내세워 지원자가 수십 배로 늘어난 외국기업도 있다. 기업은 텔레워크를 둘러싸고 유능한 인재확보 전쟁을 벌일 것이다.

국가정책 차원에서 볼 때 텔레워크는 저출산 고령화 대책으로 매우 효과적인 수단이다. 현재 간병과 육아 문제를 안고 있는 수많은 노동자가 겪고 있는 삶의 고민을 해소하고, 생계를 유지할 수 있기 때문이다. 텔레워크를 도입하면 고령자, 장애우, 외국 인재 등 다양한 인재를 활용할 수 있다. 기업에 다양한 인재가 모여 함께 일하면 똑같은 제품과 서비스를 전혀 다른 관점에서 볼 수 있기 때문에 혁신을 불러일으킬 수 있다. 이렇게 종합적이고 객관적으로 텔레워크 도입 효과를 파악하려면 적어도 2~3년 후에 실시해야 한다. 텔레워크의 단기적 생산성에 연연하지 않고, 먼저 도입목적을 생각하고 추진 대책에 힘을 쏟아야 한다.

코로나 종식 이후에 당분간 텔레워크를 검토하거나 도입하는 기업이 점차 늘어날 것이다. 인구구조와 개인의 라이프스타일을 볼 때 텔레워크 도입은 피할 수 없는 기업의 대책이다. 5년 이후 장기적 경영환경을 내다보고 지금부터 개혁에 착수하지 않는 회사는 도태될 것이다. 지금 당장 텔레워크를 도입하지 않아도 미래에는 하나의 선택지로 받아들일 수밖에 없는 환경이 되었다.

텔레워크는 기업혁신을 촉진한다

텔레워크의 장점을 알아도 즉시 도입을 주저하는 이유가 있다. 바로 장기적으로 생산성이 오르는 것보다 당장 생산성이 떨어지는 것을 우려하기 때문이다. 텔레워크로 커뮤니케이션양이 줄어들면 업무를 빠르게 처리하기 어렵고 중복작업 또는 재작업이 발생할 수 있다. 커뮤니케이션하기 어려운 환경변화에서 빠르게 변하는 상황에 즉시 대응할 수 없다. 업무 우선순위를 명확하게 설정하지 못하면 중요한 업무에 자원을 신속하게 투입할 수 없다. 관리자는 보이지 않는 직원이 자택에서 실제 업무를 하고 있는지 불안하다. 결국 직원의 업무추진과정을 파악할 수 없기 때문에 감시중심의 매니지먼트를 한다. 결과적으로 텔레워크는 기업의 비용을 높이고 오히려 생산성을 떨어뜨리는 요인이 될 수도 있다. 어떤 제도에도 장단점이 있다. 단점에 주목하면 텔레워크를 도입하기 어렵다. 텔레워크의 장점을 최대한 살리며 단점을 극복하는 대책을 세워야 한다.

첫째는 먼저 텔레워크를 전제로 새로운 일 방식을 전면 점검해야 한다. 어떤 기업은 점진적인 도입을 검토할 것이다. 무엇보다 텔레워크를 상시적인 일 방식으로 활용하려면 직무를 기반으로 설계하고 유연한 업무 분담 체계를 세워야 한다. 직무기반의 업무 분담 관리만으로 텔레워크는 제대로 작동하지 않기 때문이다. 텔레워크 관점에서 각 부서의 직무를 검토하면 많은 업무를 효율화할 수 있다. 이전부터 의미 없이 반복적으로 실시하는 일상 업무를 과감히 폐지한다. 필요성이 불명확한 회의도 폐지한다. 오피스 업무에 적합하게 설계된 평가규정도 텔레워크에 맞춰 개정해야 한다. 오피스 근무를 전제로 하는 설비투자에서 텔레워크를 전제로 하는 IT 투자를 확대하거나 미래의 일 방식에 맞춰 장기적 오피스 운영전략을 수립해야 한다.

둘째는 커뮤니케이션 대책을 수립해야 한다. 밀도 있는 커뮤니케이션을 하기 어렵다는 것을 전제로 직원 간 커뮤니케이션을 촉진하여 신뢰 관계를 유지하는 대책이 필요하다. 이러한 대책이 없이 텔레워크를 도입하면 불신이 커진다. 결국 직원을 감시하거나 과도한 밀착관리로 일에 대한 의욕과 생산성을 떨어뜨릴 가능성이 높다. 관리자와 직원은 서로 업무를 지원하는 자세를 갖고 동기부여를 해야 한다. 직원끼리 서로 대화할 수 있는 채팅 시스템과 상사와 언제든지 일대일로 대화할 수 있는 온라인 상담실을 운영한다.

셋째는 사기와 의욕을 높이는 이벤트도 중요하다. 모든 직무가 서로 동시에 추진되지 않기 때문에 직원이 고립될 위험이 크다. 온라인에서 업무와 직접 관련이 없는 휴식과 분위기를 전환할 수 있도록 해야 한다. 텔레워크 정보를 교환할 기회, 업무 툴 학습회를 매일 개최하여 직원이 편하게 참여하도록 한다. 온라인 워크숍 개최, 브레인스토밍 방법으로 직원끼리 학습할 기회도 제공한다. 텔레워크 환경에서 당장 업무에 몰입하는 경향이 있기 때문에 관점을 넓히거나 대면과 같이 효율적으로 대화하면서 개인의 동기를 높이고 업무생산성을 높여 나간다.

이처럼 앞으로 텔레워크를 본격적으로 운영하려면 직무급 기반의 인사관리 제도를 고려해야 한다. 그리고 유연한 업무, 업무관리를 하려면 상의하달의 계층형 조직에서 자율 분산 협력을 기반으로 하는 네트워크형 조직으로 전환해야 한다. 기존 매니지먼트 방식과 결별하고 텔레워크를 전제로 한 새로운 매니지먼트 모델을 구축해야 한다.

유연한 일 방식, 시간과 공간의 경계를 허물다

기업은 늘어나는 유연한 일 방식에 적응하는
유연한 조직 체제로 바뀌어야 한다. 변화가 빠
른 경영환경에 대응하려면 기동적으로 변화에
대응해야 한다. 물리적으로 시간과 장소를 함
께 공유하는 시대에는 기업이 하나의 커뮤니티
로서 존속할 수 있었다. 그러나 이제 많은 기업
은 외부의 다양한 거래처, 인력 등과 수평적 네
트워크를 구축하고 협력하며 일해야 한다.

유연한 일 방식으로 진화하는 세계

AI시대 유연한 일 방식이 보편화되는 미래 시나리오

지명조차 생소한 지역에서 고령자들이 전국 도시를 상대로 많은 소득을 올리고 있다. 약 2,000명이 살고 있는 일본 도쿠시마현 가미카쓰쵸라는 지역이다. 인구 중에 65세 이상 인구가 50%를 넘지만, 활력 있고 아름다운 지역이다. 이 지역은 아이디어와 사명감을 가진 고령의 주민들이 "잎새 비즈니스"를 통해 매년 높은 소득을 올리고 있다. 잎새 비즈니스란 요리를 채색하는 잎사귀와 꽃을 재배하고 판매하는 사업이다. 고령자들은 직접 PC를 사용하여 전국의 시장을 분석하고, 고객니즈에 맞는 잎사귀를 채집하여 전국의 시장으로 보낸다. 지역의 고령자들은 PC를 통해 전국의 도시와 소통하며 즐겁게 일하고 있다.

지역에서 도시의 일을 하는 미국의 사례를 들어보자. 1983년 당시 속도가 느린 통신과 PC를 조합하여 활용한 벤처기업의 소프트웨어 엔지니어는 계절마다 자연환경이 풍부한 계곡과 산림 풍경이 좋은 장소로 오피스를 이동하였다. 고객이었던 하드웨어업체의 간부는 엔지니어를 만나러 먼 산속까지 찾아갔다. 물리적인 장소와 시간에 구속되지 않는 자유롭고 매력적인 업무스타일을 받아들인 것이다. 대기업이 단순히 고객을 중시했다기보다 우수한 엔지니어로 구성된 팀을 소중한 파트너 관계로 생각했기 때문이다.

위 두 가지 해외 사례는 남의 일이 아니다. 앞으로 한국에서도 충분히 일어날 수 있는 현상이다. 한국은 이미 편리한 교통망과 우수한 IT 기술 등 사회기반 인프라가 잘 형성되어 있다. IT 기술과 교통시설이 발달되어 있기 때문에 일하는 장소의 제약이 없고 지방에서 풍부한 자연을 만끽하면서 창의적인 일을 하며 보낼 수 있다. 지방에서 능력과 스킬을 살려 육아, 간병, 취미, 일을 병행하면서 풍요로운 인생을 보낼 수 있다. 지방에서 산업의 구분이 없어지면서 다양한 자원이 들어가면 6차산업화로 소득을 올리는 젊은 세대, 여성, 고령자가 늘어난다. 지방의 핵심 도시, 작은 마을이 직접 해외와 연계되고, 그 지방의 가치를 해외에 제공할 수 있다. 즉 로컬이지만 글로벌로 연계할 수 있는 글로컬 시대를 맞이할 것이다.

AI를 중심으로 하는 기술혁신은 경제구조를 빠르고 크게 바꾸고 있다. 기술혁신은 기업의 업적뿐만 아니라 일하는 사람들에게 큰 혜택을 줄 것이다. 일하는 장소의 제약이 없어지고, 언제 어디에서도 많은 일을 처리할 수 있다. 인터넷과 모바일이 없었던 시대에는 사람들이 같은 오피스에 동시에 모여 함께 일을 해야 모든 작업이 끝낼 수 있었다. 그러나 정보기술이 발전되어 세계의 어느 장소에서도 네트워크를 통해 커뮤니케이션하면서 공동으로 작업을 진행할 수 있다. 동시에 프로젝트를 추진하지 않아도 작업내용을 네트워크로 공유하며 문제없이 추진할 수 있다. 물론 제조업 현장에서 생산을 담당하거나 고객과 접하는 판매업에 종사하는 사람은 현장에 있어야 하는 경우도 있다.

일 방식이 유연해지면 인사매니지먼트 방식에 영향을 준다. 모든 직원이 같은 장소에서 동시에 함께 일했던 시대에는 '노동시간'이 평가지표였다. 그러나 시간과 장소에 얽매이지 않는 일 방식을 받아들이려면 성과에 따른 평가가 훨씬 중요해진다. 결과적으로 불필요한 노동시간은 줄어들고, 업무는 더욱 효율화된다. 누구에게 일을 시키고, 감시받는 관계가 아니라 서로 업무를 지원하면서 잘하는 분야에서 능력을 발휘하고, 활기차게 일할 수 있다.

기업은 늘어나는 유연한 일 방식에 적응하는 유연한 조직 체제로 바뀌어야 한다. 변화가 빠른 경영환경에 대응하려면 기동적으로 변화에 대응해야 한다. 물리적으로 시간과 장소를 함께 공유하는 시대에는 기업이 하나의 커뮤니티로서 존속할 수 있었다. 그러나 이제 많은 기업은 외부의 다양한 거래처, 인력 등과 수평적 네트워크를 구축하고 협력하며 일해야 한다. 미션과 목적이 명확한 프로젝트 조직이 되어 특정 프로젝트를 추진하는 데 필요하다면 외부의 유능한 인력도 활용해야 한다. 외부 인력은 하나의 프로젝트가 완료되면 기업의 다른 프로젝트에 참여하거나 다른 조직으로 이동한다. 이렇게 일하는 사람이 사업내용의 변화에 맞춰 유연하게 다양한 기업으로 이동하면서 일하는 구조는 점점 확대되고 있다.

　결과적으로 미래에 기업조직은 외부와 경계가 모호해지고, 한 조직에서 정년까지 고정적으로 일하는 정규직 업무스타일은 새로운 변화에 직면할 것이다. 기업에 재직하는 기간의 차이나 고용보장의 여부에 따라 구분하는 정규직과 비정규직의 의미도 없어질 것이다. 따라서 장기적 관점에서 노동력이 이동하기 쉬운 환경을 만드는 대책이 필요하다. 노동력이 유동화되면 개인의 능력과 스킬을 구체적으로 제시하는 커리어 정보를 사회적으로 폭넓게 공유하는 시스템도 필요하다.

　기업이 프로젝트 중심의 조직으로 바뀌면 노동자는 능력을 잘 발휘할 수 있는 프로젝트를 선택할 수 있다. 기업도 프로젝트에 가장 적합한 인재를 끌어오기 위해 노력할 것이다. 자유롭고 유연한 일 방식이 보편화되면 노동자는 복수의 프로젝트에 시간을 할애할 것이다. 복수의 회사에서 복수의 프로젝트를 추진하는 사람들이 늘어날 수 있다. 결과적으로 개인사업자와 직원의 경계는 점점 모호해지고 조직에 소속되는 의미는 없어질 것이다. 어떤 사람은 반드시 금전적 보수가 따르는 일만 아니라 사회공헌 활동, 자아실현을 위한 프로젝트에도 참여할 것이다. 복수의 일을 하면 소득도 늘어난다. 하나의 조직에 의존해서 일할 필요가 없기 때문에 여러 회사와 협상하면서 자신에게 맞는 일 방식을 선택하며 일하는 현상이 일어날 것이다.

한 기업에 취업하려는 의식이 줄어들고, 기업은 직무나 프로젝트에 적합한 전문가를 찾으면서 인재시장에서 전문성과 경험이 중시된다. 사람들은 자신의 전문성을 높여서 전문분야에 종사하려고 할 것이다. 세상에서 인정받는 전문능력을 갖추고 적합한 기업에 취업할 것이다. 이것은 회사를 골라 선택하는 '취사'가 진정한 의미에서 '취업'이다. 급속한 기술혁신으로 전문능력은 환경변화에 따라 순식간에 바뀌고 하나의 기업에 취직해도 언제든지 전직할 상황이 올 수 있다. 대기업이라고 해서 유능한 직원을 언제까지 유지할 수 없다. 직원은 언제든지 자신에게 유리한 노동조건을 선택하여 이동할 수 있다. 당연히 경영자는 기업규모를 확대하기에 앞서 기업의 매력을 높여서 우수한 인재에게 선택받기 위해 노력할 것이다.

일하는 방식이 바뀌면 기업의 커뮤니티 형태에도 큰 변화를 초래한다. 지금까지 기업은 단순히 일하는 장소뿐만 아니라 가족의 생계를 책임지거나 사회적 커뮤니티 역할을 했다. 전통적인 대기업은 더욱 그런 기능이 강했다. 자율적인 개인이 다양한 가치관을 갖고 자유롭게 일하는 사회에서는 조직에 대한 소속감이 줄어들고, 커뮤니티 기능이 크게 약해진다. 이전처럼 회사 중심으로 직원이 결속하지 않는다. 오히려 여러 업종에서 자신과 같은 전문영역에서 일하는 사람들에게 동질감을 강하게 느끼고 SNS 등으로 커뮤니티를 만들 것이다. 취미나 전문분야의 유사 커뮤니티를 통해 외부 인력과 연계하면서 개인은 기업과 더욱 대등한 관계를 가질 것이다. 이러한 직장 노동자는 소셜 공간에서 연계된 동료의 평판이나 의견에 따라 기업을 선택할 것이다.

머지않아 한국은 고령화로 인구가 줄어들면서 노동력 부족 시대를 맞이할 것이다. AI 기술은 부족한 노동력을 보충하는 하나의 대안이 될 수 있다. AI를 활용하여 간병과 육아, 가사부담에서 해방되는 사람이 늘어날 것이다. 자유롭게 일하는 방식을 선택할 수 있다면 간병과 육아를 담당하는 사람은 노동시장에 적극적으로 참여할 것이다. IT 기술을 활용하여 어디에서도 일할 수 있기 때문에 자연이 풍부한 지방에서도 다른 일을 병행하며 유연하게 일할 수 있다. 수도권에 과도하게 집중된 취업을 지방으로 분산시키고, 수도권의 기업은 지역의 인재를 활용할 수 있다.

이처럼 유연한 일 방식은 국가 간의 장벽도 무너뜨리고 있다. AI와 IT 기술의 발달로 세계는 언제든지 빠르게 연결할 수 있다. 시간과 장소의 제약이 없는 일 방식이 보편화되면서 성별과 인종의 장벽, 국경의 제약은 빠르게 사라질 것이다. 스마트폰을 활용하여 모든 국가와 실시간으로 커뮤니케이션을 할 수 있고, 언제 어디에서도 업무를 추진할 수 있다. 국가 간 커뮤니케이션의 장벽이 낮아지면 쉽게 국경의 장벽을 넘는 글로벌 인재시장이 출현한다. 유럽과 미국의 기업은 정형적인 오퍼레이션 업무와 단순 사무처리업무를 일부 아시아 국가의 IT 인재를 활용하고 있다. 시간이 지나면 훨씬 많은 업무를 해외 인력에게 맡길 것이다. 결국 일하는 방식의 관행과 제도를 글로벌 수준으로 바꿔야 업무가 국경을 넘어 세계로 분산될 수 있다. 유연한 일 방식은 다양한 외국 인재를 수용하기 위한 전제조건이 될 수밖에 없다. 한국이 세계에서 가장 일하기 좋은 국가로 알려지면 우수한 글로벌 인재가 적극적으로 선택할 것이다. 자유롭게 일하는 구조를 만드는 것은 지속적인 국가 성장전략이 된다. AI와 IT와 같은 첨단 기술은 노동시장의 장벽을 무너뜨리고 있다. 다만, 과거의 일 방식에 사로잡힌 고정관념을 넘을 때 첨단 기술도 진정한 위력을 발휘할 수 있다.

AI 기술이 빠르게 변하고 있다. 기존의 업무는 로봇, 인공지능, IoT 등을 활용하여 재구성되고 있다. AI와 IT를 활용하여 노동시장은 더욱 유연해지고, 분산되고 있다. 빅데이터, 인공지능, 알고리즘에 의해 기존의 업무는 점점 사라지고 있다. 업무가 자동화되고 사라지는 시대에 개인은 능력과 스킬 향상으로 대응해야 한다. 이러한 시대환경에서 조직의 리더와 회사는 어떤 목적을 갖고 어디를 향해 나아가야 할지 직원에게 명확하게 전달해야 한다. 시대적 흐름에 뒤떨어지지 않기 위해 전략과 조직, 인재를 어떻게 변혁할지 고민해야 한다.

[일 방식의 4가지 영역]

ˈCHREATEˈ는 기업의 인사담당 간부와 조직의 리더로 구성된 글로벌 컨소시엄 조직이다. 이 협의회는 인사와 고용, 인재, 기업의 문제를 재고하기 위해 결성되었다. CHREATE는 일의 민주화, 테크놀로지(IT)의 강화의 정도에 따라 미래 일 방식을 4가지로 분류하였다.

높음		
일의 민주화	진화형	우버적 진화형
	기존형	기존형의 고도화

낮음 ◀┈┈┈┈┈┈┈ **테크놀로지의 강화** ┈┈┈┈┈┈▶ 높음

구분	노동 형태	테크놀로지 활용
기존형	풀타임 고용(업무위탁계약, 파트타임, 유연근무제 등의 선택)	이전과 동일
기존형의 고도화	풀타임 고용(업무위탁계약, 파트타임, 유연근무제 등의 선택)	클라우드, 온디멘드의 인공지능, 고도의 개인화 기술과 기구 등 신기술을 활용한 업무수행
진화형	플랫폼, 프로젝트, 단기계약, 프리랜서, 청부계약, 기간계약	이전과 동일
우버적 진화형	플랫폼, 프로젝트, 단기계약, 프리랜서, 청부계약, 기간계약	클라우드, 온디멘드의 인공지능, 고도의 개인화 기술과 기구 등 신기술을 활용한 업무수행

출처: CHREATE DATA(2015)

기존형은 노동 형태와 테크놀로지 활용 정도는 현재와 유사하다. 보통 풀타임 고용 방식에 의존하고 있다. 직원이 동일한 장소에 배치되어 물리적인 연계를 통해 업무를 진행한다. 특정 시간과 장소에서 반드시 종사해야 할 업무이기 때문에 클라우드로 업무를 전환하면 비용이 많이 든다. 말기 환자의 케어, 보안시설업과 판매업 등 다양한 현장 업무에 종사하는 기술직이 대표적인 사례다. 또한 정치적 법률 규제상 또는 회사의 규정에 따라 현재의 일 방식을 유지해야 하는 경우도 있다. 업무 내용이 안정적이고 쉽게 실적을 평가할 수 있는 일이 이 분야에 적합하다.

기존형의 고도화는 고용 형태와 매니지먼트가 진화하지는 않았지만 테크놀로지를 활용한다. 업무상 인적 네트워크는 이전과 동일하지만 개인용 툴과 클라우드의 인재 정보 등 기능이 좋고 값싼 테크놀로지와 시스템을 통해 업무를 추진하고 있다. 직원의 고용 형태는 동일하지만 원격지 또는 재택으로 업무를 할 수 있다. 기존의 고용시스템과 업무 관련 인적 네트워크를 자동으로 관리하고, 각종 기구와 클라우드를 통한 학습, 스마트폰 학습, 원격 업무감시에 이용하고 있다.

진화형은 새로운 고용모델이 탄생하는 영역이다. 플랫폼, 프로젝트 베이스, 단기계약, 프리랜서, 청부계약, 기간계약, 파트타임이 포함된다. 그러나 테코놀로지는 크게 활용되지 않는다. UpWork, Tongal, Gigwalk와 같은 프리랜서 플랫폼이 여기에 해당한다. 회사가 프리랜서, 파트타임 등 새로운 고용 형태를 도입하는 것도 진화형에 해당한다.

우버적 진화형은 온디멘드의 인공지능 활용과 안전하고 접근하기 쉬운 클라우드 기반의 플랫폼으로 일하는 사람과 테크노롤로지가 결합된 새로운 일 방식 모델을 지원하고 있다. 이러한 플랫폼은 프리랜서의 능력과 자격, 갱신되는 직무이력, 지식과 학습자원, 보수제도, 기업의 업무요건을 명시하고 기업과 개인을 공통의 언어로 매칭하고 있다. 우버적 진화형의 예로 'IBM'을 들 수 있다. IBM은 "오픈 인재마켓플레이스"를 도입하고 있다. 매니저는 업무를 짧은 사이클 업무로 세분화하고, 플랫폼에 참여하는 조직 내외의 사람들에게 통지한다. 인재를 모아 일을 수행하기 위한 커뮤니티를 형성할 수 있다. 참여자의 직무 이력과 능력을 추적·기록한다.

앞으로 기업은 4가지 영역에서 일 방식을 선택할 것이다. 현재 우리 회사는 어느 영역에 있는지, 지향해야 할 영역은 어디인지 검토해볼 필요가 있다. 하나의 기업에도 다른 형태의 일이 있고 다른 영역에 적합한 일도 있다. 제조업은 기존형, 금융업과 유통업은 기존형의 고도화가 적합할 수도 있다. 연구 개발 등 전문직은 진화형, 고도의 창의성이 필요한 일은 우버적 진화형이 적합할 것이다. 회사 부분별 업무를 세분화하고 업무패턴을 상세히 조사하는 것이 각 업무에 적합한 영역을 선택하는 확실한 방법이다. 조직의 업무를 세분화하고 적합한 일 방식을 선택하는 과정에서 불필요한 업무를 제거하는 혁신을 이룰 가능성이 있다.

출처: Harvard Business Review(일본판, 2016. 5)

긱 이코노미 시장의 비약적 성장

미국과 일본에서 테크놀로지를 활용하여 일하는 프리랜서가 계속 늘어나고 있다. 한국에서도 정확한 통계는 없지만, 프리랜서 인력은 늘어나고 있다. 최근에 프리랜서 인력과 수요처를 연계하는 온라인 사이트도 출연하고 있다. 프리랜서 시장 확대에 더불어 '긱 이코노미Gig economy'라는 용어가 자주 사용되고 있다. 현재 코로나바이러스가 세계적으로 만연되면서 장소의 제약을 받지 않는 긱 이코노미의 수요가 크게 늘어나고 있다. 그렇지만 여전히 긱 이코노미는 미성숙 시장이며 그 정의도 모호한 상태다.

케임브리지 사전에는 고용주 밑에서 일하는 것이 아니라 일시적 업무와 개인 업무를 하고 그때마다 보수를 받는 일 방식으로 그 정의를 내리고 있다. 옥스퍼드 사전은 '장기적 고용과 다른 단기계약과 프리랜서 업무가 확대된 노동시장'으로 표현하고 있다. 미국 재무성은 온라인 플랫폼을 이용하여 소득을 얻는 일 방식으로 더욱 현실적인 정의를 내리고 있다.

전형적인 긱워커Gig Worker는 웹사이트와 스마트폰 앱을 이용하여 플랫폼을 운영하는 중개업자와 계약을 맺고 프리랜서로서 일한다. 긱워커는 플랫폼을 이용하여 고객서비스를 제공하고 고객은 그 서비스에 대해 결정된 요금을 중개업자에게 지급한다. 중개업자는 보통 일정한 수수료와 보험료를 차감하고 긱워커에게 보수를 지급한다. 주로 인터넷을 경유하여 단발적인 업무를 의뢰·수주한다. 특히 IT 관련 업무와 크리에이티브, 마케팅 분야에 수요가 많다. 현재 미국과 유럽의 기업이 고용주가 되고, 아시아의 인도와 파키스탄, 방글라데시, 필리핀의 IT 인재에게 일을 의뢰하는 사례가 많다.

마스터카드의 조사에 따르면 긱 이코노미의 세계시장 규모는

2,040억 달러로 추정된다. 긱 이코노미는 2000년경부터 미국에서 확산되기 시작했다. 미국의 어느 조사에 따르면 2018년 5,300만 명, 전체 노동인구의 35%가 긱 이코노미로 일하고 있다. 미국과 유럽에서 1억6,200만 명이 긱 이코노미의 일을 하고 있다. 2025년에는 미국에서 온라인 인재 플랫폼에서 일하는 사람이 약 4,100만 명에 이를 것으로 예측하고 있다. 미국 재무성의 보고서에 따르면 긱워커의 58.5%는 정기적인 일자리에 종사하면서 긱 이코노미로 일한다. 긱 이코노미 일만으로 생계를 유지하는 사람은 33%이다.

　많은 긱워커는 불확실한 경제환경에서 경제적 안정을 얻기 위해 긱 이노코미의 일을 선택하고 있다. 노동자는 독립적으로 다양한 일을 할 수 있고, 거주지역의 노동시장보다 높은 임금을 받을 수 있다. 상사의 지시를 받지 않고 자유롭게 좋아하는 일을 하고 싶어 긱 이코노미를 선택하는 사람도 많다. 실제로 약 20만 명의 우버Uber 운전기사를 조사한 결과 유연한 일 방식을 중시하였다. 우버의 운전기사는 매주 개인의 상황에 따라 노동시간을 자유롭게 바꾸면서 일하고 있다.

　'에어앤비Airnb'는 긱 이코노미를 활용하는 대표적인 기업이다. 현재 220개 이상의 국가, 700만 이상의 물건 수를 자랑하는 세계 최대의 개인숙박 중계서비스를 제공하고 있다. 집을 제공하는 호스트는 에어앤비를 통해 여행객에게 숙박서비스를 제공하면 그 대가로 보수를 얻을 수 있다. 숙박 룸을 대여할 정도로 많은 보수를 얻을 수 있다. 우버는 자신의 차로 고객을 수송하는 서비스 업체다. 승차공유ride sharing 서비스를 포함해 또 다른 서비스의 거점 수는 세계 63개국 700개 도시로 확대하였다. 배달원은 자신의 예정에 맞춰 배달 요청을 받거나 거부할 선택권이 있다.

일본의 '랜서즈Lancers'는 로고 제작, 웹사이트 제작, 라이팅 업무를 제공하는 크리에이터와 기업을 매칭하는 플랫폼 기업이다. 일종의 클라우드소싱 서비스를 제공한다. 2008년부터 서비스를 제공한 이후 2020년 현재 등록한 사용자 수는 약 100만 명, 업무 의뢰 건수는 235만 건에 이르고 있다. 수주자(개인 프리랜서)는 안건(프로젝트)을 임의로 선택하고 발주자(기업)에게 실적과 가동시간, 스킬 정보를 보낸다. 발주자에게 선택될 경우 안건을 시작한다.

긱 이코노미시장에 아직 과제도 많다. 특히 미국에서 긱 이코노미 시장이 성숙되었지만 문제가 많다. 기본적으로 긱워커의 업무는 중개업자의 사업에 필수적인 요소다. 중개업자가 업무량과 보수를 지휘하고 있다는 점에서 전통적인 상용노동자의 일 방식과 고용관계가 유사하다. 하지만 긱워커가 일하는 일수와 시간을 자유롭게 결정하고 복수의 일에 종사하고 동업회사의 일을 한다는 점은 전통적인 일 방식과 크게 다르다. 이러한 이유에서 현재 미국은 노동법과 세법에서 명확하게 규정하지 않고 있어 긱워커를 노동자로 인정할 것인지는 불투명한 상태다. 노동시장의 혼란을 방지하고, 긱워커의 신분을 보장하기 위한 대책이 필요하다. 또한 구인보다 긱워커의 수가 늘어나고 진입장벽이 낮은 배송업무, 청소업무 등의 보수가 크게 낮아지면서 노동자의 빈곤을 초래하고 있다. 긱 이코노미의 고용계약은 업무위탁으로 인정하여 사회보험과 산업재해는 적용되지 않고 있다. 이를 악용하고 정규직과 동등한 노동을 요구하여 착취하는 문제가 발생하고 있다. 이러한 문제를 방지하기 위해 2019년 미국 캘리포니아주는 긱 이코노미 노동자를 보호하는 의회법안을 제정했다.

최근 긱 이코노미가 임금과 신분을 보장하는 측면에서 불안정하고,

상품과 서비스를 열악하게 하는 요인으로 우려하는 목소리가 커지고 있다. 일본에서는 최저한의 임금과 사회보장을 둘러싼 법률 정비 문제가 거론되고 있다. 미국과 유럽에서도 사회 안전망의 제도개혁을 위한 논의와 법률 정비가 추진되고 있다.

앞으로 긱 이코노미 시장은 계속 확대될 가능성이 크다. 유연한 일 방식을 선호하는 젊은 세대가 늘어나고, 노동 잠재력이 큰 여성과 고령인력을 활용할 수 있기 때문이다. 노동력 부족 시대에 기업은 직원을 본업의 핵심사업에 집중하고, 많은 부수적 업무는 AI로 자동화하거나 긱 이코노미의 외부인재에게 위탁할 것이다. 우수한 인재를 채용하거나 확보하기 어려운 중소기업도 긱 이코노미 시장을 활용하여 높은 생산성을 올릴 수 있다.

긱 이코노미는 기업에 많은 혜택을 줄 수 있다. 고용시장에서 다양한 제약을 받고 취업이 어려운 인재를 활용할 수 있다. 국경을 초월해 외국의 우수한 인재를 활용할 수도 있다. 예를 들면 비자 발급 문제 때문에 현지에서 일을 찾기 어려운 인재를 활용하여 할 수 있다. 긱 이코노미 중에 클라우드소싱 서비스를 통해 해외 인재를 활용하면 국가별 임금수준 차이를 이용하여 인건비를 절감할 수 있다. 지역 노동시장이 얼어붙은 국가에서 많은 인재가 긱 이코노미 시장으로 유입되어 과잉공급되기 때문에 임금수준이 상대적으로 떨어지는 경우도 있다. 또한 특정 프로젝트에 필요한 인재를 필요한 기간에 계약하여 고용할 수 있기 때문에 직접·계속 고용에 따른 인건비를 줄일 수 있다. 간단히 말해 위탁업무를 체결하기 때문에 4대 보험 비용을 절감할 수 있다. 또한 회사에서 찾기 어려운 유능한 인재를 필요에 따라 찾을 수 있다는 점에서 사업의 유연성과 속도를 높여 사업목표와 생산성을 최대화할 수 있다. 긱워커 중에는 업종과 직종에서 최고 수준을 자랑하는 퇴직한 베테랑과 보석 같은 유능한 여성 인재가 수없이 많다.

긱 이코노미는 개인에게도 많은 혜택을 준다. 시간과 장소에 얽매이지 않고 개인의 라이프스타일에 따른 일 방식을 선택할 수 있다. 본업에서 익힌 스킬과 지식을 긱 이코노미에서 살려 나가거나 스킬을 성장시키며 창업할 수 있다.

노동시간이 짧아지면서 늘어나는 여가시간을 활용하여 스킬을 키우고 경험을 쌓으려는 사람이 늘어나고 있다. 개인의 라이프스타일이 다양화되는 사회에서 긱 이코노미는 매우 유용성이 높은 일 방식이다. 앞으로 사회적 안전망을 확보하는 법률적 제도가 정비된다면 장소와 시간에 구애받지 않는 유연한 일 방식은 한국 사회에 더욱 빠르게 확대될 것이다.

개인의 자율을 중시하는 조직구조

미국의 '모닝스타'는 세계 최대의 토마토 가공업체다. 미국에서 소비되는 가공 토마토의 40%를 공급하고 있다. 이 회사 조직 운영의 특징 중 하나는 회사에 상사가 없다는 점이다. 조직구조는 완전히 수평적이고 모든 직원은 동등한 위치에서 일한다. 상사가 없어 업무지시는 없다. 직원 스스로 업무방침을 정하고 거래처와 자율적으로 연계하여 일한다. 예를 들어 밭에서 토마토를 운반하는 트럭 운전사는 밭에서 트럭에 토마토를 싣는 담당자, 트럭 정비 담당자, 가공공장의 출하 담당자와 연계하여 일한다. 각 담당 직원은 연계한 모든 직원의 평가에 따라 급여를 받는다. 예산도 각자 권한을 갖고 자율적으로 집행할 수 있다.

현재 기업의 조직구조 트렌드는 계층형 조직에서 네트워크 조직으로 이행하고 있다. 사업의 민첩성business agility을 높이는 관점에서 네트워크 조직을 활용하고 있다. 이러한 네트워크 조직은 일반적으로 틸Teal 조직, '홀라크러시Holacracy'라고 말한다. 구두 온라인 통신판매로 유명한 '자포스'도 홀라크러시를 도입한 기업이다. 이러한 조직은 팀 또는 개인단위로 연계하는 형태로 운용되고 있다. 조직에 계층구조가 없고, 직원의 관계가 대등하다는 것이 공통점이다. 지금까지 효율성을 중시하는 피라미드형 계층조직에서 자율적인 개인의 창의성과 협력을 중시하는 네트워크 조직으로 이행하고 있다. 이러한 네트워크 조직은 미래의 기업경영에 많은 힌트를 주고 있다. 이런 네트워크 조직으로 이행하는 근본적인 원인은 뭘까?

첫째는 지금까지 기존 계층형 조직에서 풀타임의 고정된 일 방식으로는 빠른 환경변화에 대응하기 어렵기 때문이다. 불확실한 경영환경에서 경영자의 지시에 따라 각 사업 부문이 민첩하게 작동할 수 없다는 점이다.

사회적 가치관 변화도 크게 작용하고 있다. 오늘날 대부분의 직장인은 워라밸을 중시하고 가정을 희생하지 않는 스케줄 관리를 매우 중요하게 생각한다. 특히 젊은 세대는 조직에 구속되지 않고 자유로운 일 방식을 선호한다. 한 조직에 순응하며 일하지 않고 사회의 다양한 사람들과 네트워크 형성을 중시하는 가치관을 갖고 있다. 조직의 논리로 개인의 라이프스타일을 억압하고 지배할 없는 시대가 되었다. 기업도 직장의 워라밸을 중시하는 경영 자세를 보이며 생산성 향상을 추구하고 있다.

둘째는 테크놀로지의 영향이다. 과거 5년간 테크놀로지의 진보로 원격지에서 쉽게 일하고 협력할 수 있고, 기업과 거래처는 언제 어디에서나 바로 연계할 수 있다. 브로드밴드 접속의 보급, 드롭박스와 에버노트와 같은 커뮤니케이션 서비스를 활용할 수 있기 때문이다. 또한 경험이 풍부하고 유능한 인재의 수요와 공급을 신속하고 정확하게 매칭하는 소프트웨어 주도형 인재시장이 출현하였다. 대표적인 온라인 인재시장을 소개한다.

'아우얼리너드HourlyNerd'는 미래 성장계획을 구상하는 중소기업과 프리랜서 컨설턴트를 매칭하는 마켓 플랫폼이다. 이 회사는 복잡한 안건도 취급하지만 업무 의뢰부터 교섭을 거쳐 완료까지 24~48시간밖에 걸리지 않는다.

'업카운셀UpCounsel'은 빠르게 성장하는 기업에게 법률자문팀을 구축하는 법률 플랫폼이다. 독립 변호사 네트워크를 구축하여 일시적 컨설팅, 파트타임 자문, 전속 프리랜서 법률 부문 형태로 기업의 법률문제를 해결해준다.

'비헨스Behance'는 어도비가 소유한 사회적 미디어 플랫폼 기업이다. 최근 제너럴 일렉트리닉과 스테이플(오피스 용품 체인)을 비롯해 다수의 포춘 1,000대 기업에 마케팅 전략, 인사, 오퍼레이션까지 폭넓은 서비스를 제공하고 있다. 서비스 한계비용이 매우 적기 때문에 중소기업도 이용할 수 있다.

기업은 정규직 인력을 찾아 채용하고 교육시켜 업무에 활용하기까지 매우 큰 비용이 든다. 캘리포니아대학의 노동고용연구소에 따르면, 관리직에 새로운 인재를 보충할 때의 비용은 그 사람에게 지급하는 연봉의 150%에 해당한다고 지적했다. 즉 관리직 한 명을 고용하는데 그 연봉의 절반이라는 높은 비용이 든다.

실제로 포춘 1,000대 기업에서 풀타임 취업지원자를 채용·배치할 때 그 절차와 승인에 3~6개월이 걸린다. 이렇게 채용 기간이 오래 걸리면 비즈니스 기회를 놓칠 수 있다. 고용과 해고는 '채찍효과bullwhip effect'의 영향을 크게 받는다. 채찍효과란 채찍 손잡이를 약간만 움직여도 채찍 끝이 크게 움직이는 현상을 말한다. 경기 현상에서 공급사슬의 마지막에 있는 기업은 중간에 있는 기업들보다 경기변동의 수요변화에 훨씬 큰 영향을 받는 현상이다. 기업은 현재와 미래에 관한 정보를 완전히 파악할 수 없기 때문에 경기변동에 따라 노동력을 확대하거나 축소할 때 느리게 대응한다. 그러나 유연한 일 방식을 유지하고 있다면 쉽게 대응할 수 있기 때문에 기업은 더욱 신속하고 정확하게 노동력을 조정할 수 있다.

신뢰를 통해 성장하는 얼라이언스 조직

기업과 직원이 공생하는 전략은 없을까? 우리는 '얼라이언스alliance 조직'에 주목해야 한다. 얼라이언스는 원래 기업 간 제휴를 의미하는 말이지만, 현재 기업과 개인이 수평적이고 우호적인 신뢰 관계로 결속된 것을 의미한다.『Alliance』라는 책은 새로운 고용관계에 대한 신선한 시각을 준다. 저자는 얼라이언스 고용관계가 필요한 이유를 기업과 노동자 사이에 무너진 신뢰 관계에서 찾고 있다. 현재 미국의 노동자는 좋은 노동조건을 찾아 전직을 반복한다. 하지만 1970년대 초까지는 종신고용이 일반적이었다. 오일쇼크 이후 경제불황을 계기로 종신고용이 붕괴되고 대량해고 사태를 맞았다. 이러한 사태를 계기로 노동시장이 발달하고, 노동자는 언제든지 더 좋은 기업으로 전직하고 있다.

한편 기업은 기술혁신과 급속한 환경변화 때문에 미래를 예측하기 어렵다. 사업의 영고성쇠榮枯盛衰가 극심한 환경에서 지속적 생존을 보장할 수 없다. 해고규제가 없어 사업실적이 부진한 기업은 직원을 쉽게 해고할 수 있지만, 우수한 인재가 오랫동안 일해주기를 바라고 있다. 이렇게 모호한 관계 때문에 기업과 직원의 신뢰 관계가 깨지고 있다.

저자는 기업과 개인이 신뢰를 바탕으로 하는 수평적 관계로 일하는 상생 구조를 만들 때 그런 문제를 해결할 수 있다고 주장한다. 얼라이언스의 컨셉은 개인과 기업이 신뢰를 바탕으로 하는 수평적 관계를 구축하는 것이다. 얼라이언스 조직의 운영방식은 이전에 기업과 노동자가 맺은 주종관계와 달리 서로 성장을 위해 서로의 가치를 제공하고 신뢰로 뭉친 관계다.

얼라이언스를 체결하려면 기업과 개인은 각자의 목표와 희망을 이야기하고 상대에게 공헌할 수 있다는 것과 요구하는 기대치를 명시한다. 먼저 개인은 자신의 명확한 가치관을 가져야 한다. 개인은 무엇을 요구하고, 기업에 무엇을 하고 싶은지 등 가치관과 장래 원하는 모습을 명확히 설정해야 한다. 명확한 가치관이 있다면 상황에 따라 흔들리지 않고 자신의 강점과 가치관에 따라 기회를 발견하기 쉽다. 개인은 커리어 목표, 인생의 우선순위, 가치관, 원하는 모습 등을 명확히 하여 기업에게 전달한다. 기업도 회사의 미션과 사업계획의 목표를 노동자에게 전달하고 수평적으로 대화하며 합의한다. 기업은 목표달성에 초점을 두면서 동시에 개인의 가치관과 원하는 모습을 중시한다. 얼라이언스는 개인의 적성과 직위, 최종목표에 따라 3가지 유형(기반형, 순환형, 변혁형)으로 구분한다. 각 유형과 목적에 맞춰 계약할 기업에 헌신할 업무 내용을 정한다. 서로 하나의 프로젝트를 협력해서 달성하는 의미에서 일정한 '헌신commitment기간'을 두고 고용계약을 맺는다. 이 기간에 기업은 노동자가 목표를 달성하도록 다양한 지원을 한다. 환경변화로 목표달성이 어렵거나 예상보다 업무 내용이 부족하면 목표를 유연하게 재점검한다. 헌신기간이 끝나면 기업과 노동자는 과거 성과를 점검하면서 새로운 목표를 결정하고, 새로운 계약 내용으로 다음의 헌신기간을 설정한다. 그 업무목표를 달성하는 과정에서 신뢰 관계를 구축하고 미션을 완성하면 다음 단계의 목표에 대해 서로 진지하고 솔직하게 대화한다.

이렇게 헌신기간에 기업과 노동자는 좋은 관계를 지속하려고 노력하면서 신뢰를 쌓아간다. 개인과 기업이 함께 부가가치를 내는 일에 헌신하고 협력과 신뢰를 쌓아가며 장기적인 관계를 형성하고 함께 성장해나간다. 깊은 신뢰 관계는 퇴직해서도 이어지고 졸업생으로서 정보교환과 업무를 수발주하는 등 유기적 관계를 계속 유지한다.

얼라이언스를 체결한 기업은 노동자의 성장을 위해 적극적으로 투자한다. 희망하는 업무에 도전하고 능력과 스킬 향상에 필요한 자금을 지원한다. 기업은 목표달성에 필요하다고 판단하면 교육비용을 기꺼이 지급하고 업무시간 내에 교육을 받도록 한다. 이처럼 외부네트워크 형성을 장려하면 외부의 다양한 관점을 받아들이며 새로운 비즈니스 기회가 생길 가능성이 있기 때문이다.

[얼라이언스의 3가지 유형]

구분	기반형	순환형	변혁형
설계	기업과 개인이 영속성을 전제로 개별 교섭	보통의 고용모델, 입사한 직원의 자동편입	개인화된 업무, 내용은 개별 교섭
기간	기간은 없고, 쌍방이 관계 유지에 전력 투자	보통 1~3년, 서로 맞지 않으면 퇴사하지만 관계는 지속	보통 2~5년, 기간보다 미션을 완수하는 데 중점을 둠
계약목적	개인은 일에서 목적과 의의 추구, 기업은 핵심 가치를 유지하는 역할	교육을 통해 기업과 개인의 장기적 상생	기간 후에 개인은 큰 성과를 내고, 기업의 변혁 도모
대상	창업자, CEO의 경영층	신입사원과 경력직원	창업 마인드를 가진 사람

출처: IXキャリアコンパス, 필자가 재구성

이렇게 얼라이언스는 개인과 기업이 함께 성장할 수 있는 새로운 고용관계다. 개인과 기업이 서로 희망 사항에 대해 대화하고 일을 통해 신뢰 관계를 쌓아가는 것이다. 신뢰로 쌓인 끈끈한 파트너십은 퇴직한 후에도 계속 유지될 수 있기 때문에 종신 신뢰 관계라고 부를 수 있다. 현재 아마존, 픽사, 링크드인 등 주로 실리콘 밸리에서 성공한 많은 기업은 얼라이언스 고용계약 관계를 실천하고 있다. 이들 기업과 퇴직자 사이에 종신 신뢰 관계로 여길 수 있는 졸업생 네트워크가 있다. 이런 퇴직 인력이 흥망성쇠를 반복하는 실리콘밸리에서 성공하는 기업을 지탱하는 역할을 하고 있다.

현재 젊은 세대는 세계 곳곳의 정보를 SNS를 이용해 네트워크를 만들고, 인맥을 넓히고, 정보를 공유하고 있다. 소속과 직위에 상관없이 많은 사람이 수평적인 관계를 만들어가고 있다. 기업이 젊은 세대의 가치관을 받아들이는 것은 기업의 성장을 위해 불가피한 선택이다. 이제 직원이 회사에 충성하는 대가로 기업은 안정된 고용을 보장하는 주종관계는 통하지 않는다.

한국기업은 주로 내부인력의 커리어 정보를 바탕으로 필요한 인력을 배치·전환하는 인사 시스템을 운영하고 있다. 외부와 연계가 없이 내부 노동시장이 발달하여 있다. 내부 노동시장에서 유능한 인력정보는 회사에 숨겨져 있고, 개인의 커리어와 목표보다 기업의 논리가 중시된다. 그러나 이제 업무에 대한 가치관이 다양해졌고, 누구나 언제든지 전직과 창업을 할 수 있는 시대가 되었다. 개인은 성장할 기회를 적극적으로 찾아 커리어 상승 가능성을 넓히기 위해 외부 네트워크를 구축해야 한다. 과거의 낡은 관리방식으로 시대의 변화에 대응할 수 없다. 기업은 현재의 조직구조와 일 방식이 경영환경과 조직니즈에 맞는지 근본적으로 점검하고 변혁을 시도해야 한다. 과거의 관리방식을 바꾸면 직원은 기업을 신뢰하고 일을 통해 성과를 내고 공헌할 것이다.

'타니타'의 얼라이언스 조직구축 사례

얼라이언스 조직은 미국기업의 전유물이 아니다. 건강계측기구와 건강서비스를 제공하는 '타니타'는 대표적인 얼라이언스 조직이다. 텔레워크 제도를 정비하고, 직원의 고용 형태와 일하는 의식까지 개혁하고 있는 독특한 기업이다. 2017년 직원과 고용관계를 재설계한 "일본활성화 프로젝트"는 세상에 널리 주목받고 있다. 일본활성화 프로젝트는 회사와 개인사업자가 고용계약을 맺고 안정적으로 일과 소득을 확보하면서 타니타 이외의 업무를 수탁하거나 개인적으로 다른 사업을 운영하여 경험을 쌓고 소득을 올릴 수 있는 제도다. 개인이 일 방식을 주체적으로 설계하고 원하는 일에 보유한 능력을 최대한 발휘하고, 보수도 그 성과에 따라 받는다.

회사원이라면 소득은 안정되겠지만, 일하는 장소와 시간, 급여는 어느 정도 정해져 있다. 창업하거나 개인사업자로 변신할 용기도 없고, 항상 안정된 소득을 벌 자신이 없는 사람이 많다. 타니타 사장은 이러한 월급쟁이 직원을 개인사업자로 대체하는 프로젝트를 시작했다. 직원이 희망한다면 퇴직하고 개인사업자로서 타니타와 업무위탁계약을 체결하는 것이다. 2020년 현재 제4기를 맞은 프로젝트를 통해 타니타 직원의 24명이 개인사업자로 활동하고 있다.

타니타 사장은 직원이 보람을 느끼며 일할 수 있는 방법을 모색하고 직원의 "개인사업자화"라는 고용컨셉을 구상하였다. 수동적으로 일하면 보람을 느낄 수 없다. 정신적 압박감과 물리적인 육체노동으로 과도하게 일하다 보면 정신건강에 문제가 발생한다. 주체성을 갖고 일을 추진하는 대책으로 개인사업자화 프로젝트를 구상하였다. 개인사업자는 스스로 일을 선택하고 고객과 계약을 체결하기 때문에 지시받는 수동적 자세가 아니라 자기 일로 적극적으로 대처한다. 또한 자신의 라이프스타일에 맞춰 자유롭게 일할 수 있는 것도 매력이다. 타니타 사장은 직원과 대등한 관계는 기업의 위기 상황에서 그 효과를 발휘한다고 말한다.

"기업경영은 좋은 때만 있는 것이 아니다. 충성도가 높고 우수한 인재도 회사의 실적이 악화하고 소득이 줄어들면 생계를 위해 부득이하게 이직하는 위험도 있다. 개인사업자로서 타니타 외의 다른 소득원이 있다면 회사가 힘들 때도 이직하지 않고 회사를 일으키기 위해 힘을 보탤 수 있다. 회사와 대등한 입장이 되어 개인과 기업이 서로 신뢰하면서 오랫동안 좋은 관계를 유지해나갈 수 있다."

이 프로젝트에서 직원이 개인사업자가 될 때 "조직의 구조조정"이라는 비판을 받았다. 직원은 프로젝트의 내용을 명확하게 이해한 후에 회사를 신뢰하였다. 계약 형태는 회사와 3년간의 계약을 체결한다. 개인사업자가 되어도 실수령 소득이 직원의 연봉보다 떨어지지 않도록 설계되었다. 회사는 직원처럼 사회보장비를 전액 부담한다. 계약 내용에 포함되지 않는 업무를 위탁받을 경우에는 추가 보수를 받을 수 있다. 실제로 개인사업자의 실수령 소득은 떨어지지 않았고, 직원 때보다 소득은 평균 28.6% 증가하였다. 그렇다고 기업의 지출이 크게 늘어나지도 않았다. 2016년에 타니타가 부담한 인건비와 2017년 업무위탁 비용으로 지급한 보수총액을 비교할 때 회사의 부담액은 1.4% 증가했을 뿐이다.

계약은 직전 연도의 업무성과에 따라 다음 계약기간과 업무 내용, 보수를 협의하여 조정한다. 개인사업자가 되어도 일과 소득의 안정성을 확보할 수 있다. 만약 타니타가 계약을 검토 후 갱신하지 않아도 그 후 2년의 계약기간이 남아 있기 때문에 당장 일이 없어지고 소득이 끊어지는 위험을 피할 수 있다. 회사도 업무담당자가 갑자기 이직하지 않기 때문에 사업의 연속성을 확보할 수 있다.

지금까지 회사의 경영관리 부서의 관리자가 담당자에게 업무를 맡기는 구조였다. 그러나 개인사업자에게 일을 의뢰할 때 계약한 업무 내용을 명확히 파악하고 보수를 결정해야 한다. 계약된 기본업무인지 아니면 새로운 보수가 발생하는 추가 업무인지 과제 중심으로 생각해야 한다. 업무를 의뢰하는 관리자는 하나하나의 과제를 경영자 관점에서 파악하고 의뢰해야 한다. 회사가 원하는 성과를 얻으려면 업무를 의뢰할 때 개인사업자에게 그 배경을 상세하게 설명해야 한다. 관리자는 경영자 입장에서 개인사업자와 신뢰 관계를 바탕으로 회사에 어떤 과제를 해결하고, 협력해나갈지 커뮤니케이션 능력을 발휘해야 한다.

개인과 기업이 대등한 입장에서 개인은 독립된 사업자로서 업무 스킬을 높여 성장해나가야 한다. 기업도 성장 욕구가 높은 개인과 일하기 위해 매력적인 일과 계약조건을 제공해야 한다. 지금까지 기업과 개인은 주종의 관계였지만, 얼라이언스는 기업과 개인이 서로 매력을 느끼도록 하는 대등한 관계다. 다양한 일 방식을 개인이 선택할 수 있는 환경을 제공한 타니타는 이후에 어떤 모습으로 변할지 관심을 가질 필요가 있다.

유연한 오피스 시장의 확대

텔레워크 시대에 오피스가 필요할까

텔레워크의 확산은 기업의 오피스 전략에 영향을 줄 것으로 보인다. 이미 코로나 사태의 장기화를 예상하고 텔레워크를 본격적으로 도입하려는 기업도 있다. 텔레워크 업무환경에서 회사의 오피스가 필요 없다고 생각하는 경영자도 있다. 텔레워크를 본격적으로 실시하는 기업이 많지 않고, 대부분 미래 오피스 전략까지 생각하지 않았을 것으로 예상된다. 그러나 일본기업을 보면 미래 오피스 운영에 변화를 감지할 수 있다. 자이막스부동산종합연구소는 2020년 6월 일본기업을 대상으로 코로나 이후 오피스 전략을 조사했다. 46.5%의 기업이 핵심오피스와 텔레워크를 균형 있게 활용하겠다고 대답했다. 이전처럼 오피스 근무로 복귀하겠다고 한 회사는 26.6%였다. 도쿄에 있는 대기업의 20.2%는 텔레워크를 확충하고 핵심오피스를 축소하겠다고 했다.

대부분 텔레워크로 일하고 매일 소수의 인력만 출근하는 텅 빈 오피스를 어떻게 운영할지 고민하는 회사가 늘어나고 있다. 적극적으로 텔레워크를 도입한 기업 중에 코로나 사태 이전부터 오피스의 축소를 검토한 회사가 많다. 어느 건설회사는 2019년에 직원의 70% 수준에 적합한 사무공간을 축소하여 이전했다. 텔레워크를 도입하면서 동시에 실시한 오피스 축소전략이 코로나 위기 상황에서 주효했다. 어느 글로벌 대형유통업체는 오피스 축소와 현상 유지를 놓고 고민하고 있다. 도심 오피스의 1개 층을 해약하고, 남는 비용을 공유오피스를 계약하고 재택근무 환경정비 비용으로 지급하자는 의견도 있다. 사회적 거리두기를 고려하여 오피스의 1인당 면적을 넓히기 위해 오피스를 축소하지 않아야 한다는 의견이 팽팽하게 대립하고 있다. 오피스 개선에 적극적인 선진기업은 코로나 위기로 인해 반강제적인 텔레워크 도입을 계기로 개혁에 박차를 가하고 있다. 어느 식품제조업체는 코로나 사태 이전부터 본사 오피스와 자택, 위성오피스 중에서 어디에서나 일할 수 있는 제도를 추진하였다. 2020년 텔레워크를 본격적으로 실시하면서 텔레워크에 적합한 업무를 전면적으로 재점검하였다. 각 업무에 적합한 장소도 검토하고 가이드라인을 마련하였다. 원래 텔레워크 대상에서 제외했던 공장직원도 원격으로 가능한 업무를 찾아냈다. 직원의 출근을 최소한 억제하고 텔레워크 일 방식을 강력하게 추천하고 있다.

코로나 위기가 지속되면 경기 악화로 인해 비용을 줄이려는 기업이 늘어날 것이다. 특히 고정비용이 높은 오피스 공간을 축소할 가능성 있다. 분명히 오피스 축소는 임대비용을 줄이는 효과가 크고 즉시 성과로 나타날 수 있다. 오피스는 단순히 비용만의 문제는 아니다. 직원이 자율적이고 쾌적하게 일할 수 있는 환경이라는 점을 생각해야 한다. 기업의 오피스는 조직을 결속시키는 구심적 역할을 하고, 조직 정체성의 상징이자 혁신을 일으키는 장소로써 검토할 필요가 있다.

오피스에 대한 가치관이 바뀐다

다양한 디지털 테크놀로지의 출현으로 과거 10년간 소비자 행동은 크게 변했다. 디지털 사회에서 언제 어디에서나 소비자용 상품과 서비스를 쉽게 선택할 수 있다. 특히 젊은 세대는 대규모 데이터에 접근하는 것에 익숙하고, 데이터에 근거하여 의사결정을 내리고 있다. 테크놀로지를 활용하여 다양한 사회적 네트워크를 만들고 있다. 리모트워크를 하거나 스카이프, 왓츠앱 등 소셜미디어를 활용하여 협력하며 일을 찾는다. 젊은 세대만이 아니라 다른 세대도 일하는 장소를 근본적으로 다시 생각하고 있다. 5G 기술 도입으로 고도화되는 동영상 덕분에 물리적 장소로 출근할 이유가 점점 약해지고 있다. 오피스 중심으로 연계한 인연은 점차 줄어들고 있다.

도시 생활에 대한 인식도 바뀌고 있다. 비싼 주택에 살며 매일 교통지옥 속에서 통근하고, 엄청나게 비싼 사무공간에서 일하는 것에 의문을 갖기 시작했다. 개인의 라이프스타일에 맞춰 시간과 장소를 선택하여 일하고 싶어 하고 모든 사람이 동일한 오피스와 동일한 시간대에 일하는 획일적인 업무방식을 구태의연하게 생각한다. 인터넷 환경에서 언제 어디에서나 유연하게 일할 수 있는 방식을 선호한다.

영국의 '워크테크 아카데미' 이사 제러미 마이어슨은 인간중심의 오피스 형태를 연구하고 있다. 그는 현재 대부분의 기업 오피스는 구시대적 산물이라고 지적한다.

"2000년 이후 오피스 업무의 대부분이 지식노동으로 이루어지고 있지만, 일하는 장소에 대한 사고는 공장노동 시대부터 변하지 않고 있다. 공장의 일 방식에 뿌리를 두고, 사람을 우리에 가두어 두고 관리하는 발상의 일 장소가 아직도 존재하고 있다. 즉 업무 내용과 일하는 환경에 불일치가 일어나고 있다. 지식노동 시대에 적합한 오피스로 바꾸어나가야 한다."

현재 오피스 대부분은 사무를 처리하는 직원과 직원을 감시하는 상사라는 위계 조직에 적합한 구조로 설계되어 있다. 정형화된 프로세스에 근거하여 매일 똑같은 물건을 몇 개 만들었는지를 평가하는 공장노동 시대에 적합한 구조다. 이러한 사무실 구조는 3차 산업에 종사하는 노동자에게 적합하지 않다. 지식노동자에게 교류, 협력, 네트워크가 중요한 가치다. 이전 경험에서 학습하고, 새로운 만남에서 혁신을 만들어 낸다. 3차 산업의 지식노동자에게 오피스는 단순히 사무처리의 장소가 아니라 가치를 창출하는 지적 창조의 장소로 만들어야 한다. 디지털 경제와 지식경제 세계에서 살아남기 위해 일하는 장소의 변화가 필요하다.

현대 사회에서 지식노동자는 다양화되고 있다. 기업에서 다양한 세대가 함께 일하고 있다. 20세기 후반까지 오피스에서 일하는 사람은 대부분 젊은 남성들이었다. 그러나 고령사회에서 여성, 고령자, 장애를 가진 사람도 같은 장소에서 일한다. 기업은 이렇게 다양한 노동자에게 어떤 오피스 환경을 만들어 창의적인 사고를 끌어내고 생산성을 높일지 생각해야 한다. 미래에는 여성과 고령자가 경제를 뒷받침하는 중요한 인력이 될 것이다. 그들이 노동시장에서 정신적·육체적으로 건강하게 일할 수 있는 환경을 만들어야 한다.

유연한 일 방식과 고용의 유동화도 오피스에 변화를 초래하는 요인이다. 기존의 오피스는 매일 똑같은 수의 직원이 똑같은 시간, 똑같은 장소에서 모여 일하는 방식을 전제로 설계되었다. 직원 수에 맞춰 오피스 공간을 확보하고, 사무용 가구, 통신시설, 보안 등 최소한의 물리적 조건만 충족하면 문제가 없었다. 최근 사무공간의 레이아웃은 수평화되었지만, 전반적인 오피스 환경과 시설은 획일적인 구조를 갖추고 있다. 그러나 앞으로 유연한 일 방식이 본격적으로 도입되면 오피스의 역할도 다양해질 것이다. 무엇보다 단순한 작업장소에서 가치창조의 장소로 진화할 것이다. 면적의 축소보다 직원이 일하기 쉽고 생산성을 높일 수 있는 오피스 레이아웃을 생각해야 한다. 그래야만 직원들이 새로운 아이디어와 창의성 등을 자극하는 환경에서 높은 생산성을 실현할 수 있다.

유연한 오피스로 인재를 확보하다

앞에서 언급했듯이 코로나 사태로 오피스에 대한 기존의 관념이 크게 바뀌고 있다. 모든 경영자는 텔레워크를 실시하면서 인력이 줄어든 오피스 공간을 어떻게 활용할지 한 번쯤 생각했을 것이다. 텔레워크를 본격적으로 도입한 회사가 많지 않은 환경에서 코로나 사태가 오피스 시장에 어떤 영향을 줄지 아직 명확히 파악하기 어렵다. 다만 오피스 시장의 글로벌 추세나 사례를 파악해본다면 어느 정도 미래의 현상을 엿볼 수 있을 것이다.

미국 인스턴트의 조사에 따르면 2019년 뉴욕, 런던, 도쿄, 시드니 등 세계 18개 주요 도시에 있는 전체 오피스 중에서 유연한 오피스 비율은 3~5%이지만 성장 속도가 매우 빠르다. 앞으로 5년 후에는 10%로 증가할 것으로 전망했다. 최근 기업이 유연한 오피스 수요를 크게 늘리고 있기 때문이다. 유연한 오피스는 이제 프리랜서와 스타트업 기업의 영역이 아니다. 많은 기업이 비용을 줄이고 비즈니스 민첩성을 높이기 위해 유연한 오피스를 선택하고 있다.

점점 짧아지는 비즈니스 사이클에서 사업의 민첩성을 높이는데 유연한 오피스가 적합하다. 유럽과 미국의 오피스 임대계약 기간은 보통 5~10년이다. 임대계약이 끝나기 전에 기업은 신속하게 확장이나 축소

이전에 대응할 수 없다. 기업은 경영환경에 따라 때로는 계약기간이 끝나기 전에 이전해야 한다. 조직이 성장하면 공간이 부족하고, 축소하면 남기 때문에 그때 상황에 따라 오피스를 분리하여 해약금을 지급하고 이전해야 한다. 물건 소유자와 협상하며 오피스 이전이 늦어지면 수개월을 기다리며 수고와 많은 비용을 부담해야 한다. 이렇게 많은 기업은 오피스 임대계약과 관련된 업무에 불필요하게 많은 비용을 쓰고 싶어 하지 않는다.

긱 이코노미가 확대되면서 프로젝트 업무가 늘어나는 것도 유연한 오피스의 성장요인이다. 기업에서 일하는 노동자는 더욱 유동화되고 있다. 기업은 프로젝트를 완료한 후 즉시 조직을 해체하여 오피스 임대료를 줄이려고 한다. 프로젝트 업무를 추진하는 기업은 필수인력만 보유하고 유연한 오피스를 계속 이용한다. 치열한 경쟁으로 미래 수익이 보장되지 않는 불확실한 환경에서 기업은 고액의 고정비용을 줄이고 있다.

기업의 본사 등 핵심오피스를 유연화(아웃소싱)하는 트렌드도 형성되고 있다. 지금까지 본사는 회사의 상징으로서 장기적 입주를 고려하여 임대하거나 소유하였다. 그러나 현재는 기업의 오피스 관리 종합서비스도 등장하였다. 유연한 오피스 관리회사는 이전에 총무부서가 담당한 오피스 선정과 공사관리, 가구구매, 입주 후 시설관리 서비스를 제공한다. 핵심오피스와 유연한 오피스의 구분은 점점 모호해지고 있다. '더오피스그룹(TOG)' CEO 올리 올센은 장래 오피스 경쟁력은 더는 양호한 입지로 결정되지 않을 것이라고 말한다.

"기업과 사용자는 유연한 오피스에서 핵심오피스에 버금가거나 더 좋은 사무공간을 요구하고 있다. 입지의 편리성이 높은 것만으로 경쟁력이 없다. 우리는 다른 유연한 오피스 업자와 경쟁할 뿐만 아니라 기업의 핵심오피스와 경쟁하고 있다."

최근 선진국의 유연한 오피스는 대도시에서 교외와 다른 거점도시로 점차 확장되고 있다. 뉴욕과 런던 외에 멘체스터, 브리스톨, 시애틀, 오클랜드 등으로 확장되고 있다. 대기업은 대도시의 높은 임대료를 줄이고 지역의 우수한 인재를 확보하기 위해 지역거점을 넓히고 있다. 미국과 유럽의 대도시에 주택가격과 임대료가 폭등하여 저렴한 가격으로 살 수 없기 때문이다. 기업은 워라밸을 중시하여 거주지에서 가까운 직장을 선호하는 밀레니얼 세대 인력을 확보하기 위해 유연한 오피스를 계약하고 대규모 거점을 확보한 후 젊은 세대를 채용하고 있다. 대기업은 우수한 인재가 많이 사는 지역에 유연한 오피스를 설치하여 인재 확보 수단으로 활용하고 있다.

사실 젊은 세대는 도심지 오피스로 매일 출근하여 일하고 싶어 하지 않는다. 일하는 장소와 시간을 스스로 통제하고 싶어 한다. 예를 들어 수요일에 업무미팅을 하고 월요일과 금요일은 자택이나 근처의 유연한 오피스에서 일하고 주말을 즐기고 싶어 한다. 앞으로 집과 가까운 오피스에서 스스로 통제하고 재량으로 사용할 수 있는 오피스는 젊은 인재를 확보하는 수단이 될 것이다.

영국의 브리스톨은 런던에서 약 2시간 걸리는 외곽 주요 도시로 인기 있는 거주지역이다. IBM은 브리스톨에 수백 명이 일할 수 있는 유연한 오피스를 계약하여 IT 인재를 확보하였다. 프로젝트 기반의 고용방식이 추진되면서 파트타임 노동자가 많이 모이고, 인력 규모도 유동적이기 때문에 유연한 오피스는 합리적인 선택이었다. 코로나 이후에도 기업은 사업의 연속성 대책으로서 사무공간을 입지적으로 분산시킬 가능성이 높다. 유연한 오피스 수요가 점점 확대되면서 오피스 사업자는 제2의 도시에서 유연한 오피스를 제공하여 시장을 확대할 가능성이 있다.

글로벌 환경에서 일하는 사람이 이용할 수 있는 오피스의 플랫폼화가 진행되고 있다. 영국의 '인스턴트 그룹'은 "코포리트 패스포트" 서비스를 제공한다. 회사 외에도 20개 이상의 사업자가 제공하는 지역거점의 오피스를 어디에서나 이용할 수 있는 서비스다.

유연한 오피스 서비스의 차별화 가능성도 있다. 기존 서비스 오피스는 기업별로 전용구획이 정해지고 접수기능과 법인등기 기능으로 이용할 수 있는 형태였다. 반면에 최근 유행하는 공유오피스는 커뮤니티 형성과 자극적인 분위기, 몰입 가치를 주지 못하고 있다. 유럽과 미국의 기업은 오피스에 웰빙을 반영하고 있다. 건강한 음식을 제공하고 계단과 도보 이동을 촉진하는 동선계획을 핵심오피스에 반영하고 있다. 앞으로 유연한 오피스에도 이러한 서비스가 필요로 할 것으로 보인다.

라이프 스타일과 도쿄 오피스 시장의 성장

미국과 유럽의 기업에 비해 일본기업은 유연한 일 방식이 상당히 뒤떨어져 있다. 지금까지 일본에서 매일 같은 오피스에서 같은 시간대에 모든 직원이 함께 일하는 오피스 중심의 일 방식이 주류였다. 2010년 전후부터 인구감소 사회에 다양한 노동력을 확보하고, 생산성을 높이기 위해 이러한 획일적인 일 방식에 문제를 제기하였다. 일본 정부는 2016년부터 국민의 워라밸을 중시하고 생산성을 높이는 차원에서 국가 어젠더로 일 방식 개혁을 추진하고 있다. 최근 몇 년간 텔레워크 제도는 일 방식 개혁의 중요한 정책 수단으로 추진되고 있지만, 크게 확산되지 않았다. 최근 코로나 사태를 계기로 반강제적으로 텔레워크를 도입한 기업이 대폭 늘어나면서 텔레워크가 확산되는 계기를 맞이하였다.

일본은 1980년대 후반 버블경제가 붕괴될 때 기업은 교외에 위성오피스를 검토하였다. 위성오피스로 분산하면 도심지의 집중력을 줄이고 오피스 임대료도 낮출 수 있다는 관점이었다. 그 당시에는 기업의 인사관리 제도와 조직 체제가 정비되지 않았기 때문에 거품 붕괴로 확산되지 못했다. 그러나 2000년대 후반부터 IT 기술의 발달로 인해 텔레워크 도입환경이 갖춰지고, 2016년부터 텔레워크 도입을 촉진하는 정책적 영향으로 유연한 오피스를 활용하는 기업이 늘어나기 시작했다.

도쿄의 유연한 오피스 시장은 버블경제기에 교외 위성오피스가 첫 기반이었다. 그리고 1990년대에 외국의 서비스 오피스 사업자가 진출하기 시작했다. 이후 30년 동안 시장 상황의 변화를 반영하면서 계속 확대되었고, 형태도 다양화되었다. 2016년 이후 일 방식 개혁에 착수하는 기업이 늘어나면서 유연한 오피스의 누적 면적과 지역거점 수가 급속하게 증가하였다. 2018년에는 1석당 평균 이용금액 증가율이 세계 1위인 19%를 기록하였다.

[도쿄의 유연한 오피스의 발전]

오피스 형태	기업의 일 방식과 시장 상황	오피스 활용상황
제1차 위성오피스 등장 (1980년대 후반)	· 사무비용 절감을 위해 임대료가 싼 외곽에 오피스 설립 · 한 거점에 복수기업이 임차하는 형태였으나 다양한 일 방식이 수반되지 않아 버블 붕괴에 따라 도태	· 계층조직과 고정적 근무시간 · 임대료 증가
서비스 오피스 (1990년~)	· 기구와 전화회선이 설비된 사무실, 초기투자 없이 즉시 입주 가능 · 유인 접수와 비서업무, 회의실 옵션 서비스 제공	· 버블 붕괴에 따른 임대료 하락
인큐베이션 공간 (2000년~)	· 기업이 외부 공동작업, 이노베이션을 목적으로 개설하고, 창업에 제공	· 2007년부터 ICT화 추진 · 2005년 임대료 증가, 2008년 금융위기로 폭락
공유오피스 공간 (2010년~)	· 주로 개인사업자와 창업자가 이용 · 공유 오피스 주체로 이용자의 교류 촉진을 위한 서비스가 많았음	· 2012년 말 오피스 임대료 상승
법인 쉐어형 위성오피스(도심형) (2016년~)	· 영업담당자의 이용을 예상하고 도심의 편리한 입지에 네트워크 오피스 설치	· 기업의 텔레워크 활용 확대 · 기업의 채용 증가에 따라 오피스 수요 확대
법인 쉐어형 위성오피스(교외형) (2016년~)	· 거주지에 인접한 직장을 원하는 니즈에 대응, 텔레워크의 기반으로 교외 거점 확보 · 대기업 중심으로 이용이 늘어나는 추세	

출처: 자이막스부동산종합연구소(2020)

무엇보다 도쿄의 유연한 오피스 시장의 성장요인은 인재의 다양화 때문이다. 현재 노동력이 부족한 일본기업에 고령자, 육아를 담당하는 여성, 외국인, 장애인은 잠재적 노동력이다. 이러한 노동력을 활용하기 위해 기업은 통근 부담을 줄이고 워라밸을 중시하는 관점에서 텔레워크를 도입하였다. 이러한 다양한 노동력의 수요기반으로 도쿄의 유연한 오피스의 수요가 증가하고 있다.

특히 최근 대기업의 이용률이 늘어나면서 유연한 오피스 시장이 성장하고 있다. 2019년 10월에 직원 1,000명 이상의 기업 중에 약 30%는 유연한 오피스를 이용하고 있다. 대기업이 핵심오피스와 별도로 텔레워크의 기반으로 이용하고 있다.

시간과 건강에 제약이 있는 노동자가 일하기 쉬운 환경은 결국 모든 노동자에게도 일하기 쉬운 환경이 된다. 인구감소로 노동력이 부족한 일본기업에서 텔레워크는 인재를 확보하는 대책으로 더욱 중요해졌다. 또한 직원의 생산성을 높이는 해결책으로 유연한 오피스의 수요는 증가할 것으로 보인다.

[일본기업의 규모에 따른 유연한 오피스 이용률]

구분	2017년	2018년	2019년
100명 미만	4.4%	2.5%	10.4%
100~999명	6.2%	9.3%	14.1%
1,000명 이상	15.2%	17.9%	28.3%

출처: 자이막스부동산종합연구소(2020)

현재 도쿄는 세계 최대의 오피스 시장이다. 도쿄 오피스 시장은 다른 도시와 다른 특성이 있다. 도시의 지리적 면적이 넓기 때문에 교외에서 통근 거리가 멀고 부담이 크다. 또한 도시 중심지 5개 구에 오피스가 밀집되어 있고, 앞으로도 중심지 개발이 계획되어 있다. 기업은 오피스가 집중된 중심지에 계속 유치될 가능성이 있다.

그러나 미래 노동력이 더욱 다양해지면 모든 사람이 도심지 오피스에 매일 출근하는 현상은 지속되기 어렵다. 개인의 라이프스타일과 가족 상황에 따라 거주지역에서 가까운 유연한 오피스를 요구할 것이고, 기업은 노동력 확보를 위해 대응해야 하기 때문이다.

각종 조사에 따르면, 통근 시간이 긴 사람일수록 스트레스를 크게 받고 있다. 출근 시간이 45분 이상 걸리면 매일 즐겁게 일할 수 있다고 느끼는 확률도 감소한다. 직원은 통근 시간을 줄이기 위해 교외에 유연한 사무공간을 요구하고 있다.

현재 도쿄에 있는 유연한 오피스의 86.7%가 도심지에 집중되어 있다. 도쿄로 통근하는 노동자의 약 90%는 도쿄 주변에 거주하고 있다. 거주지와 가까운 사무공간을 원하는 텔레워크 니즈에 대응하려면 교외의 유연한 오피스가 부족한 상황이다. 교외와 지방에 유연한 오피스가 늘어나면 도쿄에 근무하는 노동자의 통근 부담이 크게 줄어들 것이다. 또한 도쿄에 있는 기업이 지방에 있는 인재를 활용할 수 있는 장점이 있다.

모든 사람이 한 장소에 모여서 소통하면 쉽게 일할 수 있다. 사람은 기본적으로 직접 만나서 소통할 때 가장 편하게 커뮤니케이션할 수 있다. 직접적인 소통을 좋아하는 사람의 속성 때문에 텔레워크 수요가 늘어나도 사람이 모이는 핵심오피스는 존속할 것으로 예상된다. 직장과 가까운 교외 오피스의 중요성도 커지고 있지만, 도심지에는 교외에 없는 선진적이고 다양한 편의시설과 각종 문화시설이 있기 때문에 일하는 장소로서 충분한 가치가 있다. 이러한 환경시설과 교통편의를 고려할 때 기업은 도심과 교외, 핵심오피스와 텔레워크 거점 등 다양한 선택지를 조합하여 전략적으로 오피스를 운영할 것이다.

직장인도 오피스를 선택할 때 니즈가 다양해지고 있다. 거주지와 가까운 교외에서 일하려는 니즈도 있지만, 도심지에서 밀집된 공간을 피해 분산하여 일하려는 니즈도 커지고 있다. 기업은 이러한 다양한 오피스 수요에 대응하기 어려우므로 유연한 오피스 서비스를 이용하고 있다.

[다양한 오피스 선택 니즈]

출처: 자이막스부동산종합연구소(2020)

다양하게 진화하는 위성오피스

최근 위성오피스는 다양한 형태를 선보이고 있다. 지방과 교외에 있는 기업이 도심지에서 일할 수 있는 장소를 확보하기 위해 간단한 오피스를 갖춘 사례가 있다. 영업담당자가 고객을 방문할 때 직행 왕복하여 효율화를 추구하는 도시 기업이 도심에 설치하는 사례, 최저 설비를 낮은 비용으로 설계하여 생산성 향상에 특화한 경우도 있다. 또한 자연이 풍요로운 장소에서 위성오피스를 설치한 사례도 있다. 이러한 위성오피스에는 생산성을 높이기 위해 창조성을 발휘할 수 있는 환경을 갖추고 있다. I턴과 U턴 취업도 고려하면서 위성오피스 유치를 적극적으로 추진하는 지자체도 있다.

회사의 건물 내부에 위성오피스를 설치한 기업도 있다. 대기업과 같이 각 지역에 거점을 둔 기업이 본사와 지사의 일부를 위성오피스로 활용하는 패턴이다. 다른 지사에서 온 직원이 그대로 본사나 지사에 설치된 위성오피스에서 일할 수 있도록 하는 형태다. 또한 위성오피스를 이용하는 직원은 언제나 똑같은 위성오피스를 이용하지 않고, 복수의 위성오피스를 활용하는 방법도 있다. 이러한 위성오피스는 설치 스타일과 이용 방법도 다양하다. 기업의 상황과 니즈, 도입목적에 따라 선택하는 것이 중요하다.

미래의 모습은 언제나 현실에 존재하고 있다. 텔레워크라는 유연한 일 방식이 이에 해당한다. 텔레워크는 특별한 국가나 다른 기업의 일 방식으로 생각했다. 그러나 코로나 위기에 대응하면서 기업은 지금까지 생각하지 못한 경험을 통해 새로운 사고를 하는 계기가 되었다. 텔레워크를 경험한 기업은 새로운 관점에서 일하는 장소를 다시 생각하고 새로운 대책을 고민하기 시작했다. 집에서 출근하지 않고 일하고, 다른 사람과 접촉하지 않고 일하는 사고가 자리 잡으면서 전통적인 사무공간의 가치를 다시 인식하고 있다. 또한 사무공간의 안전과 위생 측면에서 밀폐, 밀집, 밀접을 피하려는 가치관 변화도 기업의 오피스 전략에 영향을 줄 것이다.

텔레워크 도입은 이러한 변화의 징조를 보여주고 있다. 불가피하게 텔레워크를 실시했지만 갑작스러운 변화를 기업혁신의 계기로 활용할 기업도 있을 것이다. 텔레워크가 앞으로 다가올 트렌드에 맞는 유용한 일 방식인지 진지하게 검토하고 기존의 모든 인력이 모여 일하는 오피스 구조도 근본적으로 재검토하는 기업도 등장할 것이다. 해외기업 중에는 코로나 위기를 계기로 텔레워크를 전제로 하는 경영전략을 검토한 회사도 있다. 오피스 면적을 축소하고 사회적 거리두기를 고려한 1인당 오피스 면적을 넓히고, 안전과 위생을 위해 오피스 배치도 전면 재검토하고 있다.

직장인은 어디에서 일하느냐에 따라 삶의 질이 크게 달라진다. 일하는 장소는 일하는 사람의 마음에 영향을 주고 일하는 방식을 규정한다. 모든 직원이 모인 정형화된 오피스, 살고 있는 자택, 집에서 가까운 위성오피스 등 일하는 공간에 대해 사람마다 느끼는 분위기가 다르고, 일에 따른 생산성도 다를 수 있다. 일하는 장소의 환경은 기업의 생산성을 좌우하기 때문에 중요한 경영과제다. 코로나 위기를 경험한 많은 기업은 앞으로 오피스 역할을 다시 정의할 것이다. 유연하고 생산성을 높이기 위한 중요한 과제로서 일하는 장소와 일하는 방식을 진지하게 생각할 것이다. 트렌드를 포착한 기업은 업종과 전략, 인적 구성 등 다양한 측면을 고려하여 기업 특성에 맞는 최적의 일 방식 전략을 짜고 우선순위에 따라 과제를 추진할 것이다. 시행착오를 반복하겠지만 회사에 맞는 최적의 해결책을 계속 찾을 필요가 있다. 선제적인 대책을 추진하는 기업은 혁신자로서 큰 성과를 맛볼 것이다.

[코로나 이후 오피스 운영의 방향성]

핵심오피스와 텔레워크로 구분하여 활용	47%
코로나 이후 이전으로 회복하고, 바꾸지 않겠다	27%
건강과 감염대책에 배려한 오피스 운영 검토 (위생관리, 인구밀도)	23%
사업계속대책(BCP)을 더욱 중시	19%
텔레워크를 확대하고, 메인 오피스 축소	14%
건강과 감염대책에 배려한 오피스 설계 검토 (환기, 면적, 동선 등)	14%

출처: 자이막스부동산종합연구소(2020)

[오피스 가치의 변화]

해외기업 중에는 텔레워크를 도입하면서 오피스를 이전하거나 규모를 축소한 회사도 있다. 텔레워크를 도입하면 오피스가 필요하지 않다는 기업도 있다. 실제로 ㈜리얼게이트는 텔레워크를 도입한 기업을 대상으로 오피스 니즈를 조사하였다. 코로나 시대에 기업이 인식하는 오피스 공간에 대한 가치는 크게 3가지로 나타났다.

- 텔레워크로 완전히 이행하여 핵심오피스는 필요 없고, 간헐적으로 모이는 장소와 등기하는 장소로 필요하다는 기업
- 텔레워크와 위성오피스, 공유오피스 등을 병용하여 핵심오피스 공간을 최소화하려는 기업
- 대면 커뮤니케이션의 중요성을 재인식하고 커뮤니케이션을 더욱 활성화하고 사회적 거리두기를 확보하기 위해 핵심오피스 공간을 확대하는 기업

자이막스부동산종합연구소는 기업을 대상으로 '코로나 이후 오피스 운영에 관한 설문조사'를 실시했다. 기업의 약 절반은 핵심오피스와 텔레워크 2가지 방향으로 나누어 운용하겠다고 했다. 텔레워크를 확대하고 핵심오피스를 축소하겠다는 회사는 적었다(14%). 조사결과를 보면 앞으로 텔레워크와 오피스 근무를 조합한 업무스타일이 정착해 나갈 것으로 전망된다.

코로나바이러스의 감염 확대를 막고, 지속적인 사업활동(BCP)을 위해 사무공간을 분산하려는 기업도 늘어날 가능성이 있다. 지금까지 오피스를 집중하여 효율을 추구하였지만 재해를 방지하고, 다양한 라이프스타일에 대응한 일 방식을 개선하는 차원에서 오피스 분산을 검토할 것이다. 앞으로 기업은 지역거점의 오피스, 임대오피스 등을 이용하려는 기업이 늘어날 것이다.

현재 코로나 사태로 인해 오피스 기능이 일시적으로 정지된 기업이 있지만, 미래에 유연한 일 방식이 정착해나가면 오피스에 대한 인식이 바뀔 것이다. 당장 기업은 오피스로 복귀하여 사업 활동을 재개하는 데 집중하겠지만, 코로나 사태 이후에는 회사와 직원 모두 혜택을 받는 오피스 환경을 구상할 것이다. 텔레워크의 보급은 장래 사무실의 기능에 중대한 영향을 줄 것이다. 유연한 일 방식을 도입하는 기업은 사무실도 유연하게 운영할 수 있다. 기업은 전통적인 일 방식과 오피스 형태를 생각하고, 회사의 오피스와 텔레워크의 새로운 하이브리드 모델이 탄생할지도 모른다. 텔레워크로 일하는 직원에게 기술 인프라를 제공하기 위해 사무공간을 재설계할 필요가 있다.

일하는 장소의 개념과 역할이 바뀐다

팀워크와 협력을 촉진하는 오피스 기능

앞으로 회사의 오피스는 어떤 기능을 하고 어떻게 변할까? 먼저, 오피스는 자택보다 훨씬 집중할 수 있고 업무효율을 높일 수 있는 장소로 바뀔 것이다. 사람이 교류하며 팀워크와 협력을 촉진하는 허브 공간의 요소가 강해질 것이다. 사무실은 직원이 장시간을 보내고 싶어 하도록 쾌적한 공간 설비를 갖춰 사람들과 협력하면서 혁신, 창의성을 촉진하는 장소가 될 것이다.

오피스 컨설턴트인 제임스 칼더는 기업의 의사결정 방식이 바뀌고 있다고 말한다. 즉 즉흥적인 타협을 하는 사례가 증가하고 형식적으로 사람 수를 채우는 회의가 감소하고 있다. 팀 내에서 실시간으로 결단을 내리면서 메일 수가 감소하는 경향을 예시하였다. 그는 이러한 팀 중심의 즉각적 의사결정을 내리는 현상에 따라 팀워크를 중시하여 서로 만나기 쉬운 오피스 공간으로 만들어야 한다고 지적한다.

사무공간은 팀워크를 촉진하고 협력하는 공간으로 인식해야 한다. 일하는 장소를 건물과 기술, 예산의 관점이 아니라 인간의 관점으로 생각하는 것이다. 업무 외에도 개인적인 커뮤니케이션 기회를 제공하는 장소가 될 것이다. 텔레워크의 ICT 시스템을 활용하여 회의, 채팅을 할 수 있지만 직접 대면 미팅은 많은 장점이 있다. 상대와 직접적인 대화를 통해 현실적인 분위기나 절박감을 느낄 수 있고, 번뜩이는 아이디어를 얻을 수 있다.

[장래 오피스의 새로운 역할]

주위에 가볍게 질문하고 상담할 수 있는 장소	50%
새로운 지혜와 지식을 얻는 장소	40%
협력하는 장소	37%
선배, 동료와 학습하고 연구하는 장소	27%
인맥을 넓히는 장소	27%

출처: 파솔퍼실리티매니지먼트(2020)

오피스에 정신적·신체적 휴식공간을 마련하는 것도 중요하다. 동료들과 커뮤니케이션을 통해 피로한 심신을 달랠 수 있지만, 조망이 좋고, 자연광이 들어오는 개방적 공간에서 업무를 수행할 수 있다면 직원의 지친 심신을 달래줄 수 있을 것이다. 또한 식당과 운동시설 등 복리후생 설비를 갖추고 있다면 종업원의 만족도와 생산성을 동시에 높일 수 있을 것이다. 쾌적하고 건강을 지원하는 사무실은 직원의 혁신 창출을 지원하고 부동산의 중요성을 증가시키는 ESG 투자와 관련이 있다.

미래 오피스는 직원의 건강을 배려한 대책도 필요하다. 특히 불특정 다수가 이용하고 교류하는 오피스는 감염에 쉽게 노출될 수 있다. 자이막스부동산종합연구소의 조사에서도 직원의 건강과 감염대책을 배려한 운영과 설계(위생관리, 인구밀도, 환기, 면적, 동선 등)를 하겠다는 회사도 적지 않았다. 그러나 빌딩 사무실 이용자의 건강을 위한 설비와 서비스를 도입한 사례는 적었다. 또한 오피스는 조직의 일체감을 창출하는 공간이다. 텔레워크로 일하면 조직의 커뮤니케이션이 줄어들고, 회사에 소속 의식도 약해진다. 조직과 일체감이 떨어지면 업무 몰입도가 떨어지고 생산성도 오르지 않는다. 기업은 조직으로 기능하기 위해 일체감을 느끼도록 해야 한다. 직원의 소속 조직의 일원으로 자각하고, 그 기업에서 일하는 것을 자랑스럽게 느끼도록 하려면 오피스 공간의 상징적 역할은 매우 크다. 코로나 이후 텔레워크를 본격적으로 도입하는 기업이 늘어나면 집중력과 업무효율을 높일 수 있는 오피스가 등장할 것이다. 외국과 같이 버스 터미널이나 전철역 주변, 주택단지 주변에서 텔레워크 사무실 수요가 증가할 가능성도 있다. 많은 직원이 공용으로 사용하는 전용 텔레워크 사무실은 교외 터미널과 역 주변 또는 통근 시간과 스트레스를 줄이려는 직원을 위해 주택단지 주변에 직원의 니즈에 맞춘 사무실이 등장할 것이다. 텔레워크가 도입되어도 오피스에서만 할 수 있는 업무가 있다. 중요한 거래나 납품 계약서에 대한 서명, 라이선스가 부여된 전용기기로만 할 수 있는 민감한 정보관리업무는 오피스에서만 할 수 있는 일이다

[텔레워크의 단점을 극복하기 위한 장래 오피스 기능]

업무추진 방법	회의와 협상	건강 문제	기업경영
· 집중할 수 없음 (가족의 방해) · 설비와 장비의 미흡 (PC와 프린터, 책걸상) · 팀워크의 협력, 진도 확인이 어려움 · 사무실에서만 할 수 있는 업무가 있음	· 가벼운 상담이 어려움 · 시스템이 없으면 상담할 수 없음	· 운동 부족 · 식비증가, 영양상태 악화 · 고독감과 불안 증가	· 인사평가의 어려움 · 비용이 들고, 도입 장해가 있음 · 정보 유출 위험 증가 · 기업이념과 소속감이 떨어짐

▼

오피스의 새로운 역할과 기능
① 주택보다 집중할 수 있고 효율을 높일 수 있는 장소
② 회사 업무상 또는 개인적인 커뮤니케이션 기회를 주는 장소
③ 사무실에서만 할 수 있는 업무를 수행하는 장소
④ 신체적·정신적 리프레쉬를 할 수 있는 장소
⑤ 조직의 일체감을 창출하는 장소

출처: 스미토모트러스트 기초연구소(2020)

앞으로 텔레워크와 오피스 근무를 조합한 업무스타일을 활용하는 기업이 늘어날 것이다. 공유 오피스를 이용하는 회사도 늘어나고 오피스 빌딩의 사업환경은 크게 변할 것이다. 사무공간을 임차하는 기업은 직원의 건강을 배려한 시설을 선호할 것이다. 이러한 임차인의 니즈 변화에 따라 빌딩사업자는 3密을 피하고 기업의 생산성을 높이는 커뮤니케이션 장소를 제공해야 할 것이다.

지금까지 일반적으로 오피스는 전 직원이 함께 모여 사무를 처리하고 중요한 자료를 보관하는 등 기업의 중심이 되는 장소였다. 직원이 의욕적이고 효율적으로 일하도록 혁신을 끌어내기 위한 공간을 마련한 회사도 있다. 앞으로 텔레워크 일 방식이 확산되어도 오피스는 기업의 정체성을 나타내는 핵심 장소로서 역할을 할 것이다.

[미래 오피스 역할 전망]

구분	미래 오피스 역할	기존 오피스 역할
오피스 면적	텔레워크 도입과 지역 오피스 병용으로 축소, 밀집 방지를 위한 공간 확대	직원 좌석, 이노베이션 공간
일하는 장소	사무실의 분산, 집중할 수 있는 사설 공간과 자택 등	사무실 내부
커뮤니케이션	직접 대면, 회의 온라인화 등 ICT 환경 정비	대면
기능	팀워크와 생산성, 직원의 만족도 제고, 정체성의 표현	서류보관과 업무지시

출처: ㈜리얼게이트(2020)

기준	일 방식	형태
안전성/디자인	· 위생 · 위험 분산 · 정체성 표현	비접촉형 시스템, 공용공간의 혼잡상황 모니터링, 공기정화 시스템, 예술품과 식물, 세련된 가구 배치
커뮤니케이션/생산성	· 집중 환경 · ICT를 활용한 업무 효율화 · 대화 활성화	원부스, 적극적 업무를 위한 라운지, 최적의 공간거리 부스, 회사 외부에 대여 공간 등
유연한 플래닝	· 비용감소 · 단기계약 · 다양한 회원 플랜	가구가 세팅된 오피스, 시설의 공동이용, 주소 등기가 가능한 가상 오피스, 단기이용계약 등

출처: ㈜리얼게이트(2020)

직원을 배려한 오피스 환경은 생산성을 높인다

사무공간은 더 이상 부동산적 의미에서 단순한 장소가 아니고, 모든 비즈니스의 성장을 지원하는 환경이 될 것이다. 비즈니스를 성장시키려는 기업은 일하는 장소를 결정할 때 입자가 아니라 공간을 선택할 것이다. 직원의 창의성을 끌어내고 생산성을 올리고, 건강관리를 생각할 때 기업은 어떤 오피스 공간을 만들어야 할까? 영국 워크테크 아카데미의 이사 제라미 마이어슨은 4가지 요소를 제시한다.

첫째, 직원이 스스로 일을 통제할 수 있다고 느끼도록 해야 한다(통제감). 직원이 자유롭게 일하는 장소를 통제할 수 있도록 해야 한다는 의미다. 심리학자 크레이그 나이트는 화려한 오피스 환경보다 일하는 사람이 좋아하는 사물을 부착한 오피스 환경에서 작업의 실수가 줄어들고,

생산성이 높아진다는 연구결과를 발표했다. 자신의 사무공간에 예술품과 식물, 가족사진 등 개인 소유물을 주변에 장식하는 직원의 생산성이 16% 올랐다. 2010년 영국의 한 연구에서도 개인의 사무공간을 개인이 선호하는 스타일로 바꾼 직원은 그렇지 않은 직원보다 업무효율이 3분의 1이 올랐다.

기업인력의 고령화에 맞춰 다양한 세대의 사무공간 니즈에도 대응해야 한다. 앞으로 현역 세대의 인구는 크게 줄어들고 고령 인력과 여성이 대체 인력으로 사회에 진출할 것이다. 여성과 고령자, 장애를 가진 사람도 같은 장소에서 일할 수 있기 때문에 다양한 세대의 니즈를 충족하는 사무공간을 설계해야 한다.

연령과 성별에 맞춰 편하게 일할 수 있는 공간은 작업능률을 높이고 생산성도 올라간다. 통풍과 조명, 책상의 높이와 의자의 종류도 직원의 연령과 신체적 특성을 배려하여 설치하고, 사무실 어디에서나 자유롭게 일하는 장소를 선택하는 것도 생산성을 올리는 효과적인 대책이다. 일하는 시간과 업무 내용, 통근 수단, 워라밸 등 업무 전체를 직원이 통제할 수 있다고 느끼면 직원 만족도와 업무생산성을 동시에 높일 수 있다. RPA, 채팅로봇 등 업무지원 솔루션을 도입하여 부가적인 업무를 줄이며 본업에 주력하는 것도 직원이 업무를 통제하도록 지원하는 효과적인 방법이다.

둘째, 직원에게 메시지를 구현한다(메시징). 오피스는 직원에게 조직의 메시지를 보내고 있다. 조직이 직원을 어떻게 대우하고 있는지 기업문화를 보여주는 물리적, 비언어적 커뮤니케이션이다. 오피스의 공간 디자인 자체가 그 기업의 경영철학과 방침을 잘 반영하고 있다. 직원을 어떻게 배려하고 대우하고 있는지 바로 알 수 있다. 기업은 섬세한 공간 디자인을 통해 직원을 대우하는 자세를 보여주어야 한다. 조직의 철학과 방침을 고려한 공간 디자인은 직원의 몰입과 충성을 끌어내고, 그 조직에서 계속 일하고 싶게 할 것이다. 예를 들어 우버Uber는 거실같이 편한 사무공간을 두고 있다. 회사는 그 사무공간의 벽지와 가구의 인테리어를 세심하게 디자인하여 직원에게 고마움을 표현하고 있다.

무엇보다 오피스는 쾌적성이라는 메시지를 보내야 한다. 온도와 습도, 밝고 어두움은 신체적 쾌적성에 영향을 준다. 컴퓨터 화면이 빛을 반사하지 않고, 인간공학을 기초로 설계된 사무 가구를 갖춰 기능적 쾌적성을 유지한다. 또한 소속감과 애착심을 높이고 자신의 영역으로 느끼도록 하는 오피스 환경은 심리적 쾌적성을 높일 수 있다. 업무상 커뮤니케이션과 협력을 촉진하는 오피스 설계를 통해 직원에게 메시지를 보내는 전략을 생각해야 한다.

셋째, 기업과 상반되는 직원의 니즈를 연결해야 한다(Alignment). 직원에게 건강한 식품과 음료수를 제공하는 것은 소속 의식과 신뢰감을 준다. 최근 사옥의 테라스와 정원에 녹지대를 조성하는 직장이 늘어나고 있다. 녹지공간에서 음료수를 마시는 것은 직원의 개인적 니즈이고, 이익을 내고 싶은 기업의 니즈와 상반된다. 기업에 상반되는 직원의 니즈를 충족하여 성과를 올릴 수 있다면 결과적으로 기업에 이익이 된다.

넷째, 집중·협력·숙고할 수 있는 오피스 환경을 만들어야 한다(Refresh). 현재 지식노동자에게 필요한 오피스의 특징은 집중Concentration, 협력Collaboration, 숙고Contemplation 3가지다. 직원이 자료를 점검하고 철저한 분석을 위한 공간으로써 적합한 장치를 설치하고 배치해야 한다(집중). 자료를 공유하고 협력하여 새로운 가치를 창조하기 위한 팀별 공간을 마련해야 한다(협동). 자료와 차단되고 디지털 환경에서 떨어져 숙고하는 공간도 필요하다(숙고).

오늘날 지식노동자는 업무에 많은 피로감을 느끼고 있다. 업무시간 중에 긴장을 풀 수 있도록 충전할 시간이 필요하다. 인생 100세 시대에 생애 노동시간도 길어지고 있다. 직원이 생애에 걸쳐 오랫동안 계속 일할 수 있도록 정신적·육체적 건강관리를 지원하는 오피스 환경을 구축해야 한다.

일하는 시간과 장소를 자유롭게 선택하는 ABW 컨셉

직원이 자신의 업무나 상황에 따라 일하는 장소를 자율적으로 선택하는 일 방식 컨셉을 '활동기반 작업(ABW: Activity Based Working)'이라고 한다. 활동기반 작업이란 직원에게 일하는 방법, 장소와 시간을 자유롭게 선택할 권리를 주는 것이다. 사람은 일에 대한 선택권을 가질 때 최선의 일을 하고 개인의 재량을 최대한 활용한다. 모든 조직에 맞는 활동기반 작업의 공식은 없다. 1990년에 '베르데호엔'의 요란다 미한이 ABW 개념을 처음 개발하였다. 그는 네덜란드 도시에서 일하는 사람들은 높은 인구밀도와 교통체증을 고민하였다. 업무 형태에 영향을 줄 수 있는 테크놀로지의 등장을 좋은 기회로 생각했다. 요란다 미한은 오피스 중심의 획일적인 일 방식을 지적한다.

"우리는 5, 6세부터 학교에서 받은 작은 책상에 앉아 국어, 물리, 미술 등 모든 수업을 해왔다. 유아기부터 책상에 앉아 있는 생활에 익숙한 상태에서 그대로 직장에 취업한다. 그런 사람들은 일을 책상이나 회의실에서만 하는 것으로 생각하고 다른 방식은 인정하지 않는다.”

그는 지식노동자는 주 평균 10종류의 업무를 하기 때문에 개별 활동을 지원하는 환경에서 일해야 하고, 하나의 책상에서 모든 일을 하는 것은 불합리하다고 지적한다. 10가지 업무란 집중작업, 업무처리, 전화, 2인 작업, 대화, 창조적 작업, 정보처리, 정보정리, 정보공유, 휴식, 기술적 작업 등이다. 이런 모든 일을 하나의 책상에서 처리하는 것은 의미가 없다. 지식노동자의 폭넓은 활동을 지원하려면 각 업무에 적합한 환경을 마련해야 한다. 집중할 수 있는 환경, 기밀 유지에 적합한 환경, 팀워크를 발휘할 환경이 필요하다. 또한 휴식할 공간도 필요하다. 그러나 휴식을 업무 활동으로 생각하는 사람은 적다. 두뇌 휴식시간이 없이 8시간 이상 지적 노동을 하면 무리다. 사람은 기계가 아니기 때문에 휴식은 매우 중요한 업무를 위한 활동이다. 업무의 일환으로 휴식이 필요하다는 이념을 공유해야 한다.

활동기반 작업 개념이 제대로 기능하려면 직원과 조직이 서로 신뢰해야 한다. 기업은 직원에게 오피스 입지, 오피스 내부의 레이아웃, 오피스 내에서 일하는 장소를 자유롭게 선택할 권한을 주는 것이다.

자이막스부동산종합연구소는 직원이 오피스 내외에서 다양한 일하는 장소를 선택할 수 있을 경우 어떤 효과가 있는지 연구하였다. 재택근무, 텔레워크 거점에서 근무, 유연한 레이아웃이 있는 오피스 근무라는 3가지 요소의 유무가 직원의 일에 대한 만족도와 생산성 향상을 어느 정도 느끼는지 조사하였다. 이용할 수 있는 대책이 많을수록 만족도와 생산성 향상의 효과를 느끼는 확률이 높아졌다. 재택근무 도입이라는 부분적 대책보다 오피스 내외에 상관없이 다양한 사무공간을 선택할 수 있다는 것은 직원의 만족도와 생산성을 높이는 효과적인 수단이라는 사실을 알 수 있다.

나란히 배치된 고정석의 레이아웃을 바꾸고, 다양한 업무를 지원하는 다양한 공간을 마련하는 것도 업무생산성을 높이는 수단이다. 현재의 업무와 업무스타일에 맞춰 가장 적합한 시간과 장소를 선택하여 일할 수 있다면 만족도와 업무성과가 높아질 것이다. 기업은 프리어드레스 제도와 텔레워크를 오피스 비용을 줄이는 효과도 있지만, 활동기반 작업의 컨셉에 따라 직원의 만족도와 생산성을 올리는 수단으로 생각하고 활용해야 한다.

또한 직위와 연공서열이 아니라 직원의 필요성에 맞춘 사무공간의 운영전략은 기업의 모든 분야에서 혁신을 창출하는 기회가 될 것이다. 이러한 일 방식을 실현하려면 사무공간을 근본적으로 재검토하는 대책을 수립하고 기존의 업무 관행을 변혁해야 한다. 일에 따라 일 방식을 선택하는 활동기반 작업 환경은 조직의 혁신을 불어넣을 것이다.

현재 해외의 선진기업은 사무공간에 업무집중 공간, 휴식공간, 동료와 커뮤니케이션 공간 등을 갖추어 프로젝트에 따라 쉽게 공간을 바꿀 수 있는 가동식 레이아웃으로 구성하여 조직의 변화에 유연하게 대응하고 있다. 코로나 이후 한국에서 유연근무제를 실시하는 기업이 얼마나 늘어날지 알 수 없지만, 노동자가 선택할 수 있는 일하는 장소는 늘어날 것으로 보인다. 유연한 오피스도 집에서 가까워야 하지만, 직원이 적극적으로 선택하고 이용하고 싶도록 설계할 필요가 있다.

유연한 오피스 운영전략을 수립하라

글로벌 관점에서 볼 때 밀레니얼 세대(1980~2000년 출생 세대)의 영향으로 일하는 장소가 바뀌고 있다. 그들은 기업문화를 중시하면서 일하는 시간과 장소를 자유롭게 선택하고 싶어 한다. 기업은 젊은 세대의 니즈에 맞춰 일하는 장소도 다양하게 바꾸고 있다.

한편 한국은 고령사회로 들어가고 있으며 장래에 노동력 인구가 크게 감소할 전망이다. 장래에 노동력 부족을 메우기 위해 여성인력과 고령 인력이 지금보다 노동시장에서 오랫동안 활약할 수 있는 사회를 만들어야 한다. 다양한 인력을 활용하는 측면에서 장래에 유연한 일 방식은 고령사회의 중요한 대책이 될 것이다.

유연하게 일하는 방식을 도입할 때 일하는 사람도 의식을 바꾸어야 한다. 현재 텔레워크 도입했지만 회사와 직원 모두 무엇 때문에 일하는 시간과 장소를 유연하게 해야 하는지 이해하지 못하고 있다. 조직에서 유연한 일 방식에 대한 공감대가 형성되지 않고, 조직적 대책도 없이 새로운 일 방식을 경험했기 때문이다. 지금까지 사무실에 출근하여 책상에 앉아 있으면 어쨌든 일하고 있는 분위기였다. 일하는 장소와 시간이 바뀌면 직원은 스스로 언제 어디에서 어떤 일을 할지 의식하고 행동을 바꾸어야 한다. 당연히 관리자의 의식과 행동도 바뀌어야 한다.

물리적인 사무공간이 다양해지면 정보보안도 중요한 과제다. 무엇을 어디까지 직원의 재량에 맡기고, 어떻게 매니지먼트해야 할지 생각해야 한다. 일하는 장소가 유연하고 다양해지면서 발생하는 경영과제를 충분히 인식하고 대처해야 한다. 장래 우수한 인재를 채용하고 유지하는 측면에서 경영층은 일찍 결단을 내리고 유연한 일 방식을 도입해야 한다.

오피스 운영전략도 검토해야 한다. 기존 오피스는 입지, 임대료 단가,

오피스 면적(직원 수×1인당 면적) 기준으로 선택하고, 소유 또는 임차로 할지 결정한다. 현재 기존의 오피스 선택 방식 외에도 장소도 시간을 유연하게 이용할 수 있는 사무공간 서비스가 제공되고 있다. 다양한 사업자가 진입하고 서비스 메뉴도 다양해지고 있다. 기업은 누가 언제 어떻게 사용할지라는 관점에서 기존의 고정된 오피스(본사)와 유연한 오피스라는 2가지 방식을 효과적으로 활용할 수 있는 환경이 되었다.

한국의 오피스 구조는 아직 수직적 계층조직에 맞춰 설계되어 있다. 관리직의 매니지먼트 스타일을 바꾸지 않고 텔레워크라는 새로운 일 방식을 도입하면 위에서부터 개혁, 아래로부터 워라밸이라는 요구에 부딪혀 힘든 상황을 직면할지도 모른다. 일 방식을 바꿀 때는 경영층, 관리자, 일반직원까지 함께 의식을 바꾸고 제도와 시스템, 오피스 환경을 종합적으로 점검하고 대책을 세워야 한다.

앞으로 AI·IoT와 센싱 등 첨단 기술을 갖춘 오피스가 늘어나면 더욱 일하기 쉽고 한정된 시간에 성과를 내기 쉬운 오피스 환경을 만들 수 있다. 이러한 AI·IoT와 같은 테크놀로지를 일하는 장소에 적용하는 사례가 늘어나고 있다. 유연한 일 방식이 늘어나면서 누가 언제 어디에서 일하고 있는지 보이지 않는 상황에서 직원의 행동자료를 파악하고 대처해야 하는 과제가 있다. 최근에 기업의 유연한 일 방식과 업무추진을 지원하는 인사관리 시스템이 개발되고 있다.

휴머나이지Humanyze가 개발한 피플 어넬리스틱스People Analytics는 직원의 행동과 커뮤니케이션, 신체 자료를 측정하고 최적의 일 방식을 제안하여 조직을 개선할 수 있는 시스템이다. '마이크로소프트'는 업무의 생산성을 기업과 직원 모두에게 가시화하는 시스템을 개발하여 인사전략의 판단을 지원한다. 텔레워크의 도입에 따라 다양한 일 방식이 늘어나면 테크놀로지를 활용하여 업무 진행 상황과 생산성을 점검하는 것도 중요한 과제다. 투입하는 노동시간과 인력, 나오는 성과(가치)를 정량적으로 측정할 수 있다면 우리 사회에 텔레워크는 크게 확산될 것이다.

앞으로 당분간 시행착오는 계속될 것이다. 본격적으로 새로운 텔레워크를 선택하는 기업이 늘어나면서 우수한 사례가 나오고 그 성과도 검증될 것이다. 우수한 모범 사례는 더욱 유연한 일 방식을 촉진하는 기폭제가 될 것이다.

프랑스 기업에서 배우는 오피스 개혁

앞서 언급한 글로벌 대도시와 같이 최근 몇 년간 파리의 오피스 임대료도 상승했다. 마들렌, 생라자르, 오페라 부근의 임대료는 현재 한 평당 월 1,000유로, 데스크 당 연간 12,000~15,000유로로 매우 비싸다. 이렇게 비싼 오피스도 주말과 야근에는 사용되지 않고, 평일에는 영업시간에 외출과 출장 등으로 자주 비어있는 데스크가 많다. 5주간의 연차휴가를 감안하면 데스크는 연평균 117일 정도만 사용된다. 게다가 주 평균 1~2회의 텔레워크를 추가하면 오피스 이용률은 더 크게 떨어진다. 이렇게 사용하지 않는 오피스에 기업은 막대한 임대료를 부담하고 있다.

최근 이러한 많은 비용에 부담을 느낀 기업은 오피스가 반드시 필요한 직종 이외의 데스크 면적을 계속 줄이고 있다. 오피스 전체의 다운사이징, 오피스 공유 등으로 고정비용을 줄이고, 텔레워크와 공유오피스 이용을 늘리고 있다. 프랑스 '오라클'은 많은 거점을 폐쇄하고 직원은 자택에서 가까운 유연한 오피스에서 일하도록 했다.

관리자의 특권을 배려한 사무공간 전면 폐지를 시행한 기업 '엔지'

오피스 감소 시대에 직원이 가고 싶어 하는 오피스를 만드는 것이 중요하다. 사옥을 리모델링하고 전체 사무공간을 프리 어드레스제로 운영하거나 다기능 공간으로 바꾼 사례도 있다. 기업의 오피스 리모델링 프로젝트에 직원 대표자들이 참여하고 직원의 목소리를 반영하여 오피스를 만들었다. 바로 프랑스 에너지 국영기업인 '엔지ENGIE'라는 회사다. 엔지는 2016년부터 수평적이고 협력적인 일 방식을 실현하기 위해 본사 사옥의 리모델링 프로젝트에 착수했다. 직원에게 설문조사를 실시한 결과 오피스 공간의 60%가 쓸데없이 사용되고 있다는 것을 알았다. 특히 관리직의 오피스는 쓸모없이 많은 공간을 차지하고 있었다. 모든 관리직에 그 사실을 이해시키고, 모든 직원에게 오피스 개혁의 필요성을 설득했다.

또한 관리직을 특권계층으로 취급하는 사무환경 구조를 전면 폐지했다. 모든 층에 똑같은 인테리어와 오피스 가구를 배치했다. 부서별 업무 내용과 성격에 적합한 기능적 오피스 레이아웃으로 변경했다. 상시적 작업을 실시하는 지원업무 이외에는 개인 데스크를 폐지했다. 필요 없이 큰 회의실은 복수의 실용적 회의실로 분할하고, 모든 자료는 디지털화하고 종이 자료는 최소화하였다. 개인의 사물 보관함도 작은 서랍 하나로 축소했다. 이렇게 확보된 공간을 이용하여 이전보다 몇 배가 넓은 카페에 여러 명이 동시에 일할 수 있는 데스크를 설치했다.

오피스 개혁과 동시에 매니지먼트 방식과 조직 형태도 바꾸었다. 이전에는 부서마다 개별 프로젝트를 수립하고 경영층이 승인하는 체제였기 때문에 투명성이 부족했다. 그러나 개혁 후에는 서로 정보를 공유하고, 공동으로 프로젝트를 추진하는 횡단적 체제를 구축했다. 여러 부서에서 프로젝트의 관계자는 함께 일할 기회가 늘어나고, 업무의 투명성과 생산성도 동시에 상승하는 시너지 효과가 나타났다.

발상의 전환, 철도역을 텔레워크 공간으로 바꾼 'SNCF'

영국의 경제경영연구소(CEBR)는 2014년 여론조사기관 오피니움Opinium과 함께 텔레워크의 경제적 효과를 조사했다. 텔레워크를 희망하는 프랑스 노동자 중에 92%는 주 2일 텔레워크를 희망하는 것으로 나타났다. 텔레워크를 통해 프랑스 경제는 연간 98억 유로의 지출을 줄일 수 있고, 그 금액은 프랑스 GDP의 0.5%에 해당한다고 했다. 또한 주 2일 텔레워크로 노동자는 연간 17억 유로, 약 4,700만 시간을 절약하는 효과가 있다고 발표했다.

프랑스는 국가 경제에 효과가 크고, 수많은 직장인이 교통지옥에서 탈출할 수 있는 텔레워크에 높은 관심을 보이고 있다. 프랑스는 철도로 통근하는 직장인이 유난히 많다. 최근 파리의 집값이 계속 상승하자 교외로 이사한 직장인의 통근 시간이 길어졌다. 혼잡한 통근열차와 직장인의 통근 스트레스는 중대한 사회적 문제가 되었다. 그 문제의 현실적 해결 수단은 텔레워크와 공유오피스였다.

프랑스 국철기업 'SNCF'는 어느 기업보다 먼저 극심한 교통지옥 문제해결에 착수하였다. 통근 스트레스를 줄이기 위해 직원용 공유오피스 프로젝트를 실시했다. SNCF가 보유하는 빌딩과 역실 내 빈 공간에 공유오피스를 마련하고 부근에 사는 직원의 텔레워크 거점으로 제공했다. 파리 교외의 주요 역 10개소에 설치된 공유오피스에서 부근에 사는 직원은 매일 파리에 출근하지 않고도 일할 수 있다. 이 공유오피스에 매일 20명 정도가 텔레워크로 일하고 있다.

공유오피스는 자택도 오피스도 아닌 제3의 장소, 재택근무와 오피스 근무의 중간에 위치하고 있다. SNCF는 자택에서 텔레워크로 일할 때 근무환경 규정을 명확하게 설정하고 있다. 어린 자녀가 있거나 안전한 인터넷 환경이 없는 직원은 텔레워크로 일할 수 있다. 공유오피스는 재택근무 환경이 열악한 직원에게 매우 편리하게 일할 수 있는 장소다.

2016년부터 외부용 공유오피스 사업 "Work & Station"을 추진하였다. 통근에 따른 극심한 교통혼잡 문제를 해결하려는 대책이다. 많은 직장인이 통근에 이용하는 급행열차는 자주 연착되기 때문에 통근 시간이 길어지고 육체적 스트레스가 크다.

"Work & Station"은 4가지 형태가 있다. 설치하는 역의 공간상황, 그 지역의 특성과 고객에 따라 형태를 선택하고 있다. 사용료가 무료인 가장 작은 형태인 "마이크로 공유오피스"는 파리 수도권에 있는 역 절반 이상에 설치되어 있다. 가장 큰 형태는 비즈니스센터다. 주요 역 부근에 있는 역사적 건축물의 공간을 활용하여 대규모의 공유오피스를 만들고 있다. 역에서 파리 시내로 나갈 시간도 아껴야 하는 직장인은 고객과 미팅을 역내에서 완결할 수 있기 때문에 많은 혜택이 있다.

마이크로 공유오피스와 비즈니스센터의 중간에 위치하는 형태도 있다. 수도권 주변의 주요 역내의 역장 숙소와 역 주변의 대지에 건축된 공유오피스다. 개인사업자와 예비 창업자가 주로 활용하고, 일반기업도 텔레워크 장소로 활용하고 있다.

'국제워크플레이스그룹(IWG)'은 2014년부터 프랑스에서 공유오피스 사업 "Stop & Work"을 추진하고 있다. 현재 10개 거점은 모두 파리의 교외에 있다. 프리랜서와 개인사업자 등 개인이 주요 고객이다. "Stop & Work"는 오픈 후에 2~3개월 만에 만원이 된다.

이 공간은 지역경제에도 공헌하기 때문에 지방 도시의 시장이 지역에 오피스를 유치하는 사례가 늘어나고 있다. 지자체는 세금을 확보하고, 교외에 사는 사람은 일부러 파리로 나가지 않고서도 일할 수 있어

지역의 소비 창출에도 기여한다. 파리 근교의 지자체가 보유한 도서관, 영화관, 회의장의 대지와 건물은 효과적으로 이용되지 않고 있다. 이러한 장소에 사무공간을 만들면 지역 커뮤니티가 구축되고 지역경제에 활력을 불어넣을 수 있다.

텔레워크의 보급으로 일하는 장소의 제약이 없어지면 일하는 장소를 도시에 집중할 필요는 없다. 앞으로 도시와 지방의 환경은 바뀔 가능성이 있다. 기업의 오피스는 단순한 작업장이 아니라 다양한 가치와 역할로 고도화될 가능성이 있다. 앞으로 노동력 감소와 업무의 자동화, 로봇 등장 등 다양한 요인으로 일하는 장소는 바뀔 것이다.

텔레워크 일 방식은 노동자의 권리다

프랑스는 매우 대담한 노동정책을 펴고 있는 나라다. 1998년에 주 35시간 노동제도가 대표적이다. 또한 1990년대 일찍부터 노동의 디지털화를 추진하였다. 2017년에는 취업활동개인계좌(CPA)를 도입했다. 노동자는 취업으로 확보하는 사회보험과 노무 권리를 포인트화하여 자신의 계좌 CPA에 저축하고, 포인트를 더 유연하게 활용할 수 있다. 최초 취업할 때 CPA를 개설하고 퇴직까지 전체 커리어를 통해 동일한 CPA를 보유한다. 노동시간 저축계좌에 사용하지 않는 휴가를 저축하고 이용할 수 있는 등 노동시장에서 노동자 권리의 이동성을 높이는 대책이다.

프랑스에서 기업이 유연하게 텔레워크를 도입한 역사적·사회적 배경이 있다. 2008년 금융위기 이후 많은 기업이 비용 절감을 위해 도시의 사옥을 교외로 이전하고 직원의 통근 스트레스를 줄이기 위해 텔레워크 도입을 논의하였다. 2009년 전국에 독감이 만연하자 긴급대책으로 재택근무를 실시한 것이 텔레워크를 본격적으로 도입한 계기가 되었다. 2012년에 텔레워크에 관한 조항을 노동법에 포함하고, 디지털 기술을 활용한 새로운 일 방식으로 제시되었다. 2016년에는 대기오염 문제가 발생하자, 정부는 자동차 통근을 규제하였다. 교통규제는 직원의 자동차 통근에 영향을 미치고, 기업은 텔레워크를 인정할 수밖에 없었다. 이러한 우발적 사건이 텔레워크 침투에 큰 영향을 주었다.

무엇보다 마크롱 정권은 텔레워크 추진 확대에 박차를 가하였다. 프랑스 마크롱 정권은 노동법을 개정하여 텔레워크로 일하는 것을 노동자의 권리로 인정했다. 2017년에는 노동법전에 텔레워크를 노동자의 권리로 정하고, 고용주는 텔레워크 신청을 거부할 때 정당한 거부 이유를 제시할 것을 의무화하였다.

법 제도를 넘어 노동자의 유연한 일 방식의 중요성을 인식한 프랑스 기업도 다양한 제도를 통해서 일 방식을 개혁하고 있다. 현재 프랑스에서 2,000만 명의 노동자가 정기적으로 텔레워크로 일하고 있다. 2019년에 70만 명이 늘어났고 계속 증가할 전망이다. 텔레워크 일 방식을 제시하지 않으면 우수한 젊은 인재를 채용하기 어려운 환경이 되었다.

프랑스의 일 방식 개혁 사례는 많은 선진국의 주목을 받고 있다. 그중 하나가 2017년 1월에 실시한 "연계하지 않을 권리(The right to disconnect)"이다. 노동자가 근무시간 외, 휴일에 상사와 동료, 거래처와 업무상 메일 등의 대응을 거부할 수 있는 권리다. 노동자의 사생활을 최대한 보호하는 취지의 제도다.

프랑스에는 주 2회의 텔레워크를 도입한 기업이 많다. 취득일 수가 많으면 인간관계를 형성하기 어렵거나 고립되기 쉽다고 판단하기 때문이다. 2009년 프랑스 전략분석센터(CAS)는 텔레워크 일수를 주 1~2회로 할 때 생산성이 가장 높아지고, 주 5일을 텔레워크로 운영하면 직원은 고립되고 생산성은 오히려 떨어진다고 분석했다. 또한 텔레워크를 이용하는 직원의 비율이 적어도 20~30%를 넘는 단계에서 기업의 부동산 비용과 대중교통 비용을 절감하는 효과가 크다고 발표했다.

지방에서 기업의 효율과 가치를 발견하다

텔레워크로 지방의 우수인재를 활용하다

인구가 감소된 지방을 활성화하려면 인구를 늘려야 한다. 수도권이나 다른 도시에서 인력을 불러들이거나 다른 지역으로 인구 유출을 억제하는 두 가지 방법이 있다. 지금까지 지자체는 대규모 공장을 유치하거나 지역 특성을 살린 관광상품을 만들어 지역경제를 살리고, 인구를 유입하는 전략을 사용했다. 그러나 기업은 노동력이 풍부하고 입지 조건이 좋은 해외로 공장을 이전하였다. 차별화된 관광상품으로 성공한 지자체는 그렇게 많지 않다. 여전히 지방의 수많은 젊은 인재는 일자리를 찾아 수도권으로 이동하고 있다.

결국 지방에 일자리를 늘리는 대책으로 요약된다. 지방에 일자리를 만들려면 지역에서 새로운 산업을 일으키거나 기업이 들어와야 한다. 쉽지 않은 문제이고, 대책이 있어도 오랜 시간이 걸린다.

그렇다면 발상의 전환이 필요하다. 텔레워크 일 방식을 활용하는 것이다. 텔레워크를 활용하면 지역에 인재를 불러들일 수 있다. 즉 진학과 취업을 위해 도시로 떠날 수밖에 없었던 인재는 지방의 출신 지역과 친근한 지역에서 일할 가능성이 있다. 도시 생활을 원치 않는 사람은 지방에 살고 싶은 지역으로 이주를 촉진할 수도 있다. 텔레워크로 지방에서 고용이 늘어나면 지역에 정착하는 사람도 늘어날 것이다. 현재 지방에 사는 사람은 취업하러 대도시로 가지 않고 그동안 익숙한 지역에서 일할 수 있는 장점도 있다.

문제는 취업을 제공하는 기업이 지방에 오피스를 두는 인센티브가 필요하다. 일하는 사람도 지역에서 일할 만큼 명확한 인센티브가 필요하다. 기업과 사람에게 명확한 인센티브가 없다면 지방에서 일자리가 만들어지지 않는다.

그럼 기업 입장에서 지방에서 텔레워크를 통한 취업 활용 대책은 어떤 효과가 있을까? 기업의 경영자는 지방에 오피스를 두는 인센티브가 없다면 지역에 진출하지 않을 것이다. 지방에서 텔레워크 일 방식을 제공하는 것은 직원에게 워라밸을 지원하고 우수한 인재를 확보하는 효과가 있다. 사람들은 주로 도시에 거주하는 직원을 대상으로 텔레워크를 생각한다. 그러나 텔레워크를 통한 취업은 거리와 관계가 없다. 설령 원격근무가 지역에 영향을 미친다고 해도 업무에는 차이는 없다. 전국으로 사업을 확장하려는 기업에 직원이 전국의 거점에 있으면 장점이 많다. 원격지에 영업소나 사무소를 설치하는 비용은 적지 않다. 하지만 지방에 있는 인재를 채용하여 지역의 자택에서 일하도록 하면 많은 비용을 절약하는 효과가 있다.

노동자가 지역에서 일하는 인센티브는 뭘까? 일단 텔레워크 환경에서 자유롭게 일하면서 워라밸을 개선할 수 있다. 무엇보다 제도의 혜택을 어떻게 활용할지는 개인의 인생 비전에 달려 있다. 현역 세대 중에 정년퇴직 후에 지역에서 살고 싶거나 취미를 즐기며 살고 싶다는 인생 비전을 가진 사람이 많다. 정년까지 도시에서 열심히 일하며 피로가 누적된 사람은 지방의 전원환경에서 편하게 살고 싶어 하는 것은 당연하고 인간적이다. 현재 수도권 대도시에서 높은 임차료를 부담하며 힘들게 직장생활을 하는 젊은 세대가 많다. 또한 비싼 주택비용 때문에 대도시에서 살기 어려운 젊은 인재도 많다. 이러한 사람들에게 지방에서 텔레워크 환경은 좋은 기회가 된다. 지방에서 장소를 선택하여 일할 수 있다면 현역 세대는 굳이 도시에서 높은 비용을 치르며 정년까지 거주할 필요가 없다. 젊은 시절부터 지역 정보를 수집하고, 매력이 느껴지는 지역으로 이주할 것이다. 지금까지 취업을 희망하는 학생들은 주로 도시의 기업에 취업해왔다. 그러나 지역에서 살면서 가까운 곳에서 도시 기업에 취업할 수 있다면 여유 있게 장래 커리어를 설계할 수 있다. 매력적이고 정든 지역에 살고, 지역에서 일하면서 자유로운 시간을 보낼 수 있는 인센티브가 있다면 노동자는 지방으로 진출할 것이다.

살고 싶은 지방의 위성오피스에서 일하기

살고 싶은 지역에서 자유롭게 일하는 것은 이상적일까? 이런 발상에 의문을 제기하는 사람도 있을 것이다. 실제로 그런 혁식적인 발상은 현실에서 일어나고 있다. 최근 일본의 지방에서 위성오피스를 설치하는 기업이 늘어나고 있다. 예를 들어 'NEC'는 와카야마현 시라하마쵸에 위성오피스를 설치하였다. 지역과 제휴하고 ICT를 활용하여 지역 활성화에 공헌하는 신규사업을 추진하기 위해 위성오피스를 전략적 텔레워크 사업거점으로 활용하고 있다. 후쿠이현 사바에시는 지방의 빈집을 위성오피스로 수선하고 있다. 흥미가 있는 기업에 공개하고, 일정 기간 위성오피스에 근무하며 실험할 수 있는 투어도 개최하고 있다.

기업이 위성오피스 설치에 관심을 가지는 이유는 뭘까? 무엇보다 총무성과 지자체가 협력하여 적극적으로 기업에 홍보하고 인센티브를 주기 때문이다. 일본 정부는 지방의 위성오피스 설치를 적극적으로 지원하고 있다. 지자체와 기업의 매칭 기회를 제공하고 시험 위성오피스 유지대책에 필요한 비용도 지원하고 있다. 2019년부터는 지역 IoT 구현 추진사업으로 텔레워크 환경정비를 지원하고 있다.

2018년부터 시험 위성오피스 매칭 사업을 실시하고 있다. 도시(본사)에 있는 기업이 지방에 위성오피스를 설립하고, 기업이 지방에 있는 위성오피스를 시험 삼아 이용하는 제도다. 여러 지자체는 도시의 기업 니즈에 맞게 위성오피스를 설치하는 대책을 추진하고 있다. 총무성은 대기업의 위성오피스 니즈를 조사하고, 각 지자체는 기업의 니즈에 맞춰 위성오피스를 설치하여 다른 지역의 기업을 유치하고 위성오피스에서 텔레워크로 일하는 직원을 불러온다. 대기업은 실제 지역에 설치된 위성오피스를 탐방하거나 시험 삼아 근무해볼 수 있다. 그리고 다시 기업요구에 맞춰 업무환경, 입지환경, 생활환경을 고려한 유치전략을 점검한다. 2020년 시점에 34개 지자체에서 시험 위성오피스를 설치하고 있다. 무엇보다 일하기 좋은 환경을 만들고 우수한 인재를 확보하기 위해 대책이다.

도시의 기업은 지방에 위성오피스를 개설할 경우 회사의 니즈에 맞는 지역을 선택한다. 예를 들면 어떤 기업은 녹지공간이 풍부한 지역에서 일하고 심신을 휴식할 수 있는 지역을 선택한다. 생활 편리성을 중시하여 시내에 위성오피스를 설치한 지역을 선택할 수도 있다. 어떤 기업은 위성오피스를 통해 지방에 있는 인재를 확보하고 있다. 도시에 있는 기업이 우수한 인재 확보에 유리하다는 통설이 있다. 하지만 실제로 우수한 인재는 도시와 지방에 관계없이 전국 각지에 흩어져 있다는 점에서 지방에 위성오피스를 설치하는 의의가 있다.

지자체는 대도시와 같은 ICT 환경을 제공하는 데 중점을 두고 있다. 도쿠시마현 카미야마초는 지역과 정보격차를 해소하기 위해 온라인 네트워크를 정비하여 통신속도를 도쿄 도심지보다 높였다. 네트워크 환경정비를 통해 도시 기업의 관심을 끌자 위성오피스를 설치하는 기업이 나타났다. 즉 지역의 네트워크 환경은 기업이 위성오피스 설치의 중요한 동기가 된다는 점을 알 수 있다. 지방의 좋은 자연환경을 내세워 위성오피스를 설치한 사례도 있다. 아키타현 오다테시는 자연의 풍부한 야산에 있는 집과 건물에 위성오피스를 설치하였다. 산속에 네트워크 환경이 정비되어 있어 업무를 충분히 할 수 있다.

시험 위성오피스는 지역 활성화를 위해 수도권에서 떨어진 지방에서 주로 이용하고 있다. 그러나 대도시에서 가까운 지역도 시험 위성오피스 제도를 이용하는 사례가 있다. 대도시에서 교통이 편리하고 생활환경이 쾌적하기 때문이다.

기업이 위성오피스를 선택하는 이유가 있다. 인재를 쉽게 확보하면서 상권도 전국 요충지로 확대할 수 있기 때문이다. 대도시의 고정임대료가 비싼 사무실을 줄이고, 지역 분산을 통해 사업위험을 줄일 수 있다. 이에 일부 기업은 총무성이 실시하는 이주 교류회와 시험 위성오피스 제도를 이용하고 있다. 이주 교류회는 수도권에서 지방으로 이주하려는 사람을 대상으로 하는 이벤트다. 실제로 이주해 생활하는 사람의 체험담을 듣고 지역 도우미 등과 토론모임, 시험 위성오피스를 소개하는 프로그램이다. 시험 위성오피스를 설치한 지자체는 텔레워크를 실제로 체험할 기회를 제공한다. 위성오피스를 검토하는 기업은 필요한 정보를 얻을 소중한 기회다.

'㈜아라타나'는 온라인 상거래 구축에 주력하는 IT 벤처기업으로 미야기현에 거점을 두고 설립되었다. 2015년에 도쿄에 위성오피스를 설치하였다. 고객의 90%가 도쿄에 본사를 두고 있어 고객과 물리적 거리를 느끼지 않도록 텔레워크를 적극적으로 활용하였다. 애초 이 회사는 미야기현에서 인재 유출을 막고, 고용을 창출하기 위해 지방에 본사를 세웠다. 실제로 많은 직원이 미야기현 출신으로 인재 유출 방지에 기여하였다.

시스템 개발회사인 '㈜엔가와'는 2011년 동일본 대지진을 계기로 도쿄에 인구가 과도하게 집중된 위험을 피하고자 도쿠시마현에 위성오피스를 설치하였다. 도쿄에서 떨어진 지역에서 업무를 하는 것이 불안했지만, 충실한 네트워크 환경으로 도쿄와 동일한 업무를 추진할 수 있었고 고객의 불만도 없었다. 본사와 위성오피스 구조를 대등하게 취급하는 것이 성공비결이었다. 구체적으로 어느 오피스에서도 똑같이 작업할 수 있고, 오피스 차이에 의한 인사평가와 급여 차이가 없도록 하여 위성오피스에서 일하는 직원들이 불안을 느끼지 않도록 했다.

위성오피스는 기업의 사업니즈에 따라 다양한 목적으로 이용되고 있으며, 그 수요는 계속 확대되고 있다. 기업은 신규 점포와 영업소를 개선하는 것보다 비용을 억제하면서 직원이 일하기 쉬운 장소를 확보할 수 있다. 위성오피스를 적절하게 배치하여 네트워크로 연결하고, 이용자가 실시간으로 커뮤니케이션할 수 있는 환경을 정비하면 장래에 전 직원이 한 장소에 모이는 대규모의 오피스는 필요가 없어진다. 기업은 싼 임대료와 통신비로 이익을 늘리고, 사업의 계속성을 확보하는 대책으로서 장점이 있다. 실제로 프로그래머, 디자이너 등과 같은 크리에이티브 업종에 근무하는 사람은 시간 제약에서 해방되어 풍부한 자연환경에서 창의성을 발휘할 수 있다.

또한 직원의 이직을 방지하는 효과도 있다. 직원이 이직하면 새로운 직원을 채용하고 교육하는 비용이 들고, 지식과 노하우가 전수되지 않는다. 이직자 중에는 파트너의 전근이나 부모의 간병 등으로 이직하는 사람도 있다. 만약 위성오피스가 있다면 그러한 인재가 떠나지 않고 편리한 지역에서 일할 수 있다. 일하는 선택지가 넓다는 것은 회사에 매력이 되고 직원의 이직을 방지하는 데 도움이 된다. 직원이 자주 방문하는 고객의 가까운 위성오피스를 설치하면 직원은 보고서 작성을 위해 회사로 복귀할 필요가 없고 비용도 줄일 수 있다. 이동시간을 다른 업무와 고객 서비스에 충당할 수 있다. 업무효율과 생산성을 높일 수 있다. 그래서 많은 지자체는 주로 고용 창출을 목적으로 지역 유치를 추진하고 있다. 지역주민과 다른 가치관과 특기를 가진 사람들과 교류를 통해 커뮤니티를 활성화하고, 지역의 문제를 해결하려고 한다. 이러한 문제를 해결하기 위해 위성오피스와 벤처기업을 적극적으로 유치하고 있다. 예를 들어 도쿠시마현 미나미쵸는 지역에 위성오피스를 설치한 복수의 IoT 관련 기업, 교육기관, 지자체로 구성된 컨소시엄을 설립하였다. 위성오피스와 벤처기업이 직접 지역의 과제를 수렴하여 해결하고 있다. 지역에 진출한 벤처기업은 고령자 안부 시스템과 피난로 유도 앱을 제공하고 있다.

2010년부터 가미야마초에 클라우드 명함관리 'Sansan'이 진출한 후 '덩크소프트', '브리지디자인'도 위성오피스를 설치했다. 이주교류 지원센터는 실제로 살아보면서 주택을 찾거나 시험 삼아 일을 해볼 수 있는 제도를 운용하고 있다. 진출기업에 이주지원금과 주택수선비용을 지원하고 있다.

2012년 미나미쵸에 위성오피스 '미나미라보'가 설치되었다. 이 회사의 사장이 고향에 위성오피스 실증실험 사업으로 설치하고 지역과 함께 성장할 수 있었다. 이런 성공사례의 계기로 2019년에 진출기업이 19개로 늘어났다.

이처럼 위성오피스는 고향에서 떨어져 대도시에서 일하고 있는 지방

출신자의 다시 돌아오는 U턴, 도시 출신자의 지방으로 취업하는 I턴의 기반이 된다. 미나미쵸의 사례처럼 전통가옥을 개조한 편안한 오피스와 그 주변을 둘러싼 자연환경에서 취미와 일이 단절되지 않고 경계가 없는 편안한 환경은 업무집중력을 높일 수 있다. 여유 있고 편안한 환경에서 창의성이 높아지고 혁신적인 아이디어를 발굴할 수 있다.

[위성오피스의 다양한 효과]

지역	· 지역 과제를 발굴하고 해결할 수 있는 기회 창출 · 지역의 고용 창출과 유휴시설 활용 · 관계인구와 이주자 증대, 지역 커뮤니티 활성화
기업	· 지역과제해결을 통한 기업가치 창출 · 생산성 향상 및 비용감소(임대료 및 통신비 등) · 지방의 우수한 인재 확보(이직 방지) · 사업의 계속성 확보(BCP)
취업자	· U턴, I턴 실현 · 일과 육아, 간병, 치료의 양립 가능 · 통근 시간 단축으로 업무 효율화, 스트레스 감소

이렇게 일본은 지방의 인구감소를 막고, 기업의 인력부족 문제를 해결하고 있다. 또한 지역경제를 활성화하기 위해 지방에 위성오피스를 적극적으로 유치하고 있다. 지방의 위성오피스 유치 정책은 일본정부, 지자체, 기업 간에 긴밀한 협력과 역할분담을 통해 추진되고 있다. 이처럼 텔레워크라는 일 방식을 인구문제 해소라는 차원으로 더욱 확장하여 활용하는 일본의 전략은 한국의 지자체에게도 시사하는 바가 매우 크다. 필자는 지방의 인구감소에 대처하는 일본의 지자체 사례를 더욱 생생하게 전달하고자 부록에 더 풍부한 내용을 담았다. 관심있는 독자들은 참고하기 바란다.

워케이션을 복리후생으로 활용하는 기업

텔레워크의 또 다른 유형인 워케이션이 새로운 일방식으로 등장하고 있다. 워케이션은 미국에서 이미 10년 전부터 사용되고 있다. 워케이션이란 일(Work)과 휴가(Vacation)을 합성한 신조어다. 일반적으로 휴가를 겸한 리조트 지역 등에서 비일상적인 여행지에서 일하는 것을 의미한다. 그러나 단순히 유급휴가 기간 중에 일을 한다는 의미가 아니라 근무 장소를 묻지 않고 즐기면서 일하는 방식이 진정한 워케이션의 의미이다. 즉 리조트 지역에서 머물며 일하면서 관광도 즐길 수 있다.

워케이션을 활용하면 일을 쉬지 않고도 가족이나 지인과 여행하는 시간을 확보할 수 있다. 예를 들어 어떤 사람이 유급휴가를 사용하여 해외여행을 할 때 일을 해야 하는 날이 있어 3일간의 숙박 후에 귀국을 계획했다. 그러나 해외여행에서 워케이션으로 일하면 귀국하지 않고 1주일 동안 해외여행을 할 수 있다. 부모의 건강이 좋지 않을 때 본가에 귀향하고 싶지만 유급휴가를 전부 사용하면 워케이션을 사용할 수도 있다. 특히 미국에서는 기분 전환을 위해 장소를 바꾸어 일하는 제도로 워케이션을 이용하는 사람도 많다. 휴가와 합치지 않고 취득하는 경우도 많다고 한다.

워케이션은 직원의 유급휴가 취득을 촉진할 수 있다. 휴가처에서 일할 수 있기 때문에 유급휴가 취득률이 올라갈 수 있다. 유급휴가를 촉진하여 직원의 업무효율이 올라가고 생산성을 올릴 수 있다. 기업의 새로운 업무스타일이 도입되어 직원에게 선택지를 늘리면 외부에 기업의 브랜드 가치도 높아진다.

공익법인 일본교통본사는 국민의 여행 의식을 조사했다. 2018년에 여행을 하지 않았던 이유로 일 때문에 휴가를 쓸 수 없었거나 가족과 휴일이 겹치지 않았다는 사람이 65.1%를 차지했다. 실제로 한국기업의 직장인들도 바쁜 업무와 동료의 눈치 때문에 휴가를 쓰지 못하는 사람이 많다. 개인적으로 가서 하는 일을 회사가 인정한다면 휴가를 쓰기 쉬울 것이다. 젊은 세대는 워케이션을 활용하여 연차휴가를 소화하거나 장기휴가를 쓸 것이다. 워케이션으로 휴가를 쓰기 쉽게 한다면 관광수요도 늘어날 가능성이 있다.

복리후생의 일환으로서 이미 워케이션을 도입하고 있는 기업도 있다. 장소를 묻지 않는 유연한 일 방식이 직원의 정착에 기여하고, 여행지에서 휴식하면서 생산성이 높아지면 새로운 아이디어와 혁신 창출의 효과도 기대할 수 있기 때문이다. 워케이션을 선구적으로 도입한 '일본항공'은 워케이션을 통해 휴가를 쓰도록 하는 대책을 추진하고 있다. 2015년에 재택근무를 도입하고, 2016년에는 자택 이외의 지역에서 근무를 인정하고 있다. 일하는 장소를 자유롭게 선택하도록 2018년부터 워케이션을 도입하였다. 워케이션은 직원의 창의성, 발상력, 생산성을 높이고, 자유롭게 자율적으로 일할 기회를 준다. 그리고 유능한 인력에게 기업의 매력을 높이는 효과도 있다. 2019년 워케이션을 도입한 '유니리버 재팬'은 지자체와 제휴하고 워케이션을 통해 지역 과제를 해결하는 등 CSR 추진 수단으로 활용하고 있다.

최근 'NTT경영연구소', 'JTB', '일본항공'은 워케이션의 효과를 실험하였다. 워케이션은 회사에 대한 애착과 소속 의식을 높인다는 결과가 나왔다. 워케이션을 실시할 때 업무성과는 20% 높아지고, 업무 스트레스는 37.3% 감소하는 효과가 나타났다. 워케이션이 끝난 후에도 5일간 그 효과는 지속되었다.

디지털 노마드 시대

전국을 유랑하며 살 수 있는 서비스가 있다. '어드레스ADDress'라는 기업은 정액제의 전국 거주 무제한 서비스를 제공하고 있다. 코로나 사태로 사업이 크게 확장되고 있다. 이 회사는 전국의 유휴주택과 이용자를 매칭하는 공간쉐어링 서비스를 제공하고 있다. 회원은 월 4만 엔(법인회원 8만 엔)을 지급하면 어드레스가 보유한 전국 50개의 물건에서 자유롭게 생활할 수 있다. 최대 한 개 룸을 14일까지 사용할 수 있다.

어드레스사의 회원 중 절반은 회사원이다. 지금까지 자영업자와 프리랜서 등 자유롭게 일하는 직종이나 세컨드 하우스로 어드레스의 물건을 활용하는 부유층이 회원이었다. 코로나 사태로 최근 급격하게 회사원이 늘어났다. 신규 회사원을 보면 비교적 적극적으로 텔레워크를 추진하는 IT 직종이 많고 80%는 독신이다. 지방에서 새로운 생활을 하고 싶어도 모르는 지역에서 주택을 구입하고 임차하기는 쉽지 않다. 그 전에 어드레스가 제공하는 물건에서 살아보려는 사람 때문에 수요가 늘어나고 있다. 주택을 소유하지 않고 여러 지역을 돌아다니며 자유로운 생활을 하는 회원은 20% 정도다. 대부분 주택을 소유하고 세컨드 하우스로 어드레스 물건을 활용한다.

2030년까지 물건 20만 건, 회원 100만 명을 목표하고 있다. 그 목표는 도시와 지역의 인구쉐어링, 즉 관계인구의 확대를 근거로 하고 있다. 텔레워크가 지방에 침투하면 관계인구가 늘어날 것을 예상하고 있다. 기업이 다양한 일 방식을 활용하면 도시의 인재가 지방에서 활약할 기회가 늘어난다. 기업법인이 크게 늘어나면 지방으로 오는 인력 규모가 커질 것이다.

어드레스는 리노베이션, 내장품, 이동 등 다양한 업종과 협력하여 새로운 경제권을 구축하고 있다. 호텔과 여관 등 기존 숙박시설과 제휴하여 호텔 생활을 추가한 새로운 다거점 생활을 제공하고 있다. 다거점 생활을 지원하기 위해 ANA와 제휴하여 정액제 국내 항공권을 시작했다. 회원은 국내선 지정편을 편도 월 4회 이용할 수 있다(3개월 계약 월 3만엔, 2개월 계약 월 3만 5,000엔, 1개월 계약 월 4만엔). JR서일본과 JR동일본과 자본업무 제휴를 했다. 정액제로 신칸센과 특급을 이용할 수 있는 실증실험도 하였다. 역과 항공에서 최종 목적지까지 도착하는 교통편을 제공하기 위해 쉐어링 서비스를 비롯한 다양한 업계와 파트너를 모색하고 있다. 물건 개척은 지방의 빈집 문제를 해결하기 때문에 지자체와 상점도 주목하고 있다.

위성오피스는 기본적으로 다거점 생활을 지원하는 인프라 역할을 한다. 앞에서 언급했듯이 관계인구는 지역과 그 지역주민(단체)과 다양한 관계를 맺고 있는 사람이다. 지자체가 서로 인구(주민)를 빼앗지 않고 지역발전을 추구하는 효과적인 컨셉이다. 위성오피스는 도시와 복수의 지역거점을 왕래할 수 있는 환경을 제공하고 지역과 계속 연계를 유지하는 사람들을 끌어들이는 역할을 할 것이다. 또한 처음에 정주를 전제로 하지 않고 단기간 시험적으로 지역에서 일하거나 생활하고 나서 마음에 들면 연장하거나 정주하는 단계적 이주를 위한 전초단계에서 위성오피스는 효과적이다.

일본에서 위성오피스를 도입한 기업은 많지 않지만 점차 확대되고 있다. 2017년 대도시의 기업 중 7.8%가 위성오피스를 도입했고, 27.5%는 위성오피스 도입을 긍정적으로 검토하였다. 대기업과 광고, 조사, 정보서비스업에서 위성오피스를 도입을 긍정적으로 생각했다.

출처: Travel Voice(2020. 6. 22)

chapter

03

과감한 결단, 믿음과 자율성이 성과를 만든다

재택근무로 직원이 게으름을 피우지 않을까? 이처럼 현 상황을 불안해 하는 관리자들이 많다. 성선악에 입각해 생각하면 관리자의 눈이 미치지 않는 상황에서 근로시간에 일하지 않고 게으름을 피운다고 의심한다. 직원은 회사에 소속되어 있고, 상사의 사전 승인 없이 자택이라는 근무지를 이탈하면 근무수칙 위반이라는 사고가 깊이 배여 있다. 상사는 명령하여 부하에게 일을 시키고 감시하는 낡은 패러다임에서 벗어나지 못하고 있다.

VUCA 시대와 자율형 조직의 생존력

대기업병에 빠진 조직

1994년에 출간된『대기업병』(삼성경제연구소)이라는 책이 있다. 비대해진 거대 조직에 나타나는 관료주의, 부서 이기주의, 의사소통 단절 등의 문제를 다룬 책이다. '대기업병'은 안타깝게도 부정적인 의미를 품고 있다. 위키피디아는 대기업병을 다음과 같이 정의하고 있다.

"주로 대기업에 나타나는 비효율적인 기업체질이다. 조직이 커지면서 경영자와 직원의 의사소통이 불충분하고, 결과적으로 조직 내부에 관료주의, 파벌주의, 책임 전가, 부서 이기주의 등이 만연하여 조직의 비효율성을 초래한다. 직원은 불필요한 일을 만들고, 세분화된 업무를 능숙하게 처리하는 경향이 있다."

이와 같이 대기업병의 정의는 매우 광범위하여 실체를 명확하게 파악하기 어렵다. 조직이 커져도 대기업병에 걸리지 않는 기업이 있고, 작지만 대기업병에 걸린 기업도 있다. 2016년 ㈜리쿠르트매니지먼트 솔루션이 발표한 "대기업병에 걸린 조직의 실태"라는 보고서에 따르면 대기업에서 일하는 직원(518명)의 54.8%가 근무하는 조직에 대기업병이 있다고 대답했다. 조직규모가 더 큰 1,000명 이상의 대기업에 근무하는 직장인의 70% 이상이 자신이 일하는 조직이 대기업병에 걸렸다고 말했다. 대기업병에 걸렸다고 느끼는 이유로는 의사결정이 늦다는 대답이 가장 많았다.

[대기업병과 그 느끼는 이유]

의사결정이 늦다	· 판단과 결정이 연기되고, 즉시 결정할 수 없다. · 의사결정에 너무 시간이 걸리고 결정할 때는 너무 늦었다.
조직중심으로 현장과 시장의 목소리가 통하지 않는다	· 자료에 치중할 뿐 고객의 목소리를 듣지 않고 들어도 이해하지 못한다. · 직원의 대부분이 위를 보며 일하고 있다. · 고객의 일보다 회사의 상황을 우선한다. · 현장의 목소리가 전혀 반영되지 않는다.
쓸데없는 절차가 많다	· 의미 없는 형식에 얽매이고, 이런 일로 높은 급여를 받고 있다. · 회의를 위한 회의가 많다. · 품의서는 많은 사람의 승인을 받아야 통과된다. · 회사를 위한 보고서가 많다.
부문 간 단절되어 있다	· 각 부서의 이해관계로 결정 내용이 진행되지 않는다. · 업무가 분업화되어 있고, 부서의 장벽이 높아 결정이 너무 늦다. · 부문 이익을 우선하여 전체 이익에 연계되지 않는 결정을 한다.
도전하지 않는다 (무사안일주의)	· 조직에 정체감이 강하고 전사적 방침과 신기술 대책에 참신성이 없다. · 새로운 일에 도전하지 않고 제안해도 이전부터 이렇다고 말한다. · 사업모델의 노후화를 인식해도 개혁은 소극적으로 발상한다. · 위험을 너무 신중하게 검토하기 때문에 도전하지 않는 체질이다. · 할 수 없는 이유를 생각하는 훌륭한 직원이 많다.
관리자가 내향적이고 움직이지 않는다	· 관리직 대부분이 위를 향해 일하고 있고 고객과 사업의 발전을 지향하지 않고 있다. · 상사에게 적극 의견을 말하지 않는 예스맨이 많고, 현장의 업무 내용을 파악하기보다 회사의 지시내용에 항상 신경을 쓰고 있다. · 관리자가 어떻게 변혁시킬지 구체적인 대책을 모른다. · 관리직이 말로는 도전을 주창하면서 현장의 목소리를 묵살한다.
기타	· 내부에서 책임을 떠넘긴다. · 형식만 좋은 인사제도(단순히 공을 세우고 아부하는 사람이 출세) · 회사가 망하지 않는다고 안심하며 무기력하게 일한다.

출처: 리쿠르트 매니지먼트 솔루션(2016), 필자 재구성

　이 조사에서 대기업병의 증상은 다방면에 걸쳐 있어 그런지 대기업병을 명확하게 정의하지 않고 있다. 어쩌면 대기업병이라는 조직의 큰 병폐를

파악하기 어렵다는 것을 단적으로 보여주고 있다. 그렇다면 차라리 대기업병의 증상을 정의하는 것보다 대기업병이 어디에서 오는지를 정의할 필요가 있다. 그래야 대기업병의 발생 원인에 초점을 두고 치유할 수 있기 때문이다.

조직의 존재 목적과 의미를 찾아라

흔히 대기업병의 증상은 오너십의 결여, 부문 간 단절, 무사안일주의, 복잡한 절차, 느린 의사결정, 위만 바라보는 내부지향적 태도 등을 꼽는다. 회사가 대기업병에 걸렸다고 분노하는 직원은 많지만, 회사를 바꾸려고 시도하지 않는다. 필자는 대기업에서 일하고 대기업의 고객으로 일할 때도 직원들의 그런 태도를 자주 보았다. "우리 회사는 대기업병이야!"라고 말하면서 자신은 그 회사의 구성원이라는 사실을 생각하지 않는다. 조직과 경영층의 무능과 무사안일적 태도를 질타하고 속으로는 개선을 바라지만, 나의 문제로 보고 나부터 개선하려고 하지 않는다. 모든 문제를 타인의 책임으로 돌린다. 이러한 현상에서 역설적으로 대기업병에 걸린 조직을 구성하는 개인에게 어떤 공통된 사고패턴을 발견하였다. 바로 조직이 아니라 개인이 문제였다.

이런 현상이 나타나는 원인은 무엇일까? 바로 일하는 조직의 의미와 목적을 잃어버렸기 때문이다. 눈앞에 일어나는 현상을 그대로 받아들이고, 현상의 발생 원인과 의미는 무엇인지 상상하고 이해하려고 하지 않는다. 현상에 대한 의미라는 상위개념과 단절되어 있다. 의미를 파악한 사람이 아무리 합리적으로 생각하고 다른 방향으로 갈 것을 주장해도 고객 또는 사장의 의중을 들먹이며 무시할 뿐이다. 장기적인 시장 확대 대책이 필요하지만 경영층과 주주는 작년보다 매출을 올려야 한다고 압박을 가한다.

[조직의 개념]

상위개념		하위개념
의미 ◀┄┄┄┄┄┄┄┄┄▶		현상
목적 ◀┄┄┄┄┄┄┄┄┄▶		수단
전체 ◀┄┄┄┄┄┄┄┄┄▶		일부
객관성 ◀┄┄┄┄┄┄┄┄┄▶		주관성

　또한 부분에 사로잡혀 전체를 판단할 수 없는 현상이 발생한다. 부서 이기주의가 만연하고, 오너십이 부족해 조직 전체에서 자신의 위치와 중요성을 파악할 수 없기 때문에 이런 현상이 일어난다. 목적과 단절된 모습도 명확하게 잘 보인다. 대기업병에 빠진 조직은 회사의 절차와 규정을 변함없는 철칙으로 받아들이며 수단을 목적으로 삼지만, 권위의 목소리에 180도 말을 바꾸는 유연성도 갖고 있다. 이런 사람들에게는 권위가 상위개념이 된다. 끊임없는 현장의 요구가 있어도 권위에 굴복한 상태에서는 현장과 고객의 진정한 목소리에 귀를 기울일 수 없다.

　잘못 생각하는 상사와 무능한 직원은 자신을 객관적으로 볼 수 없다. 스마트폰이 등장할 때 '블랙베리', 디지털카메라가 등장할 때 '코닥'은 새로운 시장환경에 적응하지 못하고 역사의 뒤안길로 사라졌다. 시장에서 회사가 처한 상황을 객관적으로 볼 수 없는 것도 이러한 구조가 발생하는 패턴이다. 또한 장기적 관점과 단절되어 눈앞의 이익에 사로잡혀 있을 때는 무작정 문제를 연기하거나 무사안일주의에 빠지기 쉽다. 전체라는 개념과 단절될 때는 과거의 실패 사례를 자주 언급한다. 예를 들어 새로운 사업을 시작하려고 하면 언제나 과거의 실패 경험을 끌어들이고, 시간이 흘러 상황이 바뀌었다는 것을 무시한다.

이러한 현상은 많은 기업의 조직문화에 널리 스며들어 있다. 특정 조직의 문제만이 아니다. 대기업병은 조직보다 개인에서 그 원인을 찾아야 한다. 어느 조직에서 대기업병 사고를 가진 사람이 그렇지 않은 사람보다 많고, 그 비율이 임계치를 넘으면 조직 전체로 확산되는 것이다.

물론 조직에는 대기업병에 걸린 조직을 개선하려는 사람이 있다. 그런 사람들은 조직의 존재 목적과 의의를 명확하게 인식하고 있는 소수파다. 현명하지 않은 다수파가 지배하는 조직에서 현명한 소수파는 반드시 탄압을 받는다. 아무리 옳은 의견을 내도 통하지 않는다. 결국 소수파는 조직과 사회의 미래를 위해 힘겹게 투쟁하지만 승리하기 어렵다. 결국 현재 조직에 투항해서 함께 병에 걸리든가, 다른 국가로 망명을 선택할 수밖에 없다. 바로 다른 회사로 전직하는 방법이다. 이렇게 유능한 인재는 조직에서 빠져나간다.

대부분의 기업은 업종 특유의 기업비전(미션, 밸류)을 갖고 있다. 기업비전에 회사의 경영철학과 미션, 행동 지침이 담겨 있다. 예를 들어 어느 기업은 성실, 대화, 존경, 탁월이라는 훌륭한 기업비전을 갖고 있었다. 진정 그 비전대로 행동하고 경영 판단을 했다면 파산하지 않았을 것이다. 2001년에 부정회계 사건으로 파탄에 이른 '엔론'이란 에너지 회사가 있었다. 엔론의 경영층이 제시한 비전(고객제일주의)은 허식에 불과했고, 진정한 의미의 행동 지침은 아니었다.

많은 기업은 비전에 "고객제일주의" 등을 내세우고 있다. 그런 직원이나 고객이 진정 신뢰하지 않는 모호한 기업비전은 공허한 메아리일 뿐이다. VUCA 시대에 기업은 자신이 어떤 존재이고 어떤 목적을 갖고 있는지 세심하게 생각해야 한다. 경영자는 조직의 존재가치를 명확하게 설정하고, 조직의 말단까지 철저하게 침투하도록 노력해야 한다. 경영자와 직원뿐만 아니라 더 좋은 세상을 만들기 위해서도 그렇게 해야 한다. 그것은 기업의 사회적 가치를 실현하는 방법이다.

위계질서가 대기업병의 원인이다

앞에서 언급한 대기업병의 근본 원인은 조직구조에서 찾을 수 있다. 20세기 전반에 대량생산 산업에 대응하기 위해 발달한 계층형 주식회사 형태는 지금도 주도적인 지위를 차지하고 있다. 계층조직은 경영진을 중심으로 계층구조를 이루고 있다. 상위계층이 의사결정을 담당하고 하위계층이 현장에서 실행한다. 경영층은 외부의 경영환경에 관한 정보를 수집하고 의사결정을 내린다. 또 하나의 특징은 업무를 전문화하고 분업한다. 제조, 판매, 영업, 관리하는 기능별로 부분을 나누어 업무를 추진한다. 이 조직에서 소수 경영자의 지시와 명령으로 조직의 역할과 기능에 따라 일사불란하게 움직인다.

이러한 조직에도 장점은 있다. 소수의 의사결정으로 다수의 사람이 일하고 조직을 대규모화하기 쉽다. 현장에서 일하는 사람도 전문업무에 특화하여 능력과 스킬을 쌓을 수 있다. 이 두 가지가 조합하여 생산성이 높아진다. 그러나 단점도 크다. 자본논리의 영향을 받기 쉽다는 점이다.

경영층이 이사라면 주주가 선택하는 이사에게 의사결정 권한이 집중되고 있기 때문이다. 주주와 경영층의 몫이 우선되어 현장 직원의 몫은 줄어들기 쉽다.

또한 개별 직원이 회사 타 부서의 인력, 외부 조직과 연계하기 어렵다. 전문업무에 특화하기 위해 업무가 세분화되어 있다. 회사 전체의 방침과 부문 간 연계는 경영층과 관리직의 권한으로 위임되어 있기 때문에 담당업무 이외의 정보가 충분히 들어가기 어렵다. 세분화된 업무는 전체업무 속에서 그 위치를 파악하기 어렵고 단편화된다. 그 결과 그 업무 담당자는 의욕을 갖고 일하기 어렵다. 이러한 조직구조에서 수익성이 떨어지면 악순환이 발생한다. 경영층은 이익을 내기 위해 현장의 몫을 줄이거나 부담을 크게 하기 때문에 직원은 의욕을 잃을 수 있다. 이런 상황에서 혁신을 위한 창의적 사고를 요구할 수 있을까?

[계층조직의 딜레마]

- 목표를 달성하지 않으면 출세할 수 없고, 회사가 도산한다.
- 부하직원을 매니지먼트하기 어렵다.
- 회사가 제시한 역할 이외에는 하지 않는 것이 편하다.
- 상사에게 잘못 보이면 좋은 평가를 받기 어렵다.
- 진정한 자신의 능력과 개성을 살릴 수 없다.

직원의 능력을 최대한 발휘할 수 없고 개인과 조직이 피폐할 가능성

고객과 사회에 100% 공헌하지 못함

변화에 신속하게 대응하는 자율형 조직

코로나 사태와 같이 불확실한 경영환경이 언제 또 닥칠지 모른다. 환경변화에 대응할 수 있는 조직구조를 만들어야 한다. 예상치 못한 환경변화에서 조직의 리더는 어떻게 의사결정을 내려야 할까? 그 해답은 항공 전술가 존 보이드의 연구에 있다. 그는 한국전쟁 기간에 미 공군 조종사로서 소련 미그기와 공중전을 벌였다. 당시 소련제 미그15는 우수한 테크놀로지를 기반으로 가속과 선회성이 F86을 압도적으로 능가했다. 미국은 미그15 성능에 위협을 느꼈지만 실제 공중전에서는 압도적인 차이로 미국의 F86이 미그15를 이겼다. 그는 성능에서 밀린 F86이 매번 공중전에서 이긴 요인을 분석했다. 승리요인은 조종사의 훈련이 아니라 F86와 미그15의 시야 차이였다. 기체의 성능을 중시한 미그15보다 F86은 넓은 시야를 확보하고 있었다.

전투기의 공중전에서 의사결정 속도는 매우 중요하다. 상황을 빠르게 파악하고, 이해하고, 빠르게 결정해야 한다. 조종사는 혼자서 의사결정을 내려야 한다. 공중전을 펼치는 조종사가 빠른 의사결정을 내릴 수 있도록 한 것이 승리요인이었다. 환경변화 속도가 매우 빠른 시대에 예상치 못한 위기 상황에서 리더는 계획을 세우고 개선할 시간이 부족하다. 이때 전투기의 공중전과 같이 현상을 명확하게 파악할 수 있는 넓은 시야를 확보해야 한다. 현장에서 환경변화에 대한 넓은 시야를 갖고 신속하게 의사결정을 내릴 수 있는 자율적인 조직이 기업의 생존을 좌우할 수 있다. 변화대응력이 강한 조직은 지시를 기다리는 것이 아니라 직원 개개인이 자신의 역할을 이해하고 자율적으로 생각하고 일한다. 자율적인 직원은 사업환경의 변화에 계속 도전하고 혁신적인 사고를 통해 신규사업을 만들어 낸다.

자율형 조직에서 의사결정이 경영층에 집중되지 않고 분산되어 있다. 현장의 담당자가 의사결정 권한을 갖고 있다. 조직의 구조는 관리하고 관리받는 관계가 아니다. 전문화로 분업화되어 있지만, 그 전문분야에만 관여하지 않는다. 누구나 경영 전체에 책임을 갖고 관여한다. 이런 조직구조에서 부분최적화(전체가 아니라 조직과 시스템의 일부만 추구하는 것)에 빠지지 않고 현장에서 빠르게 의사결정을 내릴 수 있다. 주주만 아니라 많은 현장 직원이 경영에 관여하기 때문에 자본의 논리에 편중되기 어렵다. 현장 직원의 더 나은 행복과 인간성을 중시하는 경영을 할 수 있다. 이전의 노동조합처럼 직원의 요구사항을 관철하려는 것이 아니다. 조직을 경영하는 일원으로서 당사자 의식을 갖고, 회사수익에 책임을 지려고 한다. 직원은 동기부여가 높고 사업에 대한 열정도 크다. 도전적인 기업풍토가 형성되면서 혁신적 사고가 나오고 제품과 서비스의 부가가치도 높아진다. 일본 리쿠르트 그룹에 신규사업 제안제도 "Ring"이 있다. 이 제도는 1982년에 시작되어 지금까지 계속되고 있다. 직원은 누구나 신규사업을 제안하고 참여할 수 있다. 기존 사업영역에 한정하지 않고, 모든 사업영역에 걸쳐 아이디어를 제안할 수 있다. 서류심사 후 경영층이 선정한 안건은 그 사업성을 검토한다. 사업 가능성을 인정받으면 예산과 체제를 구축하고, 기업의 자원을 활용하여 새로운 사업에 도전할 수 있다. 이렇게 자율형 조직은 특정 사업영역에 얽매이지 않고 사업환경에 맞춰 유연하게 대응하며 생존한다. 이런 자율형 조직이 세상에 존재할까? 틸Teal 조직이 대표적인 자율형 조직이다. 틸 조직은 사장과 관리직이 세심하게 관리하지 않아도 목적을 향해 진화하는 조직 형태다. 지시 계통도 없고 직원 각자가 규정과 구조를 이해하고, 독자적인 사고로 의사결정을 내린다.

이상적인 틸 조직에서 배워라

틸 조직에는 업무를 치밀하게 관리하고 촉진하는 경영자와 상사가 없다. 그러나 모든 직원은 조직의 목적을 실현하려고 독자적 창의성을 갖고 일한다. 실제로 미국의 온라인 신발업체 '자포스', 온라인 방문 간병업체 '뷰트조르그'는 대표적인 틸 조직으로 높은 성과를 올리고 있다.

네덜란드에 있는 '뷰트조르그'는 지역밀착형 재택케어 서비스를 제공하는 조직이다. 간호사가 10~12명의 팀으로 구성되어 각 팀이 50명 정도의 환자를 받고 있다. 그러나 팀에는 상사와 부하의 피라미드의 서열은 존재하지 않는다. 중간 관리자는 존재하지 않고, 출세 계층도 없다. 평판과 영향력, 스킬에 따라 유동적이고 자연발생적인 계층은 있지만 어디까지나 상하관계가 아니다. 중요한 판단은 모두 팀으로 결정하고 있다. 이것이 틸 조직의 전형적인 자율경영의 모습이다. 그래서 뷰트조그로의 간호사들은 한결같이 자신이 진정으로 하고 싶은 일을 찾았다고 말한다. 그 이유는 오로지 환자의 행복과 간호사로서의 존재가치와 사명에 충실할 수 있기 때문이다. 즉 간호사는 효율과 이익보다 환자가 무엇을 하고 싶은가에 대해서만 진지하게 생각한다.

틸 조직에서 기업은 사장과 주주의 것이 아니라 하나의 생명체이다. 직원은 생명체이고 조직의 목적을 계속 실현하기 위해 공감하면서 계속 관여한다. 틸 조직은 진화하는 목적을 추구한다. 조직 자체가 주주와 사장의 소유물이 아니라 하나의 존재, 즉 진화하는 생명체로 파악하기 때문이다. 사장과 관리직의 지시, 명령 체계가 없고 조직의 진화하는 목적을 실현하기 위해 직원 전원이 신뢰를 바탕으로 독자적인 규정과 구조를 창의적으로 만들면서 목적을 실현하기 위해 조직을 운영한다. 틸 조직의 한가지 형태는 홀라크라시 조직이다. 홀라크라시 조직도 조직의 존재의의와 목적을 생각할 때 어떻게 세상에 공헌하고 싶은지를 가장 우선시한다. 홀라크라시 조직에서 조직 내의 경영층이 없기 때문에 조직이 사장의 소유물이라는 의식 자체가 없다.

틸 조직에서 배우는 3가지 경영 지혜

틸 조직을 주창한 프레더릭 라루는 인류는 역사 속에서 단계적으로 진화하는 과정에서 5개의 속성을 가진 조직이 존재하고 있고, 그 속성을 색깔로 비유하면서 소개한다. 지금까지 인류가 만든 조직 형태는 힘과 공포로 지배하는 충동형(Red)부터 시작하여 교회와 군대와 같이 규칙·규범으로 계층구조를 만든 순응형(Amber), 다국적 기업을 비롯해 현대의 많은 기업이 활용하는 달성형(Orange), 다양성, 평등, 문화를 중시하는 커뮤니티 조직형의 다원형(Green)이라는 단계를 밟으며 발달해왔다. 그리고 지금 탄생하고 있는 것이 진화형(Teal) 조직이다.

[틸 조직의 발전단계]

충동형(Red)	조직에서 강력한 힘을 가진 개인의 공포지배가 특징적 조직
순응형(Amber)	조직에서 권력, 제도, 직책이라는 개념이 조합된 조직
달성형(Orange)	조직에서 위계질서를 유지하면서 실력주의를 도입한 조직
다원형(Green)	조직에서 개인의 주체성을 중시하고 더욱 인간다움을 추구하는 조직
진화형(Teal)	조직에서 현장에 있는 개인이 모든 결정권을 가진 조직

출처: 실무로 파악하는 틸 조직 "성과도 사람도 중시하는 차세대형 조직 접근법", 필자가 재구성

프레더릭 라루는 많은 틸 조직을 조사한 결과, 조직마다 세세한 부분은 다양하지만 하나의 공통점을 발견하였다. 틸 조직에 명확한 비즈니스모델이 없어도 3가지 요소가 조직의 바탕을 이루고 있었다. 즉 셀프매니지먼트, 전체성, 존재 목적이 기존 조직관리의 한계를 타파할 수 있는 중요한 특징이었다. 이것이 틸조직의 3가지 요소이다.

틸 조직의 특성과 장점은 오렌지 조직과 비교할 때 더욱 명확하게 이해할 수 있다.

• 자율경영

오렌지 조직은 피라미드 계층조직으로 상부에 있는 사람이 의사결정을 내린다. 조직도에 정해진 직책과 직무내용에 따라 업무를 수행한다. 틸 조직은 경영자의 지휘와 통제가 없고, 동료와의 관계 속에서 일하는 셀프매니지먼트 조직이다. 의사결정을 내려도 좋고 대신 사전에 관계자와 전문가에게 조언을 요청하는 등 조직에서 결정된 조언 프로세스에 따라 의사결정을 내린다. 오렌지 조직에서는 역할이 정해져 있기 때문에 하고 싶지 않은 일이라도 해야 한다. 유용한 아이디어가 있어도 상하관계에 의해 들어주지 않는 것도 많다. 틸 조직에서 의지에 따라 하고싶지 않은 일을 할 필요가 없고 누구라도 아이디어를 내고 협력자가 될 수 있다. 어떤 일에 관여하고 어떻게 관여할지는 개인의 자유다. 일을 선택하고 관여하는 방법이 자유롭기 때문에 열정을 쏟으며 업무를 추진할 수 있다.

• 전체성

오렌지 조직은 실력주의이기 때문에 경영층은 생산성을 높이고 기술개발에 매진한다. 직원의 능력을 높이기 위해 교육, 업적평가, 보상과 승진 등의 대책을 실시한다. 직원도 높은 실적을 보이며 출세 경쟁에 가세한다. 조직에서 일할 때 개인이 가진 일부의 인격만 필요하기 때문에 누구나 업무상의 자신과 사생활의 자신을 구분하고 있다.

틸 조직은 셀프매니지먼트를 추진하는 조직이기 때문에 직책이 없다. 스스로 자신의 교육프로그램을 기획하고 평가면담에서 공헌과 실적을 인정하고, 지금까지 무엇을 배우고 어떤 사명을 갖고 열정을 쏟고 있는지 개개인을 탐구한다. 개인의 능력을 최대한 살리기 위해 업무용 인격뿐만 아니라 있는 그대로의 모습을 조직이 받아들이는 환경을 구축한다. 틸 조직에서 모든 것을 털어놓고 일을 해야 능력 전부를 사용할 수 있기 때문에 압도적인 위력을 끌어낼 수 있다.

· 존재 목적

오렌지 조직의 직원은 회사가 무슨 목적을 가졌는지 존재 목적을 명확히 알지 못하기 때문에 자기방어 본능이 강하다. 생존하기 위해 예산과 통제에 근거하여 계획을 세운다. 계획에서 벗어나면 설명해야 하고 목표 수치에 부족하면 채워 넣는 방식으로 직원에게 압박감을 준다. 반면 틸 조직은 회사의 존재 목적을 중시하고 직원은 회사의 존재 목적에 어떻게 공헌할지를 중심으로 의사결정을 내린다. 직원은 누구에게 행동을 통제받지 않고 조직 전체의 방향을 감지하면서 스스로 추진해나간다.

오렌지 조직에서 노력하지 않으면 회사가 망한다는 공포에 사로잡혀 주위 동료와 경쟁사를 적으로 생각한다. 생존하기 위해 경쟁상대를 희생시켜 자신의 몫을 확대하고 수익을 올리려고 경쟁에 치중한다.

틸 조직에서는 회사의 존재 목적에 따라 의사결정을 내리기 때문에 경쟁개념이 없고 공포에서 오는 업무관리와 압박감에서 해방된다.

또한 조직의 존재 목적과 개인 사명의 교차점을 찾는다. 자신의 사명을 아는 사람이 많을수록 조직이 해야 할 일에 큰 에너지를 가질 수 있다.

[계층형 조직과 틸 조직의 인사제도 차이]

계층 조직	틸 조직
• 평가 결과에 따라 승격, 급여와 상여가 결정된다. • 평가결과에 따라 등급이 결정되고, 등급에 따라 평가기준이 바뀐다. • 등급 등의 역할에 따라 보수가 결정된다.	• 등급제도가 없고, 역할과 프로젝트에 배치된다. • 평가제도와 보수제도는 공개한다. • 평가와 보수는 멤버가 납득하는 규정을 만든다.

출처: 실무로 파악하는 틸 조직 "성과도 사람도 중시하는 차세대형 조직 접근법", 필자가 재구성

관리방식의 패러다임을 바꾼 자율형 조직

이렇게 틸 조직의 경영방식으로 운영하는 회사가 있을까? 개개인이 주체적으로 의사결정을 내리고 동료와 협력하면서 자율적으로 일하는 방식은 정말 이상적이다. 실제로 현실적인 회사의 모습과 동떨어진 이미지다. 그러나 틸 조직의 개념을 통해서 회사라는 조직과 일하는 방식 어떤 변화가 일어나고 있는지 생각해볼 필요가 있다. 지금까지 상식으로 여겨온 사고가 왜 한계를 맞이하고 있는지, 그리고 근본적인 해결책은 무엇인지 생각해봐야 한다.

피터 드러커는 자율경영 때문에 개인은 자원을 활용하여 조직의 존재의의와 목적에 진지하게 마주하고 성실하게 일할 수 있다고

일관되게 주장했다. 자율경영으로 사람은 일에 대한 동기부여와 생산성, 주체성, 협동성, 창조성이 높아지고, 지속해서 성과를 낼 수 있다는 것이다. 무엇보다 그러한 경영이야말로 가장 인간답게 활약할 수 있고, 사회도 행복할 수 있는 모델이라고 말했다.

피터 드러커가 주창한 경영의 요체는 '목표의 공유와 자기통제에 의한 매니지먼트Management by objective and Self-control'라는 말에 잘 드러나 있다. 조직의 존재의의와 목적이라는 큰 이념을 공유하고 그 조직의 사명감, 가치관, 목표를 공유할 수 있다면 직원들은 관리하지 않아도 자기 규율을 할 수 있다는 의미를 내포하고 있다. 이것은 틸 조직의 3가지 핵심 요소와 일맥상통한다.

현대의 기업은 지식 노동자의 지혜, 지식, 가치관, 목적, 사고라는 내적 자원에 의해 사업의 성패가 결정한다. 피터 드러커에 따르면, 지식과 지혜를 활용하여 오늘날 자유를 얻은 지식 노동자들은 점점 자유의지로 일하고 싶어 한다. 조직에서 강요받거나 연봉과 승진을 위해 계속 자기희생을 하는 일 방식이 아니라 의미와 의의를 찾아 일하고 싶어 한다. 틸 조직의 저자는 이렇게 말한다.

"너무나 많은 조직이 사람을 가치 없는 일에 빠뜨려 시야가 좁은 비전에 열광시키고 이기적 목적에 헌신을 요구하고, 사람의 열정을 경쟁으로 몰고 간다. 이러한 방식에 혐오감을 보이고 부질없는 노력에 더 이상 열정을 쏟지 말고 인생을 진지하게 살아가자."

틸 조직과 홀라크라시 조직이 탄생한 배경에는 기존의 조직관리 방식에 한계가 있기 때문이다. 즉 지금까지 조직 운영, 관리, 상사와 부하 관계를 당연하게 여기고 수치 성과달성에 집중한 경영방식에 큰 부작용을 깊이 인식한 것이다. 이러한 경영방식은 열심히 관리해도 피폐해지고 달릴수록 더욱 무리하는 구조다. 수치 목표를 달성하려고 무리한 나머지 사람이 피폐하고, 의욕이 떨어지면 고객은 제품과 서비스에 감동하지 않는다. 많은 사람이 열정을 쏟는 직장과 일에서 활력을 잃고, 그런 부작용이 확대되면 결과적으로 성과가 떨어지고 사회는 기능하지 않는다. 지금 우리 사회에 만연한 지나치게 이익에 편중된 경영, 무리한 사업 확대, 가치관보다 효율성을 중시하는 경영으로 기업의 사회적 사명과 본질을 잃어버린 경우가 많다. 틸 조직은 전혀 새로운 조직모델이 아니라 우리에게 일과 회사가 무엇인지 원점에서 생각할 기회를 주고 있다.

현재 다양한 형태의 조직은 틸 조직으로 변화를 시도하고 있다. 작은 규모의 벤처기업뿐만 아니라 대기업, 공적 기관, 비영리단체에서도 틸 조직 형태를 도입하여 성과를 올리고 있다. 한 기업의 사례를 들어보자.

미국에서 소매업으로 유명한 '자포스'는 2014년에 틸 조직의 한 형태인 홀라크라시를 도입하여 성과를 올리고 있다. 홀라크라시는 틸 조직의 구체적인 형태다. 홀라크라시에서는 조직의 목적을 '최대한의 가능성이 넘쳐 실현하고 싶은 상태'라고 한다. 진화를 전제로 하기 때문에 진화 목적이라고 부른다. 계층조직에서 경영이념과 사훈 등의 존재 목적을 제시하는 것이 진화 목적과 같다. 조직의 목적을 실현하기 위해 역할을 세분화한 목적을 설정한다. 역할담당자의 목적이 조직의 목적과 연계되어 있기 때문에 역할담당자의 활동에 집중하여 조직의 목적을 실현하는 구조다. 직원 개인이 역할의 목적과 조직의 목적을 모두 공감해야 한다.

홀라크라시에서는 계층과 상사, 부하라는 위계질서가 기본적으로 존재하지 않고 수평적인 관리체제를 유지한다. 의사결정의 권한이 조직 전체에 분산되어 조직을 구성하는 개인에게 직책이 아닌 각 팀에서 수행할 역할을 준다. 세분화된 팀에 각각 최적의 의사결정을 내리고 실행하도록 하여 빠르고 자율적으로 조직을 관리한다.

이러한 조직의 특성 때문에 코로나 사태와 같은 급격한 외부환경 변화에 조직은 민첩하고 순조롭게 기능하고, 지시가 아니라 자율적으로 계속 변할 수 있다. 외부환경 변화에서 권한과 책임을 가진 업무 담당자가 변화를 감지하고 행동한다. 역할담당자는 업무 권한이 있기 때문에 경영자와 관리자의 승인을 얻을 의무는 없다. 역할담당자는 스스로 의사를 결정하고 업무를 수행한다. 역할담당자는 계층조직과 같이 상사의 승인을 받지 않는다. 물론 관련된 다른 역할담당자에게 상담하거나 조언을 받을 수 있다. 이러한 프로세스를 조언 프로세스라고 한다. 상사와 부하의 관계로 일하지 않고 역할담당자끼리 수평적으로 모든 일을 처리한다. 보다 대담하게 경영정보를 회사에서 공유하고, 개인에게 근본적으로 권한을 위임하고 있는 형태가 홀라크라시다.

[틸 조직과 홀라크라시의 차이]

틸 조직	홀라크라시
• 명확한 비즈니스모델이 존재하지 않는다. • 조직 내에 오렌지와 그린 등의 조직모델이 있어도 기능한다.	• 조직의 경영기법이다. • 엄격한 규정이 존재한다. • 역할에 따라 운영된다. • 재현성을 중시한다.
공통요소	
조직에 상하관계가 없고, 의사결정 권한이 분산되어, 각 멤버가 자주경영을 한다.	

출처: 실무로 파악하는 틸 조직 "성과도 사람도 중시하는 차세대형 조직 접근법", 필자가 재구성

[틸 조직 활용 사례]

회사	조직특징
뷰트조르그	• 매니저가 없는 850개 팀이 의사결정 수행 • 각 팀에 독자적 교육예산 유지 • 정례적 미팅으로 개인의 역할 확인, 40~45팀당 1명의 코치 배정, 재량과 책임을 모두 각 팀에 위임 • 조직 내 학습환경이 구축되어 개인의 70%가 간호사, 50%가 학사 취득
더모닝스타 컴퍼니	• 전 직원이 매니저 역할을 수행 • 직원이 급여, 보수에 관한 모든 결정권을 가짐 • 보수는 합의서와 그 달성도에 따라 다른 직원이 평가 • 기업 성장에 필요한 것을 개인의 판단으로 실행 • 직원과 합의서를 회사 전체가 공유
자포스	• 커뮤니케이션이 쉽도록 직책의 계층조직을 자율운영 조직으로 대체 • "리드링크"라는 역할이 조직의 방향을 설정하지만 지시와 명령은 없음 • 개인이 고정적으로 하는 주된 일을 중심으로 능력을 고려하면서 다른 일에도 도전 가능
파타고니아	• 조직은 리더, 매니저, 플레이어 3개 층으로 구성 • 리더는 대응할 문제만 제시하고, 의사결정은 팀에 위임함 • 관리직은 존재하지만 개인이 책임을 지고 일할 수 있는 환경구축 • "직원은 서핑하러 가세요"라는 경영철학 아래 직원과 신뢰 기반 구축
네트프로덕션스	• 관리직을 폐지 • 일하기보다 대화하기를 테마로 하는 오피스 환경구축 • 정보, 인재, 예산의 운영 권한을 가진 카타리스트 직책을 설치 • 직무 세분화를 폐지하고, 5단계 등급제로 이행
(주)바이오토프	• 직원의 주체성을 중시한 TF프로젝트를 구성 • 프로젝트 내용을 외부에 공개하고, 공감하는 사람을 채용 • 웹 미팅을 통해 회사 내부의 연계를 상시적으로 가시화
(주)야호블루잉	• 모든 직원이 의견을 내고 실천하는 고객지향적 조직문화 정착 • 직원과 수평관계를 구축하여 종횡무진의 커뮤니케이션 활성화 • 직원이 복수의 업무에 관여하고 개개인의 가치관을 확장
다이아몬드 미디어(주)	• 예산과 목표를 고정하지 않고 분기별 진도를 확인하고 변경 • 급여는 직원끼리 실력에 맞는 타당한 금액을 대화로 결정 • 오피스에 게임과 악기를 두고 잡담하기 쉬운 환경구축

출처: 틸 조직의 사례소개(https://news.talknote.com), 필자가 재구성

직원의 셀프매니지먼트 경영

조직의 지배구조는 자율분산형 조직으로 이행하는 데 문제가 된다. 즉 주주와 경영자의 관계다. 상장기업과 같이 주주와 경영자가 분리되어 있다면 경영자는 주주의 기대와 요구에 따르고 무리해서라도 이익을 남기려는 동기가 작용하기 때문이다. 이익을 내기 어려운 시기에 주주와 신뢰 관계를 유지할 수 있는지가 중요하다. 오너경영의 주식회사라면 나름대로 자율분산형 조직으로 이행할 수 있다. 경영층의 각오도 필요하다. 권한을 내려놓는 것은 경영층, 관리직까지 파급된다. 보수와 급여 수준도 관련되어 있기 때문에 시간이 걸리더라도 자율형 조직으로 바꾸려면 대단한 각오를 해야 한다.

마지막으로 직원이 자율형 조직을 받아들이냐는 문제가 있다. 아무리 좋은 제도와 구조를 받아들여도 사람이 움직이지 않으면 작동하지 않는다. 회사의 의사결정에 관여하는 것을 좋아하는 사람도 있지만, 귀찮거나 불안하게 느끼는 사람도 있다. 책임이 무거운 일을 하고 싶지 않은 사람도 있다. 모든 직원에게 강요하지 않더라도 도전적이고 의욕적인 사람이 늘어나기까지 시간이 걸린다. 적극적으로 경영에 관여하고 싶은 사람이 경험을 쌓고 지식을 습득하기 위해 시간을 들여 추진하는 것이 과제다. 예를 들어 계층조직에서 재무 회계 분야의 지식은 경영층과 간부만 잘 파악하면 문제없지만, 자율분산형 조직에서는 직원 대다수가 일정한 지식을 갖춰야 한다. 이렇게 자율분산형 조직으로 이행하기는 쉽지 않다.

조직에서 틸 조직의 정신을 실천하는 방법은 없을까? 우리는 함께 일하면 괜히 즐겁고 보람을 느끼는 사람이 있다. 또 함께 일하면 능력과 스킬을 높이고 성장감을 느끼게 하는 사람도 있다. 이러한 상사와 일할 수 있는 사람은 행복하다. 동료와 중요한 목적을 공유하고 즐겁게 일하면 성과를 높일 수 있다. 회사가 성장하고 고객이 기뻐하는 모습을 볼 수 있다면 경제적 가치가 창출된다. 어떤 기업이 민주주의적 또는 생산적으로 매니지먼트하는 것은 민주주의 사회가 건전하게 기능하는 것을 의미한다.

현대 사회에서 권한을 가진 일부 경영자와 관리자가 직원의 업무를 전부 관리하는 시대는 아니다. 직원 개개인이 셀프매니지먼트를 실시해야 한다. 회사는 공감할 수 있는 조직의 존재 목적을 직원과 공유하고 개개인의 자기다운 일 방식, 삶의 방식을 존중하는 매니지먼트로 이행해야 한다. 세계적으로 이런 경영방식을 실천하는 조직이 늘어나고 있다. 민주적이고 자율적인 매니지먼트를 성공시키려면 틸 조직의 이념을 근본적으로 검토해야 한다. 2~3명으로 구성된 소수의 팀 매니지먼트부터 적용해볼 수 있다. 소수의 팀이 제대로 기능하면 더 큰 조직규모에 도입하기 쉽다. 점진적으로 대상조직을 확장하면서 개인의 자유의지, 창조성, 강점을 살리기 쉬운 직장환경을 만들어 갈 수 있다.

조직과 마찬가지로 직원도 자신의 비전과 진지하게 마주할 필요가 있다. 나의 비전은 무엇인가? 이 업무를 하는 이유는 무엇인가? 이런 근본적인 질문에 진지하게 마주해야 한다. 조직의 한 구성원으로서 이 직장에서 무엇을 하고 싶고, 무엇을 지향하고 있는가? 왜 이 조직에서 일하고 싶은지 자문자답해 보아야 한다. 그리고 상사와 진심으로 비전을 이야기하면 상사의 비전(의도)과 융합된 훌륭한 비전이 나올 수도 있다. 상사를 전체조직의 목적을 공유한 파트너로 생각해야 한다. 소수의 팀 조직에서부터 틸 조직의 진정한 의미를 하나씩 실천하면서 일하는 보람과 사명감이 생기고 새로운 성과를 낼 수 있을 것이다.

팀원이 활기차게 일하고 성과를 올릴 수 있다면 특정의 관리자가 다수의 인력을 일원적으로 관리하는 문제를 피할 수 있다. 한 사람이 대부분을 관리하는 매니지먼트 방식은 시대에 뒤떨어졌고, 권한이 잘못 사용되면 회사 전체에 리스크가 커진다. 조직의 작은 팀 매니지먼트를 최대한 효율적 생산적으로 운영하는 매니지먼트가 매우 중요하다.

VUCA 시대라는 말이 있듯이 급변하는 경영환경에서 자율적인 매니지먼트는 위력을 발휘할 수 있다. 급속한 환경변화 속에서 조직이 외부변화에 휩쓸리지 않고, 오히려 변화를 받아들이며 역전의 발판으로 삼을 수 있다. 조직 본연의 목적으로 돌아가 필요한 독자적 가치를 계속 창출해 나가야 한다. 경영의 선순환을 만드는 조직구조와 조직문화는 변화를 받아들이고 혁신을 가져오는 중요한 수단이다.

그러나 현재 주류를 이루는 계층형 조직에서는 규모에 관계없이 외부환경 변화를 감지할 수 없고 변화를 감지해도 즉시 행동으로 옮길 수 없다. 즉시 실행하지 않으면 기회를 놓치고 경쟁환경에서 패배한다. 예를 들어 동물은 산에서 겨울이 오는 것을 감지하고 은신처를 찾아 스스로 동면을 시작한다. 겨울이 오고 있는데 다른 사람의 지시가 없어 동면하지 못하면 전멸한다.

환경변화에 민첩하게 대응하지 못하는 조직도 마찬가지다. 경영자 중에는 경영환경 변화에 무감각한 사람도 있고, 외부 정보수집과 분석력이 부족한 사람도 있다. 현재의 업무에 쫓겨 외부에 눈을 돌릴 시간이 없기 때문이다. 인간은 아무것도 하지 않으면 시선을 조직 내부에 둔다. 정보를 수집하지만, 회사에 미치는 영향에 둔감하다. 조직의 리더는 사람을 끌어당기고, 동시에 밀어주는 역할을 한다.

리더가 솔선수범하여 안테나를 높이 세워두고 세상의 변화에 민감하게 대응하지 않으면 직원은 쫓아오지 못한다. 변화에 대응하지 못하는 조직은 변화에 부딪혀 새로운 가치를 창출하지 못하고 쇠퇴한다.

매니지먼트 방식을 바꿔라

성선악 관리방식은 위험하다

재택근무로 직원이 게으름을 피우지 않을까? 이처럼 현 상황을 불안해하는 관리자들이 많다. 성선악에 입각해 생각하면 관리자의 눈이 미치지 않는 상황에서 근로시간에 일하지 않고 게으름을 피운다고 의심한다. 직원은 회사에 소속되어 있고, 상사의 사전 승인 없이 자택이라는 근무지를 이탈하면 근무수칙 위반이라는 사고가 깊이 배여 있다. 상사는 명령하여 부하에게 일을 시키고 감시하는 낡은 패러다임에서 벗어나지 못하고 있다.

이러한 대책으로 등록된 직원의 PC가 가동하고 있거나 개인용 컴퓨터 화면에서 무엇을 하고 있는지 실시간 원격으로 확인할 수 있는 시스템까지 판매되고 있다. 그러나 직원의 입장에서 보면 일하는 모습 외에 사적인 재택에서 보내는 모습까지 일상적으로 회사의 감시를 받고 있다면 기분이 좋지 않다. 텔레워크로 편하게 일할 수 있다고 생각했는데, 인터넷을 통해서 구속당하는 것에 위화감을 느끼고 의욕을 잃는 사람도 적지 않다. 다른 사람에게 보이고 싶지 않은 개인정보가 외부에 흘러나가 활용될 위험은 매우 크다.

텔레워크 환경에서 이러한 감시시스템 도입은 전혀 이치에 맞지 않는다. 텔레워크는 회사와 직원 간에 신뢰 관계를 기반으로 운영되는 제도다. 신뢰 기반에 따라 커뮤니케이션도 쌍방향으로 수평적이라는 점을 인식해야 한다. 감시시스템은 부하를 신뢰하지 않는다는 것을 의미하고, 부하와 건전한 신뢰 관계를 방해한다. 특히 감시시스템은 부하를 일방적으로 관찰하는 점에서 부정적 감정을 초래한다. 감시의 매니지먼트로 변하면서 협박감, 불신감, 불안감이라는 부정적 감정이 조성된다.

- 협박감: 직원은 게으름을 피우지 않고 일하는 모습을 상사에게 어필해야 한다고 항상 쫓기는 느낌이 들게 된다.
- 불신감: 대면으로 일하고 있는 직원의 모습이 보이지 않기 때문에 놀고 있다고 의심한다.
- 불안감: 직원의 모습이 보이지 않으면 막연한 불안감이 든다. 특히 프로세스로 평가에 익숙한 조직에서 그런 경향이 강하다.

이러한 부정적 감정이 만연되면 직원은 상사에게 일하고 있다는 것을 증명하려고 쓸데없는 보고서 작성에 시간을 낭비한다. 진정 생산성을 높이는 중요한 과제에 투입할 시간이 줄어들고 업적은 올라가지 않는다. 결국 신뢰가 없이 도입한 텔레워크는 누구에게도 도움이 되지 않는 실패작으로 끝날 수 있다.

텔레워크의 본질을 이해하지 못하면 보이지 않는 직원을 감시하는 체제로 변질할 우려가 있다. 왜냐하면 텔레워크 도입의 본질적인 목적은 매우 고차원적 의미가 있다는 점이다. 유연하고 다양한 일 방식을 통해 개인의 라이프스타일을 존중하고, 동시에 생산성을 올린다는 의미가 들어 있다. 관리자는 텔레워크 환경에서도 직원이 자율적으로 일하며 노동생산성을 높이는 환경을 만들어야 주어야 한다.

성과중시형 매니지먼트 능력을 키워라

우리 사회에 오피스 근무에 대한 고정관념은 깊이 배여 있다. 사람들은 9 to 6 방식으로 일하거나 일단 책상에 앉으면 일하는 것으로 생각한다. 이런 오피스 중심의 일 방식에 고정된 사고를 바꾸지 않으면 텔레워크를 도입해도 부작용이 생기고 역효과가 나올 수 있다. 근본적으로 매니지먼트 사고를 바꾸지 않으면 유연하고 자기답게 일하는 방식을 선택할 수 없다. 텔레워크를 도입하더라도 성과가 오르지 않는다. 무엇보다 "업무=시간"이라는 통념에서 벗어나 "업무=성과"라는 인식으로 바뀌어야 한다.

적은 시간에 효율적으로 일해서 성과를 낸다면 정말 대단한 일이다. 성과에 따른 평가제도를 운용하면 감시하는 시스템은 필요가 없다. 단순히 오피스에서 자택으로 일하는 장소만 바뀌었기 때문이다. 통제받지 않는 환경에서 부하는 성과를 내지 못한다면 프로페셔널로 인정받기 어려울 것이다.

시간관리 중심의 매니지먼트에서 벗어나면 무엇을 관리해야 할까? 당연히 시간의 구속이 없어지면 성과를 관리하는 방향으로 조직을 운영해야 한다. 말로는 쉽지만 실제로 텔레워크를 운영할 때 가장 어려운 점이다. 무엇보다 적절한 성과목표를 설정할 수 있고 그 달성 정도를 정당하게 평가할 수 있느냐는 점이다. 관리자의 능력과 자질은 성과관리에 중대한 영향을 미친다. 관리자의 매니지먼트 능력이 떨어지면 직원의 일에 대한 동기와 의욕이 크게 떨어진다. 매니지먼트 능력이 중시되는 환경에서 명함만 부장이라는 구호는 통용되지 않을 것이다.

[텔레워크 환경에서 일과 매니지먼트 사고]

지금까지	일 = 시간	매니지먼트 = 관리, 감시
앞으로	일 = 성과	매니지먼트 = 높은 생산성으로 팀의 성과 창출
관리자의 역할은 직원의 능력을 최대화하여 최소의 시간과 노력으로 업무추진에 공헌		

관리자의 매니지먼트 능력이 부족하면 직원을 적절하게 평가할 수 없다. 부하에게 적절한 업무를 지시할 수 없다면 평가하기 어렵다. 상사의 업무지시 능력이 부족해도 우수한 부하라면 자율적으로 일을 추진할 수 있지만, 그 프로세스와 성과를 적절하게 평가하기는 어렵다. 정당한 평가를 하지 못하면 부하의 불신감이 커진다. 상사는 규정에 따라 부하를 마음대로 평가할 수 있다. 그러나 부하에게 적절한 피드백을 하기는 어렵다. 평가의 근거가 명확하지 않으면 의문과 불만의 불씨가 된다. 회사에 대한 불만이 커지고 조직이 붕괴될 수도 있다. 텔레워크 환경에서 부하를 관리할 수 없다면 코로나 시대를 극복할 조직체제를 만들 수 없다.

성과를 정당하게 평가할 때 직원의 신뢰를 얻고 이직률을 줄일 수 있다. 텔레워크 환경에서 직원의 개인주의가 강해지고, 조직에 대한 소속 의식이 약해질 가능성이 있다. 이직률이 높아지면서 조직 운영에 타격을 줄 위험도 있다. 애써 텔레워크를 추진해도 우수한 인재를 잃어버리면 기업은 큰 손실을 보게 된다. 이를 방지하려면 성과를 정당하게 평가하는 것이다. 근본적으로 직원에게 매력적인 경영비전을 제시하는 것도 중요하다. 즉 회사의 존재가치와 사회적 존재의식을 확고하게 정하고 매력적인 경영비전을 직원과 공유하는 것이다.

관리자의 존재의의란 무엇인가

최근 텔레워크 환경에서 관리자의 존재의의가 화제가 되고 있다. 관리자가 없어도 업무에 지장이 없다면, 기존 관리자의 역할에 의문을 제기할 수도 있다. 텔레워크 환경에서 조직에 관리자는 어디까지 필요할까? 텔레워크 환경에서 상사와 부하가 서로 어떻게 생각하는지 조사한 흥미로운 내용이 있다.

텔레워크와 인사평가에 관한 조사(2020년 4월, 내일의 팀)에서 텔레워크를 시행할 때 관리직은 생산성이 떨어지지 않을지 가장 크게 불안을 느끼고 있다(48.0%). 그다음으로 커뮤니케이션(보고, 상담, 연락)을 제때 할 수 없고 업무에 게으름을 피우고 있을지 불안하게 느꼈다. 또한 텔레워크 환경에서 부하의 인사평가는 오피스 근무에 비해 어렵다(73.7%)고 대답했다.

즉 상사는 부하의 일하는 모습이 보이지 않기 때문에 게으름을 피우고 있는지 의심한다. 지금까지 일대일 미팅을 장려하고 일상적으로 세심하게 부하와 면담하고 일하는 모습을 파악하는 것이 관리직의 업무였다. 성실한 상사일수록 직책을 수행하지 못하고 자신의 존재가치를 발휘할 수 없다면 초조함을 느낄 수 있다. 책임자로서 직원의 일하는 모습을 제대로 관리하지 못한다는 위기의식을 드러내고 있다.

반면에 부하직원의 의식은 대조적이다. 부하직원은 텔레워크로 업무를 진행했을 때 인간관계의 스트레스가 없어져서 좋았고, 업무의 긴장감이 없어졌다(36.7%)고 했다. 반면에 관리직은 통근 시간이 없는 만큼 독서와 학습으로 스킬을 높일 시간을 가질 수 있고 커뮤니케이션이 없어 쓸쓸하다고 했다. 상사는 쓸쓸하게 느끼고 부하는 마음 편하게 느끼는 의식의 차이가 드러나고 있다.

그러나 코로나 이후에도 텔레워크를 희망하는 사람은 관리직(56.1%)이 일반직원(41.0%)보다 많았다. 의외로 텔레워크를 편하게 느끼는 부하보다 관리직이 더 많았다. 아마도 부하는 실무자로서 업무용 자료가 있고, 네트워크와 프린터가 잘 갖춰진 오피스 환경에서 업무가 잘 추진될 것으로 생각한다. 출근해야 제대로 할 수 있는 일도 있다. 부담스러운 상사가 없으면 사무실에서도 느긋하게 일할 수 있다고 생각하는 부하직원도 적지 않을 것이다. 상사는 실무를 담당하는 경우가 적기 때문에 출근하지 않으면 일이 진행되지 않는다고 생각한다. 출근할 수 없다면 부하를 매니지먼트하기 어렵다고 고민하면서 재택근무에서 부하보다 일에 지장이 적다고 하는 모순된 모습이 보인다. 관리직의 존재의의는 무엇인지 다시 생각해볼 때다.

최근 텔레워크를 지원하는 다양한 테크놀로지가 등장하고 있다. 직원이 일하기 쉽고 일이 정체되지 않도록 지원한다. 호스트 서버에 연결된 PC를 직원들에게 대여하여 업무시간을 정확하게 관리하고, 부하의 PC 화면을 원격에서 열람, 사이트 접근 이력, 메일과 채팅 기록 등을 파악할 수 있다. 다양한 테크놀로지가 부하의 일하는 모습을 파악하고 싶은 상사의 불안과 초조감에 적극적으로 대응하고 있다.

이제 회사는 새로운 경영 패러다임으로 전환해야 한다. 경영자와 관리직은 세상의 큰 흐름과 변화를 파악하고 각성해야 한다. 회사는 평생직장을 보장하지 않고, 회사에 충성을 강요하는 상하관계의 패러다임은 통하지 않는다. 개인과 회사는 서로 선택하고 선택받는 대등하고 수평적 관계로 나아가고 있다. 사람의 신체와 행동을 속박할 수 있어도 마음과 기분까지 통제할 수는 없다. 직원의 신뢰를 얻는 경영시스템을 구축하는 것이 가장 장기적이고 효과적인 경영전략이다.

회사는 성선악 관점에서 직원을 감시하지 않고, 성선설에 입각해 개개인이 재능을 발휘할 수 있도록 지원하는 경영방식으로 바뀌어야 한다. 또한 상사는 관리직이라는 고정관념에서 벗어나 부하의 성장과 활약을 지원하는 역할을 수행해야 한다. 개인도 회사에서 선택받는 대등한 입장의 프로페셔널이 되기 위해 자율적으로 일하고 끊임없이 자기 계발에 투자해야 한다.

현대 사회에서 산업의 중심이 서비스업으로 이동하면서 화이트칼라가 크게 늘어났다. 투입한 노동시간만큼 동등한 성과가 나오지 않는 일이 대부분이다. 개인이 회사 사무실에 종속되어 매일 똑같이 시간관리를 강요받고 있다. 이제 직원 개개인이 일하는 보람을 느낄 수 있고 자율적인 창의성을 촉진하는 환경에서 생산성이 올라가는 시대가 되었다. 이런 환경에서 관리자는 "관리"가 아니라 "지원"이라는 역할로 무장해야 한다.

매니지먼트의 본질을 이해하라

대기업의 연수 과정을 보면 체계적이고 전문화된 매니지먼트 방식을 교육하는 커리큘럼이 거의 없다. 리더십 과정에 일부 포함되어 있지만 매우 기초적인 내용만 담고 있다. 필자는 관리자로서 깊이 탐구해야 하는 커리큘럼이 없다는 것을 안타깝게 생각한다.

일상적으로 매니지먼트는 리더십과 혼동해서 사용되고 있다. 피터 드러커는 매니지먼트는 모든 일을 올바르게 하는 것이고, 리더십은 옳은 일을 하는 것이라는 말로 그 차이를 설명하고 있다. 하버드 경영대학원 교수 존 코다는 매니지먼트란 복잡한 상황에 대처하는 일(오퍼레이션

관리)로 규정하고, 계획과 예산의 책정, 조직재편과 인력배치, 통제와 문제해결이라는 구체적인 행동조건을 제시하였다. 그리고 리더십은 변화에 대처하는 일(개혁의 주도)이며 행동 체계로서 방향 결정, 인심의 통합, 동기부여가 있다고 했다. 스티븐 코비는 매니지먼트를 수단에 집중하고 어떻게 목표를 달성할 수 있는지 질문에 대답하는 것이라고 했다. 요약하면 리더십은 WHAT(무엇)을 묻고, 매니지먼트는 HOW(어떻게)를 묻는다. 매니지먼트에는 리더십과 달리 어느 정도 정답이 있다. 그렇다면 어떻게 매니지먼트해야 할지 생각해보아야 한다. 리더십과 매니지먼트는 자동차의 바퀴와 같이 서로 수평적이고 어느 것이 위에 있지 않다.

매니지먼트는 대체로 "관리"로 통한다. 실제로 관리라는 의미 외에 평가와 분석, 선택, 개선, 회피, 통합, 계획, 조정, 지휘, 통제, 조직화 등 다양한 요소가 포함되어 있다. 이런 모든 요소를 통합하고 있는 것이 매니지먼트라는 사고방식이다. 기업에서 사람, 물건, 자금, 정보 4가지가 매니지먼트의 대상이다. 4가지 자원을 효과적으로 활용하여 경영효율을 최대화해 생산성을 올리는 것이다. 관리자는 조직에서 매니지먼트하는 사람이다. 1973년에 헨리 민츠버그 교수는 그의 저서 『관리자의 역할The Nature of Managerial Work』에서 관리자의 역할을 10항목으로 정리했다. 민츠버그 교수는 직접 관리자의 활동에 동석하여 얻은 정보를 분석한 것으로, 지금도 표준적인 정의로 활용되고 있다.

하버드대학 교수 로버트 카츠는 1955년 『카츠의 이론』을 발표했다. 카츠 교수는 관리에 3가지 스킬이 필요하다고 했다. 관리자는 테크니컬 스킬(업무수행 능력)이 필요하다. 스스로 담당하는 업무를 수행하는데 필요한 전문지식과 기술을 가져야 한다. 상사와 부하, 동료, 고객,

거래처와 커뮤니케이션을 잘 할 수 있는 휴먼 스킬(대인관계 능력)도 중요하다. 마지막으로 컨셉츄얼 스킬(개념화 능력)으로 주변에서 일어나는 현상과 상황을 구조화하고 문제의 본질을 파악하는 능력도 중시된다.

[관리자의 10가지 역할]

의사결정 역할	기업가	조직과 환경에서 기회를 찾고 기업변혁을 위한 개선계획 추진(특정 프로젝트의 설계 감독)
	장해처리자	조직이 예상치 못한 난관에 부딪혔을 때 개선 조치를 할 책임
	자원배분자	조직의 중요한 결정을 내리거나 승인하여 조직의 모든 자원을 배분할 책임
	교섭자	외부의 중요한 교섭에서 조직을 대표할 책임
대인관계 역할	상징적 역할	법적 사회적 성질을 가진 다수의 일상 업무를 수행할 책임
	리더	부하에게 동기부여하고 조직을 활성화할 책임(인력배치, 교육훈련 등)
	제휴 연락 역할	외부 정보 네트워크를 구축하고 유지하는 역할
정보관리 역할	모니터 역할	회사 내외 최신 전문정보를 탐색하고 수집하여 조직과 환경을 철저히 이해(조직 내외의 정보관리 중추적 역할)
	정보 전달역할	부하에게 받은 외부정보를 내부에 전달
	대변인 역할	조직의 계획, 방침, 조치, 결과 등 내부정보를 외부에 전달

출처: 다이와총연(2016), 필자 재구성

[카츠 이론에 따른 관리자의 3가지 스킬]

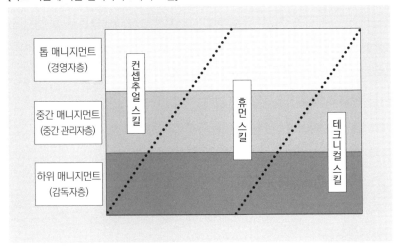

출처: 리크루트 매니지먼트 솔루션 웹사이트

　관리자의 본질적인 역할 외에도 직원에게 적절한 직무 배분과 포용도 중요한 역할이다. 특히 텔레워크 환경에서 관리자의 업무는 부하를 감독하고 업무목표에 대한 책임을 지고 업무를 수행하는 역할을 해야 한다. 조직목표의 설정부터 업무의 배분, 목표달성을 위해 지원하는 광범위한 직무 배분 역할을 해야 한다.

　또 하나의 역할은 포용이다. 다양한 인재가 저마다 개성을 살려 활약할 수 있도록 지원해야 한다. 관리자는 육아와 간병을 양립하는 직원, 외국인력, 다양한 세대를 아우르고 능력을 끌어내어 전력화하고 활약하도록 매니지먼트 스킬을 발휘해야 한다.

　기업의 경영자와 관리자만 매니지먼트 능력이 필요한 것은 아니다. 채소 가게와 꽃가게를 운영하는 자영업 사장도 매니지먼트를 담당하고 있다. 매니지먼트는 교양으로서 모든 사람이 배우고 적용해야 한다.

교양Liberal Art이란 문자 그대로 사람을 자유롭게 하는 학문이다. 경영, 매니지먼트는 경제적 가치를 창출하고 사람이 활기차게 일할 수 있는 장소, 성장의 무대, 타인과 교류, 고객이 기쁘게 웃는 모습을 보는 시간 등 중요한 사회적 기반을 제공하는 일이다. 많은 사람이 매니지먼트에 관심을 갖고 배운다면 많은 직장이 웃음과 활력이 넘칠 것이다. 결과적으로 민주주의를 지키고 자유롭고 건전하게 기능하는 사회를 실현할 것이다.

자율적인 업무환경을 만들어라

자율성을 지원하는 매니지먼트 스타일

텔레워크를 도입하면 갑자기 관리직의 업무부담이 크게 늘어난다. 업무의 과부하로 인해 역할을 수행하지 못하면 부서나 팀의 성과가 크게 떨어질 우려가 있다. 직원의 일하는 모습을 일일이 볼 수 없는 상황에서 기존 오피스에 직접 업무를 보고받고 지원하는 매니지먼트 스타일은 전혀 통하지 않는다.

그렇다면 매니지먼트 스타일을 바꿔야 한다. 텔레워크를 도입한 후에 매니지먼트 스타일의 변화가 없다면 관리자는 부담이 커지고 업무수행에 차질이 생길 가능성이 있다. 관리자의 업무부담이 커지면 매니지먼트 스타일을 바꾸기 어렵게 된다. 자율적으로 일하는 조직구조를 만들면 관리직의 업무부담이 줄어들고, 관리직이 없어도 조직은 기능할 것이다.

[관리자의 매니지먼트 스타일]

자율지원 매니지먼트	직접지원 매니지먼트
• 부하가 자율적으로 일하도록 맡긴다. • 부하의 업무에 필요한 정보를 제공한다. • 부하에게 스스로 점검할 기회를 준다. • 부하를 심리적으로 지탱해주려고 한다.	• 부하에게 섬세한 지시를 한다. • 부하의 모습을 직접 보고 지도 육성한다. • 부하의 모습을 직접 보고 동기부여 한다.

텔레워크는 직원의 자율적인 업무수행을 전제로 하는 일 방식이다. 따라서 모든 직원에게 텔레워크를 승인하지 않고, 대상자 선정에 일정한

조건을 두고 있다. 회사의 규정에 따라 자율적으로 업무를 추진하고 관리할 수 있다는 신뢰 관계가 바탕에 깔려 있다. 상사에게 상세하게 업무지시를 받지 않아도 맡은 업무를 스스로 추진하고, 누가 보지 않아도 소홀하거나 지나치게 일하지 않도록 스스로 노무관리를 할 수 있어야 한다. 이런 이유로 기업은 텔레워크 대상 인력을 선정할 때 일정한 직급과 근무 기간의 조건을 두고 있다. 셀프매니지먼트 능력을 갖춘 직원에게 텔레워크를 승인한다는 명확한 기준을 제시하는 것도 자율적인 업무추진을 촉진하는 방법이다.

보통 자율적으로 일한다는 말에는 깊은 의미가 포함되어 있다. 심리학자 피터 골위처Peter Golwitzer의 연구결과는 자율적으로 일하기 위해 관리자가 업무목표 관리를 어떻게 해야 하는지 생생하게 보여준다. 골위처는 두 그룹에게 연휴 동안에 가족과 식사하기, 스포츠 활동과 같은 쉬운 과제, 의견충돌 중재, 세미나 발표자료 작성이라는 어려운 과제를 요구했다. A그룹에는 과제의 구체적인 실행목표, 즉 언제, 어디서, 어떻게 할 것인지를 제출하도록 요구했지만, B그룹에는 그런 요구를 하지 않았다. 그룹의 과제를 점검했을 때 구체적인 실행목표를 요구했던 A그룹은 B그룹보다 어려운 과제를 더 많이 실행했다. A그룹의 3분의 2는 어려운 과제를 실행했지만, B그룹은 4분의 1만 실행했다. 즉 구체적인 실행목표가 있을 때 목표의 달성 가능성이 높다는 것을 보여주었다.

조직행동을 연구하는 심리학자들에 따르면, 사람은 어떤 목표와 목적을 달성하기 위해 행동할 때 목표의도Goal intention, 실행의도Implementation intention가 작용한다고 한다. 목표의도는 이루고 싶은 일을 정하는 것이다(예를 들어 히말라야산맥을 정복하고 싶다). 실행의도는 어떤 목표를 달성하기 위해 언제 어디서 어떻게 할지 구체적인 행동계획을 세우는 것이다. 그러나 목표의도가 있어도 실행의도가 없는 경우도 있다. 해보려고 하지만 할 수 있을지, 하고 싶은 일이 있지만 어떻게 할지 모르는 경우가 이에 해당한다. 골위처의 실험은 목표의도와 그 목표를 실현하기 위한 구체적인 행동의도가 함께 있을 때 가장 효과가 높다는 것을 실증하였다.

  일반적인 기업의 매니지먼트 스타일은 기본적으로 먼저 상사가 업무목표와 실행목표를 지시한다. 직원은 상사에게 구체적인 지시를 받고, 상황에 따라 맡은 업무를 수행한다. 상사는 직원의 업무수행 상태를 눈으로 보고 확인하면서 목표와 계획을 수정한다. 이러한 업무추진 방식에서 직원은 업무에 대한 효과적인 목표의도와 실행의도를 갖기 어렵다. 직원이 자율적으로 일하는 풍토를 만들려면 스스로 목표의도와 실행의도를 설정하는 시스템과 기회를 주고 훈련해야 한다.

자율적인 목표를 설정하라

  자율적인 목표설정은 직원의 자율적인 행동을 촉진하는 첫 번째 요건이다. 자율적인 목표설정은 직원의 헌신적인 노력을 끌어낼 수 있다. 대개 사람은 스스로 목표를 정하면 책임감을 느끼고 그 목표를 이루기 위해 헌신한다. 목표에 몰입하고 주도적이고 적극적으로 실행해나간다.

  하워드 클레인(1996)은 80개 이상의 연구결과를 분석한 후에 사람은 어떤 일을 스스로 결정하거나 자신이 관련되어 결정하는 것이 목표달성의 핵심 요인이었다. 자신이 결정한 목표를 추진하는 사람은 만족도가 높다. 실제로 업무부담이 높고 재량이 적고 스트레스가 높은 조건에서도 신념을 갖고 자신이 결정한 목표를 추진할 때 업무 만족도는 11% 높아지고, 우울감은 12% 줄었다는 연구결과가 있다(Ponmaki, Maes, &Doest, 2004). 자신이 결정한 목표를 추진하면 의욕이 높아지고 힘들 때 인내할 수 있기 때문이다.

조직은 직원의 가치관과 과거의 경험을 고려해야 목표를 설정하도록 해야 한다. 업무목표는 내용도 다양하고, 직원에 따라 차이가 있다. 직원은 성공확률이 높을 때 어려운 목표도 추진한다. 목표달성에 가치를 느끼거나 노력하면 달성할 수 있다고 생각하면 도전적인 목표를 설정한다. 어느 한 요소라도 빠지면 높은 목표에 도전하지 않는다. 과거에 힘든 목표에 도전하여 성공한 체험은 더 높은 목표를 추진하는 원동력이 된다. 직원이 높은 목표를 갖도록 하려면 업무의 성공체험을 하도록 배려해야 한다.

자율적 인재 육성을 위한 매니지먼트 전략

국어사전에서 자율은 남의 지배를 받지 않고 자신의 원칙에 따라 어떤 일을 추진하는 것으로 정의되어 있다. 조직에서 자율이란 먼저 자율적인 커리어를 추구하는 모습이다. 조직의 커리어 패스에 얽매이지 않고 많은 회사를 대상으로 커리어를 선택하는 것이다. 또 하나는 조직 속에서 자율적으로 일하는 것이다. 자율적으로 일하는 것은 스스로 판단하고 대응하는 행동, 타인에게 작용하는 행동으로 구성된다. 스스로 판단하고 대응하는 행동이란 업무상 변화를 예상하고, 대책을 자발적으로 제안하고, 기존의 업무처리 방식에 얽매이지 않고 새로운 방식을 시도하는 행동이다. 타인에게 작용하는 행동이란 새로운 아이디어를 사업화하여 성과를 내기 위해 주변 동료에게 협력, 조언과 피드백을 요청하는 것을 말한다. 쉽게 말해 스스로 목표를 정하고 일정 관리를 하고, 변하는 업무에 대응하기 위해 스스로 새로운 지식과 스킬을 배우고, 동료와 협력하여 목표를 달성하는 것이다. 이것을 프로의식이라고 말한다. 자율적인 업무 자세는 조직의 혁신에 가장 중요한 요소다.

  관리자는 직원의 자율적 업무 분위기를 조성하는 데 가장 중요한 역할을 한다. 부하직원을 자율적인 인재로 키우고 싶다면 먼저 매니지먼트 방식을 바꾸어야 한다.

  먼저, 비전을 공유하는 매니지먼트를 해야 한다. 앞에서 말했듯이 텔레워크 환경에서 관리자는 모든 직원의 업무추진 상황을 감시하고 세심하게 지시할 수 없다. 보이지 않는 직원이 자유롭게 일할 수 있다는 것을 전제로 매니지먼트 해야 한다. 관리자는 팀의 목표를 달성해야 하는 큰 비전과 당위성을 제시하고 직원들과 공유해야 한다. 일하는 방식과 일정 관리 등 세밀한 프로세스는 직원에게 맡기고 비전을 제시하며 올바른 방향으로 이끌어주는 역할을 해야 한다. 직원의 업무 하나하나가 팀 목표를 달성하고 비전을 실현하는 데 중요하다고 강조해야 한다. 텔레워크 환경에서 업무상 제안하는 창의적 사고를 독려하고 직원의 도전의식을 자극하는 매니지먼트가 더 호소력이 크다.

  직원과 비전을 공유하려면 충분한 정보와 자원을 제공해야 한다. 직원의 창조적 사고를 촉진하려면 오피스 환경보다 많은 정보와 자원을 주어야 한다. 직원이 관여하는 비즈니스 전체 모습을 상세하게 전달해야 한다. 비전을 실현하기 위해 각 직원의 역할이 왜 필요하고, 얼마나 중요한지 깊이 이해하도록 한다. 조직의 비전을 공유하고 자신의 목표가 얼마나 중요한지 인식하면 당연히 책임감이 강해지고 더욱 자율적 행동을 할 수 있다.

동료에게 활력을 주거나 혁신적 발상을 하는 직원을 우대하는 대책도 필요하다. 창의적 아이디어를 내는 직원을 높이 평가하여 창의적 업무에 도전하도록 격려한다. 새로운 발상으로 업무를 추진하거나 획기적인 방식을 제안하는 직원을 공개적으로 칭찬하는 것도 좋다. 꼼꼼히 정확하게 일하는 직원뿐만 아니라 관리자는 창의적 사고, 성실성과 정확성도 모두 정당하게 평가하는 자세가 필요하다.

텔레워크 환경에서 업무 분담은 오피스 환경과 다르다. 동료들과 다른 일정으로 업무를 추진하기 때문에 업무의 추진상황과 마감 기한이 모호하고 때로는 업무가 지연된다. 비대면으로 일하기 때문에 수시로 상사에게 보고, 연락, 상담하기 어렵다. 갑자기 업무의 우선순위가 바뀌고, 돌발상황이 발생할 수 있다.

이러한 상황에 대비해 텔레워크 환경에서 관리자는 더 세심한 목표관리와 진도관리가 필요하다. 반기, 분기별 목표관리 외에 매월 중간목표를 세워두고 세심한 관리를 한다. 평소보다 짧은 기간에 납기관리를 해야 한다. 원격으로 진도를 확인하고 상황에 따라 인력을 조정하거나 대체하여 빠르게 대응해야 한다. 업종과 업무 특성에 따라 납기를 유연하게 변경할 필요도 있다. 목표달성 프로세스를 꼼꼼하게 통제하지 않고 업무처리 방식은 직원에게 맡기고 어디까지나 목표달성을 평가하는 것이다. 업무프로세스의 자율성을 존중하는 대신, 목표관리와 진도관리는 오피스 근무보다 더욱 관심을 가져야 한다. 직원 모두 비전을 갖고 자율적인 업무태도로 조직의 목표를 달성하도록 점검하고 지원하는 것이 관리자의 중요한 임무다.

글로벌 조직은 관리자가 국내에 있고 직원은 세계 여러 국가에 흩어져 있는 경우가 많다. 최초 한번 직접 만나 미팅을 한 후에 리모트 워크로 업무를 추진하고 있다. 이러한 팀 관리자는 다른 국가에 있는 직원과 비전을 공유하고 창의적 사고의 독려, 세심한 진도관리, 명확한 직무와 미션 제시를 당연하게 생각한다. 업무에 착오나 차질이 생기지 않도록 끈질기게 인내를 갖고 신중하게 설명하는 것은 상식적인 업무다.

관리자는 주도적으로 직원과 커뮤니케이션할 기회를 가져야 한다. 오피스 환경에서 상사는 언제든지 편하게 직원에 다가가서 말을 걸고, 상담할 수 있었다. 하지만 텔레워크 환경에서는 의도적으로 커뮤니케이션 기회를 만들어 대화를 시도해야 한다. 부하에게 커뮤니케이션 기회를 자발적으로 맡겨두면 난이도가 높은 업무는 방치될 위험이 있다. 매주 정기적인 전화 미팅을 통해 업무 상황을 확인해야 한다. 업종과 업무 특성에 따라 적정한 횟수를 정해서 업무추진 상황을 확인한다.

관리자는 부하의 업무를 배분할 때 직무급 사고를 가져야 한다. 지금까지 대체로 기업에 구체적이고 전문화된 직무를 갖고 일하는 사람은 많지 않았다. 입사 후에 정기적으로 기업 전체 부문을 이동하거나 특정 부문의 여러 직무를 이동하며 일해왔다. 이제 한국기업도 유럽과 미국기업과 같이 개인의 직무와 미션을 명확하게 설정해야 한다. 특히 텔레워크 환경에서는 각 직원의 직무와 미션이 무엇인지 명확하게 설정해야 한다. 관리자는 각 직원에게 무엇을 할 것인지, 어떤 역할을 수행해야 할지 명확하게 전달하는 매니지먼트를 해야 한다. 불확실한 경영환경에서 언제 돌발적인 상황이 벌어질지 모른다. 예상치 못한 상황이 발생하면 기업이 대처해야 할 새로운 일이 발생한다. 이때 관리자는 각 직원이 담당하는 직무 사이에 빈틈이 생기지 않도록 하는 대책도 필요하다. 미국기업에서 기본적으로 직원은 직무기술서에 근거하여 직무를 수행하지만, 필요하다면 상사와 상담하여 직무기술서에 없는 틈새 업무도 요구하고 있다. 직무와 미션을 명확히 하면서 환경변화에 따라 조직을 유연하게 운영해야 한다.

직원에게 배분한 업무에 기대 품질을 명확히 하고 각 직원의 업무추진 상황을 정기적으로 팀 전체가 공유한다. 짧은 기간에 끝낼 업무, 급하게 배분한 업무의 기대 품질은 70점 정도로 낮출 수 있다. 기대 품질을 잘못 이해하면 70점을 요구한 업무를 90점 이상으로 과도한 노력을 투자할 위험이 있다.

팀 전체가 어떤 업무를 실시하고 있고, 각 직원이 업무추진상황을 서로 이해할 수 없다면 새로운 업무에 대응할 수 없다. 이런 환경에서 먼저 네트워크 조직으로 이행할 필요가 있다. 또한 네트워크 중심이 되는 관리자와 핵심 직원이 주 1회 정도 정보를 공유하여 팀 전체의 업무실태를 파악하고 업무 분담을 검토한다. 최근 온라인 테스크 관리 툴을 활용하여 업무 분담과 진도를 확인할 수 있다.

관리자는 IT 기술을 최대한 활용하여 업무를 효율화해야 한다. 디지털 기술이 발전하고 저렴해지는 가운데 온라인 커뮤니케이션은 경제적 효용이 커졌다. 관리자는 온라인 커뮤니케이션을 전제로 하여 팀 전체의 업무를 설계해야 한다. 해외에서도 온라인 커뮤니케이션이 보급되고 있고, 글로벌 차원의 보편적인 커뮤니케이션 스타일이 되었다. 관리자는 새로운 일 방식을 활용하는 관점에서 각 직원의 업무를 재정의해야 한다.

지금까지 텔레워크 환경에서 직원의 자율적 매니지먼트의 필요성을 언급했다. 무엇보다 현장 관리자에게 매니지먼트 핵심은 일상적인 업무를 효과적으로 추진하여 성과를 내는 것이다. 직원에게 적합한 업무를 배분하고, 권한을 위임하고, 적시에 적절한 업무지원을 통해 업무효율과 성과를 올릴 수 있다. 이렇게 중요한 업무추진 관리 스킬을 가르쳐주는 곳이 없다. 여기에서 소개하는 관리자의 업무관리 매니지먼트 스킬은 텔레워크 환경에서만 적용되지 않는다.

① 부하에게 업무 배분 능력을 키워라

최근 노동환경에서 관리자는 법률을 준수하면서 조직의 생산성을 높여야 하는 과제를 안고 있다. 직원의 워라밸을 중시하고, 주 52시간 근무시간을 준수해야 한다. 현재 대부분 기업은 직원마다 가족 상황, 고용 형태도 다양하고, 20대부터 60대까지 여러 세대로 구성되어 있다. 대부분 직장에 비정규직의 비율도 높고, 육아와 간병을 하며 일하는 직원도 점점 늘어나고 있다. 외국인 부하를 둔 관리자도 있다. 코로나 사태 이후 텔레워크로 일하는 사람들도 늘어나고 있다. 일찍이 관리자는 직장에서 이런 상황을 경험하지 못했다.

노동환경이 엄격해지고 다양한 개인 사정이 있는 직원들과 함께 성과를 달성해야 하는 압박은 더욱 커지고 있다. 관리자는 이러한 변화에 적응하며 매니지먼트 능력을 발휘해야 한다. 업적을 달성하면서 부하를 육성하고, 생산성을 높이는 매니지먼트 능력이 필요하다.

이렇게 다양한 인재에게 관리자는 어떻게 업무를 배분할까? 간단한 문제가 아니다. 누구에게 어떤 업무를 맡길 것인지 명확한 판단기준을 찾기 어렵다. 업무 배분은 관리자의 매니지먼트 능력 중에서 매우 중요한 요소다. 사람은 새로운 것을 배워 인식을 바꾸지만 실제로 어떤 일을 경험하면서 성장한다. 부하도 직무 경험을 통해서 성장한다. 업무 배분은 업적달성뿐만 아니라 프로세스에서 인재를 육성하는 기능이 있다. 관리자는 업적달성과 인재 육성을 통합해서 부하를 성장시켜야 한다. 어떤 부하에게 무슨 업무를 맡길지를 설계하는 것은 관리자의 중요한 행동이다. 업적 달성관점뿐만 아니라 직무를 통해 부하를 성장시키는 관점을 가져야 한다.

업무를 배분하는 것은 일을 나누어 주는 것이다. 리쿠르트워크스연구소는 업무 배분을 "조직이 달성해야 할 목표에 근거하여 부하에게 시킬 업무를 구체화하여 할당하고, 그 직무를 달성할 때까지 지원하는 것"이라고 정의하고 있다. 업적성과를 최대화하기 위해 업무 배분을 프로세스로 제시하고 있다. 관리자는 각 프로세스에서 직원의 업무추진 능력을 높이고 이끌어가는 스킬을 높여야 한다. 그리고 업무 배분의 정의에 따라 업무 배분 모델을 크게 목표설정, 직무 분담, 달성지원, 마무리와 검증 4단계로 구분하고 있다. 이러한 업무 배분 프로세스에 대해 간략하게 설명하겠다.

· 1단계: 목표설정 단계

목표설정이란 일정한 기간에 조직이 달성해야 할 목표를 설정하고, 목표를 달성하기 위한 직무를 설계하는 것이다. 이 단계에서 업무 기간이 끝날 때 조직이 무엇을 달성했는지, 어떤 상황에 있는지 언어화하고 목표로 정하는 것이다. 또한 목표를 달성하려면 진정 필요한 직무를 생각하고, 각 직무의 구체적인 순서와 목표까지 예상해야 한다.

• 2단계: 직무 분담 단계

직무 분담이란 가장 적합한 사람을 정해서 직무를 맡기는 것이다. 목표설정 단계에서 설계한 몇 가지의 직무를 부하에게 맡길지 계획하고, 각 부하에게 맡길 직무를 전달한다.

업무 배분은 업적을 최대화하고, 부하를 성장시키는 기능이 있다. 여러 직무를 어느 부하에게 맡길지 검토하고, 부하가 맡은 직무에 대해 보람을 느끼고, 그 직무를 수행하면서 성장을 느낄 수 있는지 검토한다. 관리자는 직무를 맡은 부하가 직무 목적을 이해하고 책임을 갖고 직무를 수행하는 상태를 만들어야 한다.

• 3단계: 달성지원 단계

달성지원이란 직무의 진도를 관리하여 목표달성을 지원하는 것이다. 부하에게 직무를 할당해도 업무 배분이 완료되지 않는다. 부하를 신뢰하고 직무를 맡겨도 부하의 진도를 파악하고, 필요에 따라 지원한다. 부하를 지원하여 예상하는 목표를 확실히 달성할 수 있는 상황을 만드는 것이다. 이 단계에서 부하가 높은 의욕을 갖고 직무를 수행하고, 각 직무가 계획대로 추진되도록 해야 한다. 관리자가 개입하지 않아도 부하가 직무를 완수하고 부하가 성장하는 것이 이상적인 모습이다.

• 4단계: 마무리 검증 단계

마무리와 검증이란 직무 완료 상태를 확인하고 검증하는 것이다. 부하가 직무를 완수한 것을 확인하고, 성과를 적절하게 평가하고, 부하와 관리자 자신의 행동을 회고하면서 업무 배분의 한 사이클이 완결된다. 부하에게 맡긴 직무를 목표한 수준까지 달성하도록 하여 직무의 성과를 최대화한다.

또한 완료한 직무를 적정하게 평가하여 개선해 나가도록 한다.

[관리자의 업무분배 모델]

1단계: 목표설계	목표를 종합적 관점에서 파악하여 더 좋은 목표를 설계한다.
2단계: 직무설계	목표를 달성하기 위해 직무를 발굴하고, 직무요건을 명확히 한다.
3단계: 인력배치	직무에 필요한 스킬과 부하의 스킬과 특징을 고려하여 직무를 맡을 부하를 배치한다.
4단계: 권한위임	부하가 납득하고 직무에 추진할 수 있도록 직무를 맡긴다.
5단계: 모니터링	직무가 예정대로 진척되는지 점검하고 적절한 상태를 유지한다.
6단계: 개입	부하와 직무가 바람직하지 않은 상태일 경우 개입하여 원래 상태로 회복한다.
7단계: 마무리	부하가 위임한 직무를 완수하고 성과의 가치를 높인다.
8단계: 검증	부하의 직무성과를 평가하고, 함께 업무추진 과정을 점검한다.

출처: 리쿠르트워크스 연구소(2019), 필자가 재구성

관리자는 직원이 보이지 않는 텔레워크 환경에서 업무를 배분하기 전에 그 업무를 전망해보아야 한다. 만약 최종 성과물과 납기를 정하기 어려운 모호한 상태에서 직원에게 업무를 배분하거나 지시하지 않아야 한다. 텔레워크 환경에서 업무모니터링에 한계가 있기 때문에 어떤 일이 구체적으로 발생할지, 업무의 순서나 자원이 어디에 있는지 확인해 두는 것이 좋다. 가능한 업무 단위를 작게 구분하고 하나하나 업무의 납기를 짧게 설정하는 것이 좋다.

수개월이 걸리는 장기적인 업무를 배분하면 중간의 진도관리가 쉽지 않다. 시간이 걸려 추진한 업무가 예상과 다른 결과로 나올 수 있다. 따라서 3개월이 걸리는 업무라면 몇 개의 업무 단위로 쪼개서 1주~1개월을

납기로 하여 업무를 배분한다. 또한 직원의 적성과 능력 수준, 개인적인 상황을 고려하여 업무를 배분하는 매니지먼트 스킬이 필요하다.

[텔레워크 환경에서 관리자의 업무 배분 스킬]

사전 시뮬레이션	• 업무를 배분하기 전에 그 업무를 전망해본다.
업무 크기 조정	• 업무 단위를 작게 쪼개서 하나의 업무 납기를 단축한다.
권한위양	• 직원의 자율적 업무능력에 맞춰 적절하게 권한을 이양한다.
모니터링	• 부하의 보고에 의존하지 않고 적극적인 커뮤니케이션으로 핵심 분야의 업무추진 상황을 점검한다.
동료 협력	• 부하의 업무에 최소한으로 관여하고 동료의 협력을 촉진한다.
위기관리	• 관리자는 위험한 상황에서 망설이지 않고 업무를 인수한다.
완료 확인	• 업무종료 시점을 명확히 하여 업무 공백을 피한다.
성과공유	• 업무의 성과를 올린 요인을 모든 동료와 공유한다.

② 업무 권한을 주어라

보통 과장의 이상의 관리자가 관리하는 직원은 5~10명 정도다. 팀장, 사업부장 등 관리자는 누구나 부하에게 업무를 배분하며 지시한다. 부하의 능력과 상황에 맞춰 적절한 업무를 배분하는 것은 관리자의 핵심적인 역할이다. 여러 명의 부하에게 업무를 배분하고, 진행 과정에서 업무를 일일이 지시하고, 행동을 관찰하며, 세세하게 무엇을 해야 할지 가르쳐주는 것은 현실적으로 불가능하다. 자율적으로 일하는 부하가 많을 때 업적을 쉽게 달성할 수 있다. 자율적으로 일하는 부하를 육성하려면 어느 정도의 권한을 주어야 한다.

관리자는 부하에게 구체적인 업무를 배분하면서 어느 정도 권한을 갖고 일할지 명확하게 제시해야 한다. 스스로 책임을 갖고 모든 일을 추진하기 위한 전제로서 어느 정도까지 부하직원이 결정하면 좋을지 권한 범위를 명확하게 해야 한다. 구체적으로 어느 정도의 업무 권한을 주면 관리자에게 상담하지 않고, 개인의 재량으로 직무의 추진 방법을 결정해도 좋을지 명확히 설정하는 것이다. 또한 부하가 업무를 추진하기 쉽도록 그 업무과 관련된 다른 부하에게도 권한위임 사실을 전해야 한다.

사람이란 스스로 결정한 일에 강한 책임감을 느낀다. 업무 달성에 책임감을 느낄 때 더욱 자율적으로 업무를 추진한다. 부하에게 권한을 넘겨주면 넓은 범위에서 생각하고 행동하기 때문에 더욱 자율적인 행동을 촉진한다. 부하가 스스로 의사결정을 내릴 기회를 많이 만들면 부하는 업무 시야를 넓히며 성장한다. 이렇게 권한위임은 인재를 육성하는 기능이 있다.

다만, 부하에게 권한을 위임한다고 해서 관리자는 그 직무의 책임에서 벗어나는 것이 아니다. 어디까지나 관리자는 최종책임을 갖고 있다. 따라서 부하의 직무 추진상황을 적절하게 파악하고, 지원해야 한다.

③ 지원역할에 충실하라

부하를 믿고 맡겼다고 해서 업무가 제대로 추진된다는 보장이 없다. 부하의 능력과 업무 경험에 차이가 있다. 특히 업무 경험이 부족하거나 새로운 업무에 도전하는 직원의 업무 또는 회사의 경영목표와 관련된 중요한 업무는 세심하게 챙기고 지원해야 한다. 부하의 업무를 지원할 때 측면 지원과 육성적 지원이 있다. 측면 지원은 부하가 힘든 과제에 부딪힐 때 원인과 문제해결 방법을 함께 생각하는 것이다. 힘든 상황에서 선배 동료나 회사 내외 인맥의 지원을 받아 직무를 완수하도록 지원한다. 육성적 지원이란 어려운 과제에 도전하는 부하가 새로운 직무 경험을 쌓고, 스킬과 능력을 높이도록 지원하는 것이다. 업무 납기의 중요성을 강조하지만 때로는 부하의 성장을 위해 참고 기다리는 매니지먼트 스킬이 필요하다.

업무 납기에 민감한 관리자는 부하의 권한을 빼앗거나 주체적 행동을 방해할 가능성이 있다. 부하를 지원하는 과정에서 과도하게 부하의 직무에 개입하지 않도록 주의해야 한다. 특히 경험이 풍부한 관리자는 부하의 직무 수행에 대해 참견하는 경우가 많다. 그러나 부하의 직무 수행이 걱정되어 과도하게 개입하면 자율적 업무태도를 갖기 힘들다. 부하의 직무 수행을 계속 지켜보고 참아내면서 주체적으로 직무를 추진하도록 지원해야 한다. 텔레워크 환경에서 관리자가 지원하는 역할에 충실하려면 3가지 요건이 필요하다.

첫째, 부하의 업무 책임을 명확히 하는 것이다. IT 솔루션으로 상시 감시하려는 관리자는 부하를 믿고 맡겨두지 않고 있다는 증거다. 어떤 관리자는 자신의 평가에 신경 쓰고 일을 놓지 않으려고 한다. 부하의 수동적인 업무태도나 납기를 의식해서 관리자 자신이 직접 업무를 추진하는 것이 빠르다고 생각하고 부하에게 일을 맡기지 않는 관리자도 있다. 관리자는 어떤 상황에서도 부하를 믿고 일을 맡겨야 한다. 애초에 원격에서 부하의 일하는 모습을 파악하기 어렵다. 그렇다면 상시적으로 감시할수록 부하는 의욕을 상실하기 때문에 맡긴 업무의 당사자는 부하의 책임으로 명확히 한다. 그리고 부하에게 목표달성을 위한 스케줄을 세우도록 하고 상사는 승인하고, 지원역할을 더욱 철저히 하는 것이다.

둘째, 최대한 자세하게 업무를 지시하고 전달해야 한다. 오피스 업무환경에서는 부하는 조직의 분위기를 파악하고, 적절하게 행동할 수 있다. 그러나 텔레워크에서 메일과 채팅 커뮤니케이션에서는 상대의 표정과 몸짓언어를 볼 수 없기 때문에 진의를 파악하기 어렵다.

따라서 상사는 지금보다 더욱 세심하게 전달내용을 구체적으로 전달해야 한다. 어떤 사항을 보고해달라고 모호하게 말하지 않고, 언제 무엇을 누구에게 어떻게 보고하라고 매우 구체적으로 전달해야 한다. 명료하게 의도를 전달하여 오해를 불러오지 않도록 노력해야 한다.

셋째, 팀의 동료의식을 높여야 한다. 텔레워크 환경에서 직원이 서로의 상황을 공유하지 않으면 일이 제대로 진행되지 않을 경우가 많다. 재택근무를 계속하면 고독감을 느끼고 정신적 고통을 호소하는 사람도 있다. 부하직원이 고립되지 않고 활기차게 일할 수 있도록 배려해야 한다. 따라서 상사는 원격에서 팀의 동료의식을 높이고 협력하기 위해 온라인 퍼실리테이션 역할이 필요하다. 온라인회의에서 참여자 전원에게 발언을 유도하거나 직원에게 순서대로 사회자 역할을 맡기는 것이다. 회의 이상으로 직원은 책임감을 갖고 대화를 활성화하는 효과가 있다.

④ 가치를 전파하라

부하가 직무를 완수하고 좋은 성과를 올릴 때 그 성과를 대외적으로 어필하여 좋은 반향을 일으킬 수 있다. 다른 직원들에게 좋은 사례를 공유하여 간접적으로 성과 창출을 자극하는 효과도 크다. 부하가 주체적으로 추진한 직무의 성과와 가치를 부하가 실감할 수 있게 하는 것이 목표다. 직무성과와 가치는 실제로 직무를 추진한 부하가 더 잘 인식하고 있다. 하지만 전체를 그려볼 수 있는 관리자는 부하 직원의 성과를 주변 동료와 다른 부서에 알려줄 수 있다. 부하가 새로운 방식으로 성과를 올린 구체적인 방법을 공유하는 것이다. 관리자가 성과를 공유하는 모습이 부하 직원에게 알려진다면 그는 더욱 자신감을 가질 것이다. 부하 직원이 하나의 직무를 달성하면 다음에는 더욱 책임이 큰 직무에 도전하도록 한다. 부하는 자신감이 축적되면서 어려운 직무라도 대담하게 도전할 것이다. 부하를 성장시키려면 부하에게 직접 도전할 과제를 선택하도록 한다.

⑤ 부하와 함께 점검하라

직무를 완수하면 업무의 질과 효율을 평가하고, 성과를 검증하면서, 개선할 점을 지도한다. 직무를 완수한 후에 다음 직무에 착수하기 전에 부하와 함께 배분한 직무를 정례화하는 것이 좋다. 구체적으로 부하가 수행한 직무를 올바르게 평가하거나 피드백한다. 부하의 업무추진 내용 중에서 잘했던 점과 개선이 필요한 행동에 대해 편하게 대화를 나누는 것이다. 부하 직원는 가치와 효율의 관점에서 수행한 직무가 얼마나 완성도가 있었는지 이해하고, 다음에 어떻게 하면 더 효과적으로 직무를 수행할지 이해할 수 있다.

부하와 함께 직무를 점검할 때 열심히 노력해서 성과를 올린다면 확실히 평가받을 수 있다고 부하가 이해하도록 한다. 적정한 평가는 자율적 행동을 촉진하는 중요한 요소다. 성과를 올리고 있지만, 그 성과를 평가하지 않으면 부하 직원의 열정과 사기는 꺾일 것이다. 적정한 평가를 하려면 사전에 직무의 달성기준을 명확히 해야 한다.

또한 직무의 추진과정을 점검할 때 성공요소와 실패요소를 부하

직원과 함께 파악하고 정리한다. 객관적인 사실을 전달하면서 부하가 스스로 직무추진과정에서 잘했던 점과 개선점을 말할 수 있도록 해야 한다.

[텔레워크의 팀 운영 방법]

○ 일하는 장소의 규칙을 만들어라

팀원 모두가 참여하여 업무장소에서 지켜야 할 규정을 만든다. 스케줄에 회의와 외출, 추진업무의 내용도 기록한다. 업무의 시작과 종료 시간에 체크인과 체크아웃 코멘트를 하는 것, 호출하고 정보를 보낼 때 대면 이상으로 배려하도록 한다. 얼굴이 보이지 않아 발생하는 재작업, 의사소통이 원활하게 하여 서로 기분 좋게 일할 수 있도록 한다. 모든 사람이 ICT 능력을 높여야 한다. ICT 툴을 도입할 때 사전에 사용 방법을 충분히 숙지하여 능숙하게 사용한다.

○ 투명하고 신뢰관계를 통해 업무 진도를 관리한다

모든 업무는 기본적으로 같은 기간에 진행되지 않는다. 각 직원은 업무 납기일까지 확실히 문제없는 품질로 업무를 마무리한다는 신뢰관계를 구축해야 한다. 관리자는 직원에게 그 중요성을 알려주고, 팀에게 업무추진 사항을 공유하고, 납기가 늦어질 때 솔직하게 보고하는 문화를 만든다. 정기적으로 진도 상황을 보고하는 규칙을 만든다. 관리자는 발생하는 모든 업무의 담당자를 정해 긴급하고 중요한 업무가 사각지대에서 방치되지 않도록 한다.

○ 온라인회의의 생산성을 높인다

필요한 회의를 필요한 사람만 참여하도록 한다. 각 업무에 집중력을 높이기 위해 회의 횟수를 늘리지 않고 참여자도 엄선한다. 회의 내용을 기록하는 데 수고를 덜기 위해 자동화 기능을 활용한다. 자료를 그 장소에서 직접 수정하고 업데이트하여 회의의 생산성을 높인다.

○ 팀원의 건강 상태에 유의한다

텔레워크 환경에서 직원은 고독에 빠질 수 있다. 관리자는 솔직한 커뮤니케이션으로 육체적·정신적 상태를 항상 파악해야 한다. 직원의 실패와 실수, 더딘 업무 진도에 대해 과도하게 추궁하지 않도록 한다. 팀원 간 커뮤니케이션으로 동료의 변화에 이상을 느끼면 관리자에게 보고하도록 한다. 텔레워크 환경에서 과잉 노동으로 스트레스가 발생하기 쉽다. 직원의 과로를 배려하고 건강관리에 유의해야 한다.

○ 업무 외의 커뮤니케이션을 실시한다

 업무에서 솔직하고 지체 없이 커뮤니케이션하려면 조직의 위계질서를 지나치게 의식하지 않도록 해야 한다. 관리자는 연령과 직급에 구애받지 않고 누구나 발언할 수 있는 분위기를 조성한다.

 업무 이야기뿐만 아니라 잡담과 개인적인 정보교환도 장려하면 업무상 커뮤니케이션을 쉽게 하는 효과가 있다. 모든 직원이 온라인 대화에 익숙하게 만들어야 한다. 사소한 것 같지만 이모티콘이나 스탬프 등을 사용하여 감정을 전달할 필요도 있다.

○ 팀워크를 높이는 비일상적 상황을 연출한다

 함께 없는 시간이 늘어나기 때문에 팀 전체가 모이는 정기적인 모임이 중요하다. 오프라인의 이벤트를 마련하고 직원들이 즐거움을 연출하는 기회를 가진다. 팀원이 한 장소에 모여 거리감을 느끼지 않도록 각종 활동과 게임도 효과적인 수단이다. 오프라인 이벤트를 기획할 때 다양한 사람들이 참여하도록 개최일과 시간대를 변경하는 것도 바람직하다.

직무 성과를 명확히 평가하는 인사관리 시스템을 구축하라

텔레워크 업무환경에 맞춰 기업은 전략적으로 인재매니지먼트 변혁을 추진해야 한다. 코로나 충격으로 간헐적 일회성 텔레워크를 추진하는 관점으로는 인사매니지먼트에 문제의식이 생기지 않는다. 코로나 이후의 변화를 염두에 둔 장기적 비전 아래 조직의 인재관리 방향을 설정해야 한다.

인재 매니지먼트 변혁이 필요한 시대

현재 인재매니지먼트의 변혁이 필요한 배경은 무엇일까? 기업을 둘러싼 환경을 보면, 디지털화(DX)에 의해 기존의 가치관을 근본부터 바꾸는 혁신적인 이노베이션이 계속 진전되고 있다. 사이버와 디지털의 융합으로 새로운 인간중심의 세계가 탄생하고 있다. 디지털 혁명으로 다양한 일 방식을 활용하여 사업은 국경장벽을 쉽게 넘고 글로벌화가 더욱 빨라지고 있다. 그리고 기업의 사업모델과 산업구조 자체가 바뀌고 있다.

이러한 디지털 혁명이 진행되는 과정에서 코로나 사태와 맞물려 극적인 변화가 일어나고 있다. 미국 '마이크로소프트'의 CEO인 사티아 나델라는 코로나로 인해 2년분의 디지털 변혁이 2개월 만에 일어났다고 말했다. 코로나에 의한 사회 경제적 충격은 매우 광범위하다. 이미 사람의 가치관과 라이프스타일, 일하는 방식이 최근 일 년 만에 크게 바뀌었다. 이러한 사회 경제적 변화에 따라 일시에 사업 전반의 개혁을 추진하려는 기업도 늘어나고 있다.

언제 종식될지 모르는 코로나 시대에 아직 불확실성이 많다. 사회와 산업구조가 코로나 전과 다른 모습이 되리라는 것만 확실하게 예상할 수 있다. 기업은 이렇게 불투명한 환경에서 지속적 성장을 확보하는 것이 긴급하고 중요한 과제다. 기업은 장기적인 사업의 수익성과 가치를 전망하고 사업 방향과 조직구조의 개혁을 검토해야 한다. 수익이 일시에 악화되면 자금확보와 다운사이징을 시작하고, 기존 사업을 재편할 수밖에 없다. 코로나 충격이 업종과 규모에 따라 다르기 때문에 회사에 미치는 영향을 예측해야 한다. 당연히 경영의 핵심 부문인 인재매니지먼트에 미치는 구체적인 영향도 파악하고 필요한 대책을 마련해야 한다.

인재매니지먼트는 지금 이상으로 직원의 안전을 보장하고, 생산성을 높이는 대책이어야 한다. 이를 기반으로 사업기반을 확보하고 최적화하는 노력이 필요하다. 첫째, 기업은 코로나가 종식되어도 기업은 오피스에서 직원 간 물리적 거리를 확보하는 사무환경을 개선하는 안전대책을 실시해야 한다. 비상사태에서도 사업을 계속 유지하기 위해 사업과제를 사전에 결정하여 소수라도 업무를 추진하거나 신속하게 텔레워크로 이행하는 대책을 마련해야 한다.

직원의 정신건강도 중요하다. 기업은 직원의 건강관리 상태에 주의를 기울여야 한다. 기업의 근간이 되는 직원의 건강관리를 개인에게만 맡기지 않고, 핵심적인 경영자원으로 인식해야 한다. 불확실한 환경에서 우울증 등 정신적 고통을 호소하는 직원은 시간이 갈수록 크게 늘어날 것이다. 특히 재택근무가 길어지고, 주변 동료와 커뮤니케이션이 부족한 환경에서 직원은 고립되어 심리적으로 위축되기 쉽다. 직원의 정신건강을 유지하는 것은 장기간 활용할 수 있는 안정된 경영자원을 확보하는 것과 같다.

둘째, 기업은 생산성을 유지하고 높이는 대책을 추진해야 한다. 기업의 생산성은 지속적 성장을 위한 발판이다. 생산성을 높이기 위해 새로운 일 방식에 적합한 조직매니지먼트와 인재 육성을 위한 개혁도 필요하다. 앞으로 기업이 직원에게 요구하는 인재상과 매니지먼트 스타일의 패러다임이 바뀔 것이다. 기업은 회사에 적합한 인재매니지먼트 방법을 재정의하고 전 직원에게 명확히 제시할 필요가 있다. 인재 육성을 위한 대면 교육과 온라인 교육 등 유연한 환경에서 직원들의 커뮤니케이션을 활성화하기 위해 조직개발을 추진하는 기업도 늘어날 것이다.

셋째, 탤런트 매니지먼트가 필요하다. 탤런트 매니지먼트란 직원의 보유 능력과 스킬을 최대한 활용하기 위해 전략적 인사 배치와 육성을 하는 매니지먼트 방식을 말한다. 최근 외국기업은 인사부서에 직원의 인사자료를 해석하는 인사엔지니어라는 직무를 두고 있다. 기계나 전자 분야에서 기술자가 아니라 직원과 대화를 중시하는 사람이다. 직원과 대화를 통해 자료에 의한 한계를 극복하고 직원의 가진 다양한 능력과 스킬을 전략적으로 활용하려는 것이다.

앞으로 기업의 인사 부문은 테크놀로지와 소셜미디어의 활용을 적극적으로 늘릴 것이다. 세계 주가 총액 톱 10대 기업에 속하는 미국 IT 기업은 인사테크놀로지를 적극적으로 활용하고 있다. 세계 톱 기업이 인사테크놀로지를 활용하는 이유는 뭘까? 이들 기업의 가치는 직원의 수가 아니라 한 사람 한 사람의 높은 재능과 능력 그리고 스킬에서 나온다고 믿기 때문이다. 직원 개개인의 능력과 스킬을 세밀하게 데이터화할 수 있다면 경영전략에 따라 신속하고 최적으로 인재를 활용할 수 있다는 점이다.

경제성장기에는 일정 수준 이상의 노동력을 확보하면 국가 경제의 경쟁력이 강화되었다. 그러나 현재는 직원 개개인이 가치를 창출하도록 능력에 따른 적절한 육성과 배치를 해야 생존할 수 있는 시대다. 경영자는 혼자서 전 직원의 능력과 스킬을 파악할 수 없다. 직원의 능력과 스킬을 데이터화하여 활용하는 경영은 사람중심이라는 기업 철학을 실천하는 것과 같다.

만약 방대한 개인정보를 통합하고 분석할 수 있다면 성별, 연령, 국적 등의 편견이 섞인 판단으로 결정하지 않아도 될 것이다. 관리자는 직원의 특성이 나타난 자료를 참고하면서 사람에 따라 일하는 방식, 육성하는 방법을 다양하게 적용할 것이다.

미래 기업은 유연한 일 방식으로 일하는 다양한 인재를 활용할 것이다. 외부에 유능한 인재를 활용하고 계속해서 유지하려면 인재에 대한 적절한 평가와 처우를 해야 한다. 기존의 인사제도와 대책으로 한계가 있기 때문에 인사부문은 탤런트를 관리하는 새로운 인사제도가 필요하다. 즉 지금보다 다양한 인재를 적절하게 개별적으로 관리하기 위한 인재매니지먼트가 필요하다. 회사에 어떤 인재가 필요하고, 개별 인재에 적합한 인사비전을 명확히 설정하고, 그에 맞춰 적절한 제도와 대책을 수립해야 한다. 회사의 비즈니스를 수행하는 데 필요한 인재의 스킬, 취업에 대한 가치관에 따라 인재를 명확하게 구분하여 대우할 필요가 있다.

프로세스가 아닌 성과로 평가하라

텔레워크를 경험한 사람들의 의견은 찬반양론으로 나뉘고 있다. 부정적으로 평가하는 사람은 업무관리가 어렵고, 스트레스가 쌓이고, 생산성이 오르지 않는다고 말한다. 텔레워크가 제대로 추진되기 어려운 이유는 한 공간에 모여 일하는데 익숙해진 업무스타일 탓도 있다. 그러나 무엇보다 업무시간 관리와 평가라는 인사관리 문제가 텔레워크의 확대를 가로막는 중요한 이유다.

텔레워크에서 실제로 근무하는 시간을 파악하기는 매우 어렵다. 노동시간은 임금산정과 건강관리의 기초가 된다. 오피스 업무는 출퇴근 시간을 파악하면 간단히 해결되지만 텔레워크는 그렇게 간단한 문제가 아니다. 어떤 회사는 컴퓨터의 IN/OUT을 출퇴근 시간으로 간주하여 근무 시간대를 파악하고 있다. 카메라를 이용하여 정말 컴퓨터 앞에 있는지 확인하는 시스템을 도입한 회사도 있다. 이처럼 텔레워크 환경에서 보이지 않는 직원을 매니지먼트하기가 그만큼 어렵다. 원격근무를 하는 직원을 마음대로 관리할 방법도 없다. 코로나 사태로 긴급하게 재택근무를 경험한 관리자는 누구나 이러한 현실을 금방 이해할 것이다.

텔레워크의 본질을 이해하면 부하관리와 업무관리라는 강박관념에서 벗어날 수 있다. 텔레워크의 본질은 업무시간과 생활시간의 경계를 일부러 모호하게 하여 생산성을 높이는 일 방식이라는 점이다. 9시부터 6시까지 일하면 출퇴근 시간이 줄어드는 효과도 있지만 실제로 텔레워크의 효과는 그 이상으로 크다. 개인의 가족 상황에 따라 집에서 일하면서 육아와 간병을 동시에 할 수 있다. 업무 중에서 자녀를 돌보는 시간을 할애하고 돌봄이 끝나면 바로 업무를 계속할 수 있다.

집에서 일을 할 수 있기 때문에 가족도 돌볼 수 있다. 집중할 수 있을 때 일을 하고, 기분이 산만할 때 취미와 휴식시간으로 대체할 수도 있다. 사람에 따라서 24시간을 최대한 활용해 개인생활을 충실히 하면서도 회사업무의 생산성을 올릴 수 있다. 이것이 텔레워크의 본질이자 장점이다.

관리자는 텔레워크 환경에서 직원이 회사업무와 사생활의 모호한 경계에 있다는 점을 인식해야 한다. 적극적인 관리는 오히려 텔레워크의 본질적 기능을 방해할 수 있다. 오피스 업무와 같이 노동시간에 따른 급여제도는 생산성 향상으로 이어지기 어렵다. 그러나 관리자는 보이지 않는 직원의 업무추진 상황을 알기 어렵기 때문에 업무를 평가하기 어렵다고 말한다. 평가를 받는 직원은 업무프로세스와 성과를 제대로 평가받지 못할까 하는 마음에 불안해한다. 실제로 텔레워크로 일해보니 일을 정말 잘할 수 있는 직원과 일하는 척하는 직원이 보이기 시작했다는 목소리가 들린다.

일반적으로 회사는 프로세스(직무 수행을 위한 구체적인 행동과 공헌, 일에 대한 자세와 태도, 수행한 역할)와 성과 두 가지 요소를 고려하여 직원을 평가한다. 주로 행동, 자세, 성과 순으로 평가한다. 성과를 일 순위로 평가하는 기업은 많지 않다. 프로세스는 업무를 진행하는 과정을 평가하는 것이다. 관리자는 직원의 업무를 추진하는 자세와 태도를 봐야 제대로 평가할 수 있다. 프로세스를 평가하는 인사고과는 텔레워크 업무환경에서는 적합하지 않다. 프로세스 평가는 직원에게 열심히 일하는 모습을 보이도록 강요하고, 오래 일하는 업무환경을 초래한다. 관리자는 평소에 부하를 관찰해야 하는 부담이 생기고, 일 년 내내 직원을 감시하고 평가하는 상황이 된다. 텔레워크를 본격적으로 도입하려면 반드시 성과중심의 인사평가로 바꾸어야 한다. 결국 일하는 방법과 일정 관리는 직원에게 맡기고 관리자는 그 성과를 평가하면 해결된다.

성과를 중시하는 평가제도가 구축되지 않으면 텔레워크는 제대로 운영되지 않을 가능성이 크다. 아무리 철저하게 관리해도 텔레워크 환경에서 통하지 않고 관리자와 직원 간 신뢰관계만 손상될 뿐이다. 근본적으로 조직의 가치관과 관리방식을 바꾸지 않으면 텔레워크는 허울뿐인 제도로 전락할 뿐이다. 감시하는 관리를 넘어 진정한 성과주의로 이행하지 않으면 한계에 봉착할 것이다.

성과를 올바로 평가하기 위한 전제조건이 있다. 바로 직무와 과제 중심으로 조직을 운영해야 한다. 외국기업과 컨설팅 업계를 보면 비교적 순조롭게 텔레워크를 추진한다. 이들 기업은 직무와 과제가 명확하게 설정되어 있기 때문이다. 조직에 누가 어떤 직무를 담당하고, 직무 수행에 어떤 책임을 갖고 있는지 명확하게 설정되어 있다. 그리고 그 직무는 어떤 과제로 분해되어 매일 누가 얼마만큼 추진하고 있는지 공유되고 있다. 대면 업무처럼 자주 업무 진도를 확인할 수 없는 환경에서 직무와 과제가 명확하지 않으면 팀을 이루어 업무를 추진하기 어렵다. 긴급하게 텔레워크를 도입한 회사는 서로의 직무와 과제를 명확하게 공유하지 않으면 협력해서 일하기 쉽지 않다. 직원의 직무와 과제를 명확히 하고 서로의 역할과 책임을 이해할 수 있다면 이러한 문제를 해결할 수 있다.

직무급 인사제도는 유연한 일 방식을 만든다

직무급 인사제도는 직원의 업무 내용과 책임 범위에 따라 처우를 결정한다. 특정 직책과 직무에 인재를 채용, 배치, 육성, 처우하는 고용 형태다. 특정 직무를 수행할 사람이 필요한 사고다. 직무급 인사제도는 직무마다 등급을 매기고 직무의 달성상황을 평가하고, 직무의 가치와 달성상황에 따라 보수를 지급하는 제도다. 직무급 인사제도는 일반적으로 활용되는 직능급 인사제도의 기준이 직능과 사람(능력과 직능)이라는 점에서 차이가 있다.

[직무급과 직능형 인사제도 비교]

직무급 인사제도	직능급 인사제도
직무 기준	사람(능력) 기준
직무 범위가 명확하고 한정적	직무 범위가 애매하고 무한정
직무 가치의 크기에 따라 등급 부여	경험에 따라 축적된 능력을 중시
직무변경에 따른 승격	능력 제고에 따른 승격
주로 직무 수행에 따른 성과평가	주로 프로세스와 능력 평가
이동 배치하기 어렵다	이동 배치하기 쉽다
스킬 향상과 커리어 상승은 개인에게 의존, 전문인력을 육성하기 쉽다	스킬 향상과 커리어 상승은 회사주도, 제너럴리스트를 육성하기 쉽다
인건비 통제 가능	인건비 통제가 어려움
제도설계 비용이 많고, 정기적인 관리 필요	제도설계와 관리비용이 상대적으로 적음

출처: MUFG(2020), 필자 재구성

텔레워크와 같은 유연한 일 방식을 도입하려면 직무급 인사제도가 필요하다. 인사제도의 변경은 경영 전반에 막대한 영향을 미치기 때문에 회사에 어떤 효과를 기대하는지 명확히 검토해야 한다. 사실 직무급 인사제도를 도입하면 외부에서 유능한 인재를 즉시 확보하기 쉽다. 직능급 인사제도에서는 능력 이외의 연령과 근속연수라는 다른 지표를 중시하고 있다. 어떤 직책을 수행하는 사람의 연령을 보고 등급을 결정하는 경우도 있다. 외부에서 우수한 인재를 채용하려고 해도 연령에 구속되고 예외적인 대우를 하기도 어렵다. 입사하더라도 예외적으로 취급하기 때문에 다른 직원과 별도로 관리한다.

반면에 직무급 인사제도에서는 현재 어떤 직무를 수행할지의 관점에서 처우를 결정할 수 있다. 특정 직무를 수행하기 위해 적합한 인재를 활용한다는 점에서 외부에서 우수한 스킬을 가진 인재를 확보하기 쉽다. 직무급 인사제도에서 다양한 일 방식을 활용할 수 있다. 단순히 직무 기준을 원칙으로 하기 때문에 정규직과 비정규직 등 고용 형태를 가리지 않고 적용할 수 있다. 또 근무 장소(자택, 온라인), 근무시간(풀타임, 파트타임)을 묻지 않기 때문에 당연히 다양한 일 방식이 촉진될 수 있다. 직원이 희망하는 일 방식에 맞춘 적재적소에 인력을 배치할 수 있다. 앞으로 유연한 일 방식이 확산되면 일을 하면서 육아와 간병, 학습 등을 병행하는 사람이 늘어날 수 있다.

마지막으로 인건비를 통제하기 쉽다. 보수는 직무 종류와 수에 연계되어 있기 때문에 인건비를 통제하기 쉽다. 지금까지 많은 기업에서 관리직이 늘어나면서 대폭적인 인건비 증가로 인력구조조정을 하는 경우가 많았다. 직무급 인사제도에서는 그런 문제가 없다는 점에서 앞으로 기업에 직무급 인사제도를 활용할 충분한 동기부여가 되고 있다.

직무급 인사제도를 도입할 때 유의할 점은 무엇일까? 직무급 인사제도에서 직원은 주어진 업무를 직무기술서에 따라 고품질·저비용으로 빠른 시일

내에 수행해야 높은 평가를 받는다. 다시 말하면 직무기술서에 기재되지 않는 직무나 예상치 못한 새로운 대책은 평가대상에서 제외된다. 직무급 인사제도는 직무기술서 작성과 관리에 비용이 든다. 직무기술서를 작성하고 정기적으로 관리하는 부담이 크다. 도입할 때 직무평가를 하고 직무기술서를 작성할 때 일정한 시간과 전문지식이 필요하다. 직무는 조직 형태와 외부환경 변화에 따라 계속 점검해야 하고, 도입 후에도 관리해야 한다. 운용할 때 직능형 인사제도보다 평가 따라 처우가 크게 달라지기 때문에 인사 부문은 매우 신중하게 운용해야 한다.

투명한 공유, 성과를 높이는 텔레워크의 시작

텔레워크를 실시하면 직원 간 커뮤니케이션에 큰 변화가 일어난다. 관리자와 텔레워크 근무자 모두 새로운 일 방식을 불안하게 생각한다. 경영자가 제도 정착을 위해 강력하게 추진하는 것도 중요하지만 제도에 회의적이거나 불만을 갖는 직원이 있다면 제도를 추진하는 데 걸림돌이 된다. 제도를 보급하기 위해서는 도입 효과를 계속 파악하고, 전 직원에게 공개적으로 피드백하여 직원의 불안과 불만을 제거하는 노력이 필요하다.

코로나 사태로 긴급한 상황에서 많은 기업은 충분한 준비 없이 텔레워크를 실시했다. 임시방편으로 자택에서 근무하고 상황이 회복되면 지체없이 사무실로 복귀한다는 전제였다. 텔레워크에서 중요한 보안 문제와 인사노무관리 대책을 중심으로 운영기준을 마련한 회사도 있었다. 하지만 대부분 기업은 텔레워크 추진 방법을 전혀 이해하지 못하고 무작정 텔레워크로 돌입했다. 적어도 2020년 9월 고용노동부의 재택근무 매뉴얼이 배포되기 전까지는 그러했다.

많은 기업 경영자는 텔레워크의 본질을 이해하지 못하고 있다. 텔레워크의 효과를 인식할 수 없기 때문에 도입하지 않으려고 한다. 또한 대부분의 기업은 텔레워크 업무에 적합한 인사평가제도가 마련되지 않고, 직원이 재택근무에 따른 업적평가를 불안하게 생각한다. 그리고 혼자만 출근하지 않으면 동료들과 멀어지지 않을까 하는 걱정에 소외감을 느끼는 직원도 많다.

한편, 텔레워크의 가능성을 인식하고 차근차근 텔레워크 환경을 준비하는 기업도 있다. 이들 기업은 텔레워크 일 방식을 세계적인 트렌드로 인식하고, 코로나 이후에는 모든 직원이 오피스에 결집하는 일 방식을 당연하게 받아들이지 않을 것으로 예측하고 있다. 최근 '현대모비스'는 임시로 실시한 재택근무를 공식으로 제도화했다. 일본을 대표하는 대기업 '히타치'도 텔레워크를 본격적으로 도입하고 인사개혁을 선언했다. 이런 대기업이 텔레워크를 본격적으로 도입하겠다고 표명했다면 대부분 경영자는 핑계를 대거나 발뺌할 수가 없다.

코로나 이후에 기업의 일 방식은 틀림없이 바뀔 것이다. 일하는 장소의 제약조건을 오히려 기업의 힘으로 바꾸려면 텔레워크를 활용해야 한다. 그리고 텔레워크가 조직에 침투하고 정착하려면 기존의 인사제도를 손질해야 한다. 기업은 효과와 타당성이 불투명한 환경에서 IT 기술에 투자하고 새로운 인사제도를 도입하면서 성과를 내야 한다. 경영자는 미래를 예측할 수 없는 상황을 지휘하며 조직을 끌고 가야 한다. 그리고 각 부문의 리더와 경영자는 텔레워크와 인사제도 개혁의 필요성을 직원들에게 설득하고 계몽하는 역할을 해야 한다.

텔레워크는 기업의 새로운 과제를 해결하는 경영전략 관점에서 접근해야 한다. 적어도 3~5년이 걸리는 장기적 관점에서 일정한 프로세스에 따라 추진해야 한다. 모든 조직원의 라이프스타일과 업무방식, 그리고 회사의 생산성에 중대한 영향을 미치기 때문에 신중하고 점진적으로 추진해야 한다. 텔레워크를 도입하고 정착시키는데 기본적인 프로세스를 거쳐야 한다. 회사 상황에 따라 프로세스를 다소 변형하여 활용할 수 있지만 기본 프로세스를 숙지하고 대비할 때 텔레워크를 성공적으로 도입할 수 있을 것이다.

먼저 텔레워크를 도입할 때 세 가지 관점이 필요하다. 첫째는 텔레워크를 도입하려면 무엇이 필요하고, 어떻게 준비해야 할지를 검토하는 도입 절차에 관한 관점이다. 둘째는 텔레워크 도입범위를 결정하는 것이다. 어떤 사람이 어떤 업무를 위해 텔레워크를 이용할지 결정하는 것이다. 마지막으로 조직 전체에서 텔레워크를 추진하기 위한 추진체제를 구축하는 것이다.

또한 텔레워크를 도입한다는 의사결정을 내려도 어디에서부터 시작해야 할지 모르는 경우가 많다. 본격적으로 텔레워크를 실시할 때 인사와 노무관리 관점, ICT 관점, 실행의 관점을 가질 필요가 있다. 인사와 노무관리 관점은 텔레워크로 적합한 노동환경에서 일할 수 있도록 제도와 규정을 변경하거나 새로 마련하는 것이다. 텔레워크

노동자는 회사의 사무공간을 떠나도 안전하고 쾌적한 시스템 환경에서 일할 수 있도록 ICT 관점이 필요하다. 텔레워크를 실시할 때 조직의 장벽에 부딪히기 쉽다. 텔레워크를 추진하는 체제를 정비하고 직원들의 이해를 얻을 때 정착할 가능성이 크다. 도입뿐만 아니라 확대 정착시키기 위해서도 텔레워크 도입의 공감대를 형성해야 한다.

새로운 일 방식으로 텔레워크를 추진하기 전에 관리자와 텔레워크 직원에게 교육을 실시하면 원활한 도입에 도움이 된다. 사전에 텔레워크의 개념을 온라인으로 학습한 후에 집합교육을 통해 체계적인 정보를 제공하면 효과적이다. 집합교육에서 관리자와 직원을 함께 교육하는 것이 좋다. 교육 시간에 텔레워크를 실시할 때 예상되는 문제를 생각하고, 함께 해결책을 찾도록 하면 텔레워크의 과제를 충분히 숙지하고 관리자와 직원은 각자의 역할을 깊이 인식할 수 있다.

1. 도입목적 설정		• 텔레워크 도입의 명확한 목적 설정 • 텔레워크 도입 프로세스 파악
2. 운영방침 결정 (도입 준비)		• 대상자와 대상 업무의 선정 • 업무점검 • 텔레워크 빈도 결정
3. 현상 과제 파악과 대책 수립	인사노무관리 규정 점검	• 텔레워크에 적합한 인사노무관리 제도의 점검(취업 규정, 근무시간, 인사평가 제도 등)
	회사 규정과 제도 정비	• 텔레워크 실시 전후의 규정 결정 • 텔레워크 운영 비용 확인 • 텔레워크 관련 교육 실시
	시스템과 툴 준비	• ICT 환경 확인과 시스템 선택 • 툴 도입
	보안대책	• 보안정책 확인과 결정 • 물리적 기술적 보안대책 마련
4. 추진조직 구축		• 경영기획, 인사, 총무, 정보시스템 등 주요 부서로 구성된 추진조직 운영
5. 직원의 의식개혁		• 경영자, 관리자의 이해와 사전 체험 • 직원에 텔레워크 효과 설명 • 성공사례 공유 및 저항 대책 수립

텔레워크 실시
▼

6. 텔레워크 효과평가와 개선	• 실시 효과의 설문조사 • 과제와 효과 확인 • 대상 범위, 규정, ICT 환경 점검

도입목적을 설정하라

회사에서 새로운 제도를 도입하면 무엇이 어떻게 변할 것인지 예측하고 평가해보아야 한다. 새로운 제도를 도입하려면 자금과 인력 등 많은 경영비용이 투입된다. 텔레워크를 도입한 장점이 그 비용에 대해 충분히 많은 가치가 있는지 평가할 필요가 있다. 텔레워크를 전사적으로 추진할 경우 먼저 시험 도입해보는 것도 생각할 수 있지만, 사전에 평가지표를 정해두면 도입 후에 점진적으로 확대할 때 판단하는 기준이 될 수 있다.

텔레워크를 실시하면 직원 간 커뮤니케이션에 큰 변화가 일어난다. 관리자와 텔레워크 근무자 모두 새로운 일 방식을 불안하게 생각한다. 경영자가 제도 정착을 위해 강력하게 추진하는 것도 중요하지만 제도에 회의적이거나 불만을 갖는 직원이 있다면 제도를 추진하는 데 걸림돌이 된다. 제도를 보급하기 위해서는 도입 효과를 계속 파악하고, 전 직원에게 공유하여 직원의 불안과 불만을 제거하는 노력이 필요하다.

도입 효과를 평가하는 방법은 정량적·정성적 방법이 있다. 정량적 방법은 비용과 시간을 들여 숫자로 평가하는 방법이다. 이러한 평가항목에 대해 모두 수작업으로 자료를 수집하면 매우 힘들다. 텔레워크 도입 전부터 자료를 자동 수집하는 시스템을 사용하는 것이 좋다. 텔레워크를 도입할 때 동시에 그 시스템의 도입을 검토할 필요가 있다.

[텔레워크 도입의 평가항목]

정량적 평가		정성적 평가	
고객대응	고객대응 및 방문 횟수와 시간, 신규고객 확보 수, 고객유지 건수	고객서비스	고객의 만족도
업무효율	기획서, 보고서, 프로그램 작성 건수와 시간, 데이터 처리 수와 시간, 문의 처리 수와 시간	업무프로세스	정보공유도, 업무의 질, 생산성
사무공간 비용	사무실 면적, 임대료, 부대 비용, 사무실 수선 유지비용, 종이 소비량	커뮤니케이션	상사, 부하, 회사 관련 부서와 커뮤니케이션, 회의의 질
장시간 노동	법정 근무시간 외 노동 시간	업무평가	평가에 대한 피평가자의 만족도
ICT 비용	PC, 태블릿 정보기기 비용, 네트워크 비용, ICT 보수, 유지비용	ICT 시스템	시스템에 대한 만족도
이동비용	이동시간, 이동교통비 (통근, 출장 등)	업무방식의 질	업무 만족도, 출퇴근 피로도, 일 방식에 대한 만족도
인력확보 육성 비용	신규채용의 지원자 수와 질, 이직자 수	생활의 질	사생활의 만족도, 가족과 관계, 주거, 취미, 지역 활동 등

앞서 언급한 대로 텔레워크는 조직과 직원에게 효과가 있다는 점을 언급했다. 이러한 효과를 근거로 새로운 일 방식으로 텔레워크를 도입하려는 조직은 도입목적을 분명히 정해야 한다. 텔레워크를 도입하여 어떤 효과를 얻고 싶은가 하는 관점에서 도입목적을 정하는 방법도 효과적이다. 도입목적은 한 가지로 정할 필요는 없다. 텔레워크 그 자체가 목적이 되지 않도록 도입단계에서 명확한 목적을 공유해야

한다. 기업 경영자는 텔레워크에 대한 관심이 적지만 인사부서가 적극적으로 추진하거나 직원들이 제도 도입을 제안하는 경우도 있다. 이러한 상황에서 일찍 텔레워크의 도입목적을 공유하고, 전 직원의 관심과 협력을 얻는 것이 도입 성공의 열쇠가 된다. 도입목적을 명확히 하고 실시할 부문, 대상 업무나 대상자 등을 포함한 도입방침을 수립한다.

텔레워크는 다양한 목적으로 활용할 수 있다. 일 방식을 바꾸어 노동시간을 줄이고, 워라밸을 추진하는 방법으로 활용할 수 있다. 또한 업무생산성을 높이거나 유능한 인재를 확보할 수 있고, 신형 바이러스의 팬데믹, 지진, 태풍 등의 재해에 대비한 사업계속성을 확보하는 수단으로 활용할 수 있다.

[텔레워크 도입목적의 다양성]

일 방식 개혁	• 회사풍토 개선, 직원의 의식개혁 • 워라밸 실현 • 장시간 노동시간의 감소
생산성 향상	• 집중력 제고로 지적 생산성 향상 • 신속한 고객 대응 • 국제화 대응
비용 감소	• 프리어드레스 제도(자율석) 운영으로 사무공간 비용축소 • 페이퍼리스에 따른 사무처리 비용 감소 • 출퇴근 통근 비용 감소
인재 확보와 육성	• 인생이벤트에 직면한 직원의 이직 억제, 커리어 지속 • 직원의 자율성과 자기관리 능력 향상 • 우수한 인재 확보
사업계속성 확보	• 신형 바이러스 등 팬데믹, 지진, 태풍 등 재해가 발생할 경우 사업의 지속성 확보

이처럼 텔레워크는 인재 확보, 생산성 향상 등 여러 가지 목적을 동시에 해결하는 수단으로 활용되고 있다. 예를 들어 일본의 '도큐전철㈜'은 다양한 인재가 활약할 수 있는 환경을 구축하기 위해 "업무스타일 혁신"을 추진하였다. 노동환경을 정비하고 다양한 일 방식을 도입하여 직원의 워크라이프 밸런스를 지원하려는 제도다. 여성이 일하기 쉬운 기업으로 4년 연속 선정되었고, 직원의 건강관리를 전략적으로 지원하는 기업으로 2년 연속 선정되었다. 2014년 10월부터 임신과 육아 중의 여성과 간병인을 대상으로 재택근무제도를 도입했다. 2016년에는 본사에 근무하는 직원도 위성 공유오피스 "NewWork"를 이용할 수 있도록 했다. 근무 시간대를 조정할 수 있는 슬라이드 근무제도, 업무종료 전 30분을 업무효율을 높이는 시간으로 면제하는 밸류타임제도를 활용한 유연근무제도를 적극적으로 도입하였다. 시간에 구속받지 않고 자율적으로 직원이 활기차게 일하는 환경을 만들어나가고 있다.

텔레워크의 도입목적을 명확하게 설정했다면 기본방침을 설정한다. 기본방침에는 텔레워크의 도입목적, 실시 부문, 대상자와 대상 업무를 포함한다. 기본방침을 정한 후에 노동조합과 합의하고 전 직원이 공유하는 것이 바람직하다. 전 직원이 공감하고 참여하는 텔레워크를 도입하기 위해 다음과 같은 사항에 유의해야 한다.

- 경영층은 텔레워크의 장점을 충분히 인식하고 도입하는 것이 이상적이다.
- 기본방침에는 텔레워크의 효과를 검증할 수 있는 측정지표를 포함하여 전 직원이 공유한다.
- 경영층과 간부는 텔레워크가 다양한 경영과제를 해결하는 데 도움이 된다는 것

을 인식하고, 솔선수범하여 텔레워크의 목적과 효과를 전파하여 직원의 의식개혁
을 추진한다.

- 텔레워크의 도입목적, 대상업무과 대상자의 범위, 실시 방법 등을 노동조합과 사
전에 협의하고, 문서로 작성한다.
- 회사의 각종 교육을 활용하여 텔레워크를 홍보하고, 별도의 워크숍을 개최하여
계몽활동을 적극적으로 실시한다.

도입범위를 결정하라

· 대상자 선정

텔레워크를 도입할 때 대상자, 대상 업무, 실시 빈도를 결정해야
한다. 회사의 현행 제도와 규정을 그대로 유지하면서 가능한 것부터
시행하고, 점차 대상 범위를 확대해나가야 한다. 텔레워크 도입 취지를
잘 이해하고, 관심이 높은 부서장이 부하직원을 적극적으로 참여시키는
것도 성공 비결이다.

업무 종류에 관계없이 텔레워크를 이용하려는 모든 직원을 대상으로
실시하는 것이 가장 이상적인 방법이다. 처음으로 텔레워크를 도입하는
단계에서 효과를 쉽게 검증할 수 있고, 직원들이 쉽게 이해할 수 있도록
직종, 직원의 생활환경(자녀양육, 부모간병 등) 등을 근거로 대상자를
선정하는 것이 효과적인 방법이다.

대상자를 선정할 때 몇 가지 주의할 사항이 있다. 먼저 직종보다 업무
단위로 선정하는 것이 좋다. 텔레워크는 사무직, 지원업무, 영업직,

연구직 등 폭넓은 직종에서 실시할 수 있다. 직종 단위가 아니라 일반 업무 종류에서 텔레워크로 할 수 있는 업무를 찾아내는 것이 좋다. 둘째 텔레워크의 장점을 누릴 수 있는 직원을 우선 선정한다. 자녀양육과 간병 상황에 있는 직원, 시니어 직원, 재난 등으로 통근이 어려운 직원이 텔레워크의 혜택을 받을 수 있도록 선정하는 방법도 있다.

텔레워크는 기본적으로 자율적인 자기관리를 통해 업무를 추진해야 하는 방식이다. 따라서 업무의 추진 방법, 보고 및 연락 등 회사의 규정을 이해하고 잘 실천하는 직원을 선정하는 것이 바람직하다. 대상자를 선정할 때 직원들이 쉽게 이해할 수 있도록 사전에 명확한 기준을 정해야 한다. 정해진 기준에 따라 실시할 때 조건을 설정하고 제한할 경우 텔레워크를 쉽게 추진할 수 있다. 조건을 설정하면 조건을 점검하고 완화하면서 텔레워크 실시 범위를 확대하기 쉽다. 텔레워크를 운용할 때 평가나 근속연수 조건을 둘 수 있다. 예를 들어 인사고과가 C등급 이상으로 자율적으로 업무를 추진할 수 있는 인재로 판단하거나 입사 5년 이하 사원과 해당 직무 경험이 적은 직원을 대상에서 제외하는 방법이다. 라이프 스테이지에 관련된 이용 규정과 이용자를 제한할 경우 먼저 대상 직원의 이용 니즈를 조사하는 것이 바람직하다. 즉 텔레워크를 이용하려는 대상 직원의 니즈와 기업이 텔레워크를 도입하는 목적에 맞게 운용하는 것이 도입목적에 맞고 효과도 크다.

만약 대상자를 제한해도 대상 직원이 실제 텔레워크를 이용할지는 본인의 의사에 달려 있다. 시험 도입할 때 대상자의 기준을 마련하고 텔레워크를 실시하려는 직원을 모집해보는 작업도 바람직하다.

[텔레워크 대상자에 조건을 설정하는 방법]

직급 조건	• 임원과 관리자를 적극적으로 이용하도록 하여 회사 전체의 추진력 제고 • 현장관리자, 업무지도 및 감독을 하는 관리직은 그 업무 내용에 따라 실시조건을 두거나 제한함
직무 조건	• 사무직, 생산직, 영업직 등 직종별 업무 형태가 다르므로 시행단계에서 직종을 한정할 수 있음 • 텔레워크에 적합한 직종인지 직무분석이 필요함
라이프스타일 조건	• 자녀양육, 간병 중인 직원이 계속 근무하도록 자녀 나이와 학년, 간병인의 상태에 따라 대상자를 한정함 • 출산휴가 후 복귀하는 직원이 업무에 익숙해지도록 한정적으로 이용할 수 있도록 함

· 대상 업무의 선정

텔레워크 대상이 되는 업무를 선정할 때 전체 업무를 대상으로 가능성을 살펴보아야 한다. 전체 업무를 보면 실시하기 쉽거나 어려운 업무를 정리할 수 있다. 업무를 점검할 때도 일정한 기준이 필요하다. 업무선정 작업을 추진할 때 도입 후에 텔레워크의 확대에 필요한 과제를 파악할 수 있다.

[텔레워크 대상 업무 점검 체크리스트]

업무에 걸리는 시간	업무추진에 시간이 얼마나 걸리는가
사용하는 서류	업무에 사용하는 서류가 있는가, 서류는 종이 또는 전자파일인가
사용하는 시스템과 도구	텔레워크에 실시할 수 있는 ICT 시스템과 도구가 갖춰졌는가
보안 위험	업무에 취급하는 개인정보가 있는가
커뮤니케이션량	업무에 몇 사람이 참여하는가, 업무관계자와 커뮤니케이션은 어느 정도 필요한가

[텔레워크의 대상 업무 정리]

현재 즉시 실시할 수 있는 업무	• 정보를 입력하고 수정 가공하는 작업 • 기획서나 보고서 등 서류를 작성하는 업무
지금 실시할 수 없는 업무	• 자료를 전산화할 경우 할 수 있는 업무 • 커뮤니케이션 환경이 구축될 경우 할 수 있는 업무
실시할 수 없는 업무	• 기계나 장비 등 물리적 조작이 필요한 작업

텔레워크는 다양한 업종과 직종에서 도입할 수 있다. 그러나 서비스업과 의료, 간병, 보육 등 사람들과 직접 대면해야 하는 업종에서는 적합하지 않은 일도 있다. 일반적으로 텔레워크에 적합한 업무 조건은 혼자서 완결할 수 있는 업무와 보안상 안전한 업무로 나눌 수 있다.

혼자서 완결할 수 있는 업무, 또는 업무를 분담해도 직접 다른 사람과 대면할 필요가 없는 업무는 회사에 없어도 자택에서 추진할 수 있기 때문에 텔레워크에 적합하다. 특정 과제를 추진하는 업무, 소프트웨어 개발업무, 디자인 업무 등이 그 대표적인 업무다.

엄격한 보안관리를 실시해도 기밀정보를 취급하는 업무를 텔레워크로 추진하는 것을 위험하게 생각하는 기업이 많다. 인터넷을 통해 정보를 송수신하고 또는 클라우드로 공유하는 정보는 그 종류를 파악해 보아야 한다. 보통 텔레워크에 적합한 직무로 직원이 자택에서 혼자서 PC를 사용하여 할 수 있는 업무를 선정한다. 그러나 최근 ICT 시스템이 발달하여 팀 작업으로 텔레워크를 실시할 수 있다. 회의 지원 시스템을 활용하여 상사와 동료, 고객과 거래처 등과 온라인 커뮤니케이션을 할 수 있다. 메일 시스템과 채팅을 이용하여 상사, 동료와 쉽게 커뮤니케이션할 수 있다. 회사 밖으로 유출하기 어려운 문서는 전산화하여 회사 내

시스템을 경유하여 열람하고 작업할 수 있다.

텔레워크 도입 초기에 이러한 ICT 시스템을 이용할 수 없을 경우에는 현재 할 수 있는 업무부터 텔레워크를 실시하고, 실시 후에 과제와 니즈를 찾아내 필요한 시스템을 도입하는 방법이 바람직하다.

기업이 실제로 텔레워크로 실시하는 업무로는 자료작성과 수정 관리업무, 상사와 동료, 거래처 등과 연락하고 조정하는 업무, 회사 내 절차 업무 등이 가장 많았다. 이외에도 인터넷에서 정보수집, 업무지식 학습, 의사결정, 회의, 부하와 후배 지도, 회사 내외 관계자와 회의 업무 등이 있다.

텔레워크에 적합한 업무에 어떤 것이 있을까? 다음과 같은 업무는 개인의 업무집중력으로 좌우되는 경우가 많고, 업무에 집중할 수 있는 환경이 구축된다면 텔레워크로 추진할 수 있을 것이다.

[텔레워크에 적합한 업무 예시]

자료작성	• 마케팅용 자료, 회사문서를 작성하는 업무 • 업무에 따라 자료를 수집 정리하는 업무도 가능
자료입력과 분석	• 전표입력과 서류의 자료를 PC에 입력하는 작업 • 입력작업 외에 엑셀로 자료가공과 분석 작업
디자인/프로그래밍	• 종이, 웹디자인, 설계 및 CAD의 디자인 업무 • 각종 언어를 사용한 프로그래밍 업무
조사	• 고객의 니즈 파악, 인터넷을 활용한 설문조사

프로그래머	• 최근 스마트폰 앱 개발, 웹사이트 개발, 게임개발 등의 영역에서 재택근무 증가 추세
시스템 엔지니어	• 시스템 엔지니어는 클라이언트와 타협과 절충, 대응 등 상류 공정을 담당하므로 텔레워크로 추진하기 어렵다고 인식함. • 한편, 필요에 따라 미팅 추진, 다른 직원과 커뮤니케이션 시스템을 통해 문제없이 프로젝트 추진 가능
웹디자이너	• 프리랜서로 일하는 사람이 많아 텔레워크로 적합한 직종 • 각종 디자인 소프트를 사용하여 작업을 하고 수주 납품은 메일로 진행
웹라이터	• 최근 웹사이트의 기사를 작성하는 라이터가 증가 • 상품소개, 광고, 생활정보, 노하우, 취미정보 등 다양한 소재 취급
영업직	• 이동 중이나 빈 시간에 사무작업을 하면 교통비 등 절감 가능 • 일종의 모바일 워크로서 영업프로세스 관리시스템과 커뮤니케이션을 긴밀하게 연계해야 함

• 텔레워크의 빈도 결정

어도비 시스템은 2020년 4월 코로나바이러스 영향으로 처음 텔레워크를 경험한 800명의 직장인을 대상으로 텔레워크의 스킬을 조사했다. 조사결과, IT 스킬을 보완하는 것이 팀 전체의 생산성 향상에 필요한 조건이라는 의견이 많았다. 또한 텔레워크로 생산성이 올랐다고 대답한 사람들이 사용한 주간 업무 일수는 주 3~4회(42.9%)로 가장 많았다.

고객만족도 순위를 발표하는 "oricon ME"는 2020년 8월 텔레워크 이용실태를 발표했다. 그중에서 텔레워크로 일한 일수가 많은 사람일수록 업무효율과 생산성이 올랐다는 비율이 늘어나고 있다(주 1~2회 10.2%, 주 3~4회 17.8%, 주 5일 이상 20.9%). 이에 비례하여 앞으로 텔레워크로 근무할 의사가 있는지 물어본 결과, 실시 빈도가 높은 사람일수록 텔레워크를 호의적으로 생각하였다.

텔레워크를 어느 정도 실시할지 그 빈도를 결정하는 것은 회사의 도입목적, 방침에 따라 다를 수밖에 없다. 텔레워크를 실시하는 초기 단계에서 실시일 수를 적게 설정하는 회사가 많다. 주 1~2일만 실시한다면 회사의 규정과 제도를 변경하지 않고서도 커뮤니케이션에 문제없이 텔레워크를 실시할 수 있다. 일정 기간 텔레워크를 실시한 후에 문제점과 과제를 찾아내고 텔레워크 실시 일수를 점진적으로 늘려나가는 것도 좋은 방법이다.

현상의 과제를 파악하라

텔레워크 도입을 결정했다면 과제를 파악하고 해결책을 생각해야 한다. 텔레워크를 실시할 때 커뮤니케이션, 보안, 업무환경 등 다양한 해결과제가 있다. 텔레워크를 실시할 때 대표적인 과제는 다음과 같다.

[텔레워크 도입에 따른 유의사항]

구분	유의사항	내용
인사노무관리	텔레워크 직원의 인사노무관리의 어려움	• 적절한 근태관리와 업무관리의 어려움 • 업무평가의 어려움
커뮤니케이션	텔레워크 직원과 관리자 사이의 원활한 소통	• 텔레워크 중에 정보전달과 교환 촉진 • 텔레워크 중의 고립감, 소외감 해소
업무효율	오피스 근무상황과 동일한 업무효율 확보	• 특정 앱과 그래픽을 활용하여 기존과 동일한 업무효율과 생산성 확보
보안문제	보안에 관한 불안	• 어떤 보안대책을 실시할지 모름 • 보안대책을 실시해도 정보유출 불안
	정보유출 위험 감소	• 내부의 기밀정보가 외부로 유출되는 위험 감소
	제3자의 정보염탐, 단말 분실과 도난방지	• 외부인이 정보를 볼 수 있음 • 기밀정보가 있는 PC의 분실과 도난방지
자료 전산화	지연되는 자료 전산화와 관리 툴 도입	• 오피스 이외의 장소에서 업무를 위한 자료 전산화, 텔레워크 실시를 위한 관리 툴 의 도입이 늦어짐
예산제약	ICT 투자 예산의 제약	• 기업규모가 작을 경우 ICT 투자 예산에 제약이 있음

출처: 자료: 텔레워크로 시작하는 일 방식 개혁(후생노동성), 필자가 재구성

• 텔레워크의 과제

① 팀원들과 커뮤니케이션 문제

텔레워크로 일하면 상사나 동료와 사무공간이 분리된다. 메일과 채팅을 활용하여 최소한의 정보를 주고받으면서 커뮤니케이션을 해야 한다. 이러한 비대면 업무의 특성 때문에 불안을 느끼는 사람도 있다. 서로의 표정과 몸짓을 확인하면서 동료 간 호감을 느끼고 안심하며 일할 수 있는 측면도 있다. 서로 같은 오피스 공간에 없다면 하나의 업무를 모두 공유할 수 없다. 가벼운 상담과 잡담을 할 수 없기 때문에 고독을 느끼는 사람도 있을 것이다.

② 보안상 불안

텔레워크로 일하면 실제로 회사의 정보유출 위험이 크게 높아진다. 회사에서 일한다면 사무공간이 외부와 차단되고, 일정 수준의 보안을 확보할 수 있다. 그러나 텔레워크에서 회사 이외의 PC를 사용하면 회선 등의 상황도 제각각 다르다. 사용하는 PC와 회선을 회사에서 마련한 것이 아니라면 일정 수준의 보안을 확보하기 어렵다. 회사의 귀중한 정보자산이 외부 경쟁사나 이해관계자들에게 순식간에 넘어갈 수 있다. 또한 업무 내용이 저장된 PC의 분실과 도난에 대비한 대책도 필요하다.

③ 텔레워크 근무실태 파악 문제

사무실에서 일하면 업무 시작과 종료, 휴식 등 근무상황을 상사가 파악하고 관리할 수 있다. 그러나 텔레워크 환경에서 상사와 같은 공간에 있지 않기 때문에 언제 업무를 개시하고 종료하는지 파악하기 어렵다. ICT를 활용해 근태관리를 해도 텔레워크 근무자가 자기관리를 소홀히

하면 야근이 늘어날 가능성이 크다. 작업에 시간이 걸리는 직원과 업무를 효율적으로 처리하는 직원 간에 불공평한 상황이 발생한다.

④ 업무평가의 어려움

텔레워크에서 상사는 직원들이 일하는 모습을 직접 보지 못한다. 그래서 업무평가가 쉽지 않다. 평가가 어렵기 때문에 과소평가나 과대평가할 가능성이 있다. 직원의 업무상황 전반을 파악하지 못하고 과소평가하면 직원의 의욕이 떨어질 수 있다. 수치로 결과가 나오는 업무라면 쉽게 평가할 수 있지만, 그렇지 않은 업무라면 적합한 평가 방법을 검토해야 한다.

⑤ 자택에 업무환경이 구축되지 않음

직원이 자택에서 일하려면 적합한 업무환경이 구축되어야 한다. 네트워크 환경, 사무공간 확보, 책걸상 등 사무기기와 PC 등을 갖춰야 한다. 집은 보통 업무를 마치고 귀가 후 휴식의 공간이다. 집에서 일하면 업무 시작과 종료가 모호해지고 기분을 전환할 수 없다. 통근하지 않아서 피로감은 줄어들지만 운동 부족으로 건강을 해칠 수 있다.

텔레워크 담당자는 시간을 잘 통제해야 한다. 어린 자녀가 있는 사람은 자녀 모습을 보면서 일할 수 있는 장점도 있다. 그러나 자녀를 돌보느라 시간을 빼앗겨 일을 추진하기 어려운 경우도 있다.

• 텔레워크의 과제해결 대책

텔레워크의 과제를 찾아내면 그 해결책을 생각할 수 있다.

① 업무를 세분화하고, 대상 업무를 찾는다

모든 업무는 프로세스로 구성되어 있다. 업무프로세스를 세분화하면 텔레워크에 적합한 업무를 찾을 수 있다. 핵심 업무를 텔레워크로 추진하기 어렵지만 업무 일부는 텔레워크로 추진할 수 있다. 만약 텔레워크로 추진할 수 있는 업무를 발견한다면 그 업무만이라도 텔레워크로 시작할 수 있다. 또한 종이서류를 사용하는 업무는 전산화하여 텔레워크로 대응할 수 있다.

② 텔레워크 업무환경 정비

텔레워크는 사무실과 다른 공간에서 일하는 방식이므로 상황에 맞는 업무환경이 필요하다. 일할 때 필요한 업무용 PC, 업무용 전화 단말기 등을 직원에게 보급하여 사무실과 유사한 업무환경을 제공할 수 있다.

업무용 PC는 보안장치를 통해 정보유출을 최대한 방지하는 대책도 필요하다. 네트워크는 엑서스 인증과 통신을 암호화하는 대책을 마련하여 정보유출을 방지해야 한다.

③ 텔레워크 규정 마련

텔레워크는 기존의 업무방식과 다르다. 텔레워크 일 방식에 맞는 규정을 만들어야 한다. 지금까지 활용한 평가제도는 적합하지 않기 때문에 새로운 평가제도를 검토해야 한다. 업무보고 방법에 맞는 규정을 만들면 업무 진행 과정을 가미한 평가를 하기 쉽다. 텔레워크 근무시간과 출근일도 상세하게 정해두어야 한다. PC의 로그인으로 시간을 관리하는 방법, 회사에 전화로 관리하는 방법 등도 있다.

④ 텔레워크에 적합한 ICT 시스템과 툴 도입

텔레워크를 도입할 때 새로 필요한 시스템이 많다. 텔레워크에 대비한 근태관리 시스템, 웹회의 시스템, 비즈니스 채팅 등이 필요하다. 웹회의를 시작할 때 참여 직원이 현재 어떤 상태인지 간단히 확인하고 싶을 경우도 있다. 같은 공간에 있다면 간단한 커뮤니케이션조차도 매번 메일로 하기 힘들다. 떨어진 장소에서 일하기 때문에 업무 내용에 수반하는 세밀한 커뮤니케이션은 업무의 질을 높일 수 있다.

텔레워크를 도입할 때 과제는 많다. 텔레워크 환경정비, 규정 작업, 시스템 도입 등 다양한 과제에 대한 해결책을 준비해야 한다. 다음에 텔레워크를 실시할 때 과제와 대책을 정리하였다.

[텔레워크 도입에 따른 과제와 해결책]

과제	해결책
취업규정 (업무 시작과 종료, 급여와 수당 등)	현재의 규정과 차이가 있다면, 업무 상황에 맞춰 규정을 수정한다.
근무시간 제도	텔레워크 근무자의 취업 관련 규정과 제도를 파악한다.
인사평가제도	인사평가 제도를 확인하고 근무시간 제도와 관리 방법에 맞춰 근태관리와 업무관리를 한다.
신청과 승인	신청 템플릿을 작성하여 메일로 발송 승인한다.
보안규정	회사 정보와 파일 취급, 자료와 종이 서류의 외부유출 여부와 방법을 결정한다.
ICT 환경	현재의 회사 ICT 환경을 확인하고, 규모에 맞게 운용하기 쉬운 도입대책을 수립한다. 근태관리와 업무관리 시스템, 웹회의 시스템 등의 커뮤니케이션 시스템을 도입한다.

[ICT 시스템과 각종 툴]

구분	시스템과 툴	내용
인사노무 관리	근태관리 툴	업무의 시작과 종료시각을 관리하는 툴
	재석관리 툴	직원의 재석 확인과 업무 상황을 파악하는 툴
	업무관리 툴	업무 진행 상황의 가시화, 상사와 부하가 함께 수행하는 작업을 조정하는 툴
커뮤니케이션	웹회의 시스템	웹카메라를 이용하여 회의하는 툴(TV회의 시스템보다 이용장소를 유연하게 선택 가능)
	TV회의 시스템	고정된 카메라가 부착된 데스크와 전용 TV를 이용하여 회의하는 툴
	전화회의 시스템	인터넷 전화 서비스 앱을 이용하여 여러 사람과 대화하는 전화 서비스
	채팅	메일보다 가볍게 짧은 문장을 대화하는 툴
	정보공유 툴	회사 SNS와 게시판, 그룹웨어 등 업무정보를 교환, 공유하는 툴
정보보안	본인확인	단말을 사용하거나 서비스를 사용하는 사람이 승인된 본인인지 확인하는 기술
	암호화 통신	회사의 서버에 안전하게 접속, 또는 통신 도중에 정보가 감청되지 않는 안전한 통신기술
	단말인증	단말을 이용하여 서버에 접속할 때 그 단말이 접속 승인되었는지 확인하는 기술
	단말관리	복수의 단말 운용과 접속상황을 일괄 관리하는 기술
	기타	물리적인 보안과 단말기 자체에 시행하는 기술

시스템 방식	리모트데스크탑 방식	오피스에 설치된 PC 데스크톱 환경을 오피스 외부에서 이용하는 PC와 데스크탑 단말로 원격에서 열람, 조작할 수 있는 시스템	
	가상 데스크탑 방식	오피스에 설치된 서버에서 제공되는 가상 데스크탑에 현재의 PC에서 원격으로 로그인하는 시스템	
	클라우드 앱 방식	오피스 내외, 이용 단말의 장소에 상관없이 웹에서 클라우드 앱으로 접속하여 어디에서도 동일한 환경에서 작업하는 시스템	
	회사 PC 사용 방식	회사에서 사용하는 PC를 갖고 나가 주로 VPN 장치를 경유하여 사내 시스템에 접속하고 일하는 방식	
단말 디바이스	리치클라이언트	내장된 하드디스크에 정보를 보관할 수 있는 단말. 서류를 작성하는 앱의 조작도 이 단말로 할 수 있음	
	싱클라이언트	대부분의 기능이 서버에서 처리되고, 입출력기능만 있는 단말. 서류작성과 보존도 서버에서 처리되므로 자료가 단말에 보관되지 않음	
	태블릿 PC	태블릿 단말이나 간소한 PC에서도 이용할 수 있는 기기, 간단한 작업 가능	
	스마트폰	오피스와 커뮤니케이션, 이동 중에 메일 확인과 결제 업무 가능	
	휴대전화/PHS	오피스, 고객과 커뮤니케이션에 이용	

출처: 텔레워크로 시작하는 일 방식 개혁(후생노동성), 필자가 재구성

추진 방향을 공유하라

경영자가 텔레워크에 대한 이해가 부족하기 때문에 시험 운영하거나 본격적으로 도입(제도화)하지 못하는 경우가 많다. 일부 경영층의 지원을 받아 시험 운영까지는 성공해도 정성적 효과의 PR만으로 다른 경영층의 동의를 얻기가 어렵고 전사적인 제도로 추진되지 못할 가능성이 높다.

실제 설문조사를 보면 경영자와 간부층이 텔레워크를 추진하는데 저항세력으로 작용하고 있다. BtoB 플랫폼 회사 인포마트는 2020년 5월 회원 2,786명을 대상으로 "텔레워크 설문조사"를 실시했다. 현재 텔레워크를 이용하는 사람의 92.3%가 계속해서 긍정적으로 생각했다. 텔레워크를 이용하는 기업도 약 2개월 동안 3.4배로 늘어났다. 하지만 경영자와 간부층의 48.9%는 텔레워크의 장점을 느끼지 못하고 있다고 대답했다. 조사결과를 보면 직원은 텔레워크를 계속하고 싶어 하지만 경영자와 간부는 반대하는 상황이다. 많은 경영 간부는 집에서 일하는 것을 놀고 있다고 생각한다. 이렇게 재택근무를 놀고 있는 것으로 생각하는 경영자가 아직 많다.

이렇게 경영자와 간부는 이전의 일 방식과 다르고 텔레워크의 효과와 장점을 모르기 때문에 도입을 미루거나 반대하는 회사가 많다. 또한 텔레워크를 본격적으로 실시하기로 결정해도 누가 무엇을 어떻게 해야 할지 모른다. 이런 상황에 대비하여 텔레워크 도입을 지휘하는 추진조직이 필요하다. 최고경영자가 팀 리더가 되면 이상적이다. 최고경영자는 회사 내의 각 부서장이 텔레워크 도입의 의의와 장점을 이해시키고, 텔레워크 도입 의사를 밝히는 것이 중요하다.

인사 총무, 경영기획, 정보시스템 등 텔레워크 추진과 관련된 부서가 중심이 되고, 텔레워크 업무를 검토하는 대상 부문의 관련자도 참여하여 전사적 텔레워크 도입 체제를 만들어야 한다. 텔레워크를 추진할 때 부서 차원을 넘어 협력이 필요한 사항이 많다는 점에 유의해야 한다.

추진조직은 각 부서와 연계하여 도입과 확대 방법을 논의하고 역할을 분담해야 한다. 어떤 업무프로세스에 관련된 부서가 함께 대응하는 것이 효율적이다. 업무프로세스에 대해 각 부서가 어떤 기능을 살릴 것인지 정리하고 연계 방법을 검토하면서 추진해야 한다.

[텔레워크 추진에 따른 부문별 역할 분담]

구분	경영자	경영기획	인사 총무	정보시스템	현업부문
기본방침 결정	○	○			
회사 전체 공유	○	○	○		
규정 작성			○		
실시범위 검토, 노무관리, 교육		○	○		
ICT 환경구축				○	
보안대책				○	
텔레워크 실시					○
평가와 개선		○	○		○

'NTT커뮤니케이션'은 바이러스 감염 확대를 방지하기 위해 2020년 2월 17일부터 재택근무를 원칙으로 정했다. 최종적으로 재택근무를 할 수 없는 업무의 직원을 제외하고 그룹기업, 파트너기업을 합쳐 약 14,000명의 직원이 재택근무를 실시하였다. 사전에 총무부와 인사부,

정보시스템 부문이 삼위일체가 되어 일 방식 개혁을 추진한 것이 텔레워크 추진체제를 효과적으로 구축할 수 있었다.

NTT커뮤니케이션은 지금까지 일 방식 개혁을 풍토와 의식, 제도와 규정, IT 환경과 시스템이라는 3가지 방향에서 추진해왔다. 안전하게 업무를 추진할 수 있는 환경과 시스템을 정비하는 데 그치지 않고, 다양한 일 방식을 실현하는 제도와 규정, 상의하달과 하의상달의 양방향 커뮤니케이션 풍토와 의식을 공유하지 않으면 개혁하기 어렵다고 판단했다. 제도와 규정으로 직원을 지킨다는 목표를 총무부와 인사부가 공유하고, 텔레워크의 상한(주 2회, 월 8회)을 일시적으로 폐지하는 등 근무 규정을 유연하게 변경하였다. 부서의 입장을 넘어 연계하여 신속하게 대응할 수 있었다. 경영층은 평소에 일 방식 개혁에 대해 직원들과 대화하거나 솔선하면서 텔레워크를 추진하는 의식을 형성해왔다.

경영자의 의지가 성공의 열쇠

앞서 'NTT커뮤니케이션'의 사례를 보면 경영자의 강력한 의지와 지원이 가장 중요한 성공 요인이다. 다양한 텔레워크 실천 사례를 보아도 경영자의 의지는 무엇보다 중요하다. 노동조합과 직원들이 텔레워크 일 방식을 추진하려고 해도 경영자가 지지하지 않으면 제도를 계속 유지하기 어렵다. 경영자의 지시에 따라 인사, 총무, 정보시스템 부서, 현장 부문으로 구성되는 추진조직을 구성하고, 장해에 부딪혀도 문제를 해결하며 계속 추진할 수 있다. 경영자가 교체될 경우 새로운 경영자는 텔레워크에 부정적 시각도 있다. 텔레워크에 부정적인 경영자는 제도를 언제든지 폐지할 수 있다. 이러한 상황에 대비해서도 규정과 시스템 등 텔레워크 인프라를 갖추고 경영상 생산성 향상을 보여주는 지표를 제시해야 한다.

둘째, 텔레워크 대상자를 점진적으로 확대해나가야 한다. 처음 도입할 때는 텔레워크로 혜택을 받을 수 있는 직원(육아와 간병 지원)으로 제한하더라도 일반직원으로 확대하지 않으면 직원 간 불공평성을 초래할 수 있다. 만약 회사에 자녀양육과 간병으로 인한 텔레워크 대상자가 없으면 제도는 있어도 이용하는 직원이 없어진다. 따라서 직원을 공정하게 대우하고, 업무의 개혁 차원에서 일반 직원이 이용할 수 있도록 확대하는 것이 바람직하다.

'㈜WORK SMALL LABO'는 전 직원을 대상으로 텔레워크를 실시하여 업무생산성을 높이고 있다. 이 회사는 재택근무가 가능하다는 채용공고를 내는 것만으로 지원자가 1.8배나 늘어났다. 처음에는 어린 자녀를 돌봐야 하는 파트타임 직원의 갑작스러운 휴가를 줄이기 위해 텔레워크 제도를 도입했다. 재택근무를 하면 자녀가 아플 때도 재택근무를 할 수 있고 업무와 사생활을 양립할 수 있는 장점이 있다.

또한 전 직원에게 텔레워크를 확대하면서 생산성도 올라갔다. 잔업시간이 전년보다 40% 줄었고, 매출 105%, 매출총이익 114%, 생산성 108%였다. 이러한 업무개혁 조치에 따라 직원 32명의 회사 규모에도 불구하고 오카야마현에서 대학생 취업 희망 회사 순위 9위에 올랐다.

셋째, 관리자가 솔선수범해야 한다. 관리자는 업무지시의 대상이 되는 직원이 보이지 않는 것에 저항 의식이 크다. 관리자가 텔레워크 도입을 반대하면 제도를 제대로 추진하기 어렵고 도중에 경영자도 계속해서 지원하기 어렵게 된다. 관리자 먼저 텔레워크를 실시하여 그 체험을 근거로 경영과제를 도출하고 개선한다면 회사 전체에 빠르게 확산될 것이다.

넷째, 일하는 방식을 바꾼다. 수작업이 많고, 업무상 의사결정이 복잡한 조직에서는 텔레워크를 도입하는 데 많은 시간이 걸린다. 업무의 표준화 전산화가 잘 된 조직일수록 텔레워크를 도입하면 생산성 향상을 기대할 수 있다. 어느 장소에서 일해도 실제 사무실과 같이 일할 수 있는 구조가 되어 있기 때문이다. 평소에 누구나 어느 장소에서도 회사의 시스템에 접근하여 일할 수 있는 구조로 바꾸는 대책이 필요하다.

[텔레워크에 적합한 인사평가 제도 개혁]

'일본전산' 나가모리 시게노부(永守重信) 회장은 텔레워크에 대한 새로운 인식을 갖고, 텔레워크를 정착시키기 위해 조직의 인사평가 제도를 대폭 개혁하였다. 경영자로서 텔레워크 도입에 대한 확고한 의지를 대내외에 전파하는 나가모리 회장의 메시지는 우리에게 많은 교훈을 주고 있다.

"이전에는 텔레워크는 얼마나 일했는지 평가할 수 없고, 신용할 수 없다고 생각했다. 그래도 지금 상황에서 일보다 인명이 중요하다고 생각하여 텔레워크를 도입했다. 잠시 놀아도 좋다고 생각했다. 그러나 텔레워크는 지금까지 걱정과 달리 업적을 올리는 직원이 나오고 있다. 이번 일로 지금까지 몰랐던 새로운 사실을 깨달았다. 인사평가도 텔레워크에 맞춰 바꾸었다.

독일과 미국은 동일한 환경에서 생산성이 떨어지지 않고 있다. 일본은 주택이 좁은 문제가 있지만, 근본적으로 상사의 지시를 기다리는 직원이 많다. 적극적인 인재를 육성하고 지금의 관습과 시스템을 바꾸지 않으면 텔레워크는 기능하지 않는다.

2020년 4월부터 인사평가제도를 크게 바꾸었다. 업적을 중시하고, 5단계로 엄정하게 평가한다. 입사 연도 등 연수에 따른 임금가산제도도 폐지했다. 상여는 2배에서 10배까지 차이가 나올 수 있다. 성과에 따라 확실한 임금격차를 둘 것이다."

출처: 識学総研(2020. 8. 13)

[조직의 세대교체를 촉진하는 텔레워크]

'포브스 저팬'에는 "재택근무를 잘할 수 없는 상사, 어떻게 대처할까?"라는 칼럼이 실렸다. 재택근무를 하면 자신의 일을 끝내기도 어려운 상황에서 상사가 시시콜콜 참견하거나 귀찮은 보고나 불필요한 업무를 지시하기도 한다. IT 능력이 떨어지기 때문에 지원할 경우 직원의 업무부담은 더욱 커진다는 내용이다. 상사의 낮은 디지털 능력뿐만 아니라 재택근무에서도 관리능력의 필요성을 제기하고 있다.

미래디자인랩의 리모트 워크 연구결과에 따르면, 리모트 워크숍은 대면 워크숍보다 피로도가 높고, 집중력을 높이기 위해 더 많은 휴식이 필요하다고 지적한다. 떨어진 장소에서 대화와 회의는 논의를 응축시켜 짧게 진행할 필요가 있다. 리모트 워크에서 한 번의 연락으로 이해시키고 부하직원이 최대한 빠르게 업무를 추진하도록 지원해야 한다. 상사는 시간효율을 최우선으로 하여 논리적 사고와 언어의 문법을 의식하고 지시 명령을 내려야 한다. 부하직원의 보고방식도 마찬가지다. 요점만을 요구하고 원하는 정보를 명확하게 의뢰해야 한다.

이러한 의미에서 텔레워크는 경영관리자의 일 방식 개혁으로 이해할 수 있다. 대면과 다른 업무방식을 이해하고, 경영관리자는 스스로 모색하고 결정하고 실행하는 도전과 변혁 기회에 직면하고 있다. 관리자는 스스로 적극적으로 변화하는 태도가 필요하다. 과거의 방식에 집착하고 앞을 내다보지 못하면 환경변화에 적응할 수 없는 화석으로 취급될 것이다. 코로나바이러스로 강요되는 재택근무라는 환경변화는 기업의 세대교체를 촉진할지도 모른다.

출처: 일본총연 오피니언(2020. 5. 13)

경영자의 메시지를 전파하라

'브이엠웨어'는 2017년 9월부터 모든 직원을 대상으로 유연하게 일할 수 있는 환경을 제공하는 "Work@Anywhere"를 실시했다. 직원이 장소를 묻지 않고 어디에서도 안전하게 회사의 애플리케이션에 접근할 수 있는 환경을 정비하여 직원이 더 좋은 성과를 내고 생산성을 높이도록 지원하였다. 이 제도를 통해 팀 생산성이 오르고 이직률은 떨어지는 등 현저한 성과를 달성하였다. Work@Anywhere를 실시한 지 3년이 지나 매출이 2배로 늘어났고, 직원의 동기부여가 크게 높아졌다.

직원은 Work@Anywhere를 통해 언제 어디에서 일할 것인지 스스로 결정한다. 직원이 자율적으로 업무생산성을 높이고, 적극적으로 워라밸을 중시하는 문화가 형성되었다. 장소를 묻지 않는 유연한 일 방식을 일시적으로 추진하지 않고 직원들에 침투시켜 회사 전체 차원에서 실현하여 그 효과를 증명하고 있다. 텔레워크를 도입할 때 경영자의 적극적인 의지가 중요하다. 경영자가 텔레워크라는 새로운 일 방식에 의심을 하거나 소극적으로 제도를 실시하면 계속해서 저항과 장벽에 부딪혀 좌절하고 만다.

일본에서 기업에 텔레워크 컨설팅을 제공하는 타자와 유리는 기업의 텔레워크 도입을 가로막는 4가지 장벽을 지적하였다. 첫 번째 벽은 필요성을 인식하는 벽이다. 여러 가지 이유를 들면서 텔레워크가 필요하지 않다고 주장한다. 두 번째는 텔레워크를 도입할 필요성을 이해했다고 해도 회사는 또다시 도입의 벽에 직면한다. 텔레워크 추진에 따른 비용과 인력부족 문제를 제기한다. 세 번째는 어떻게 해서 텔레워크를 도입하더라도 텔레워크의 효과라는 거대한 장벽에 직면한다. 텔레워크는 생산성이 떨어지고, 일하기 어렵고, 기대한 성과가 나오지 않는다고 고민한다. 이러한 3가지 벽을 넘고 나면 마지막 장벽을 마주해야 한다. 워크라이프 밸런스 향상, 생산성 향상, 채용 능력 제고, 장애우 고용, 재해대책 등을 실현하기 위한 진정한 일 방식 개혁에 도달하는 것이다.

이렇게 텔레워크를 도입하여 새로운 일 방식으로 정착하는 데 부딪히는 장벽을 인식해야 한다. 회사에 새로운 제도를 도입할 때는 직원이 저항의식을 가질 수 있다. 이러한 4가지 벽을 사전에 예상하고 기본방침에 세심한 대책을 포함해야 한다. 앞에서 말했듯이 사전에 저항을 극복하려면 경영층의 협력, 관리자의 이해, 직원의 의식개혁을 추진해야 한다.

'칼비㈜'는 워라밸과 성과주의를 성장의 주축으로 삼고 있다. 경영자는 "효율 높게 일해 최대한의 성과를 내고, 시간보다 결과로 평가하고, 현장으로 가라" 등 경영철학을 전파하고 있다. 경영자가 직접 텔레워크를 실천하고 텔레워크 장려 기간을 설정하여 임원과 관리직이 주도적으로 이용하도록 권장하고 있다. 관리직이 적극적으로 재택근무를 하면 부하직원에게 권장하는 효과가 있다. 영업직원도 텔레워크를 활용하여 사무실에 출근하지 않고 영업 현장으로 직접 방문하고 바로 귀가한다. 2017년부터 주 2일의 재택근무 상한제를 폐지하고 주택 외의 카페에서도 일할 수 있도록 했다. "회사는 오로지 성과를 요구한다. 일 방식을 바꾸지 않으면 회사는 좋아지지 않는다"라고 경영자는 메시지를 꾸준히 전파하고 있다.

경영자가 텔레워크 도입을 결단한다면 효율적으로 성과를 내면서 회사의 경영과제를 해결할 수 있다는 메시지를 반복해서 전파해야 한다. 현장 회의와 회사 세미나, 회사 내 인트라넷 등을 통해 메시지를 계속해서 발송해야 한다.

'산토리홀딩스㈜'의 경영자는 업무스타일을 혁신하기 위해 전 직원의 의식개혁을 촉진하고 실천을 유도하는 수단으로 경영자가 직접 메시지를 발송하였다. 직원이 주체적으로 텔레워크나 유연한 근무방식으로 바꾸고 근무시간을 적정하게 배분하여 시간당 생산성을 높일 수 있다면 회사가 성장하고 직원도 충실한 생활을 보낼 수 있다는 내용이었다. 이러한 경영자의 직접적인 메시지는 텔레워크가 빠르게 정착하고 성과를 내는 촉매가 된다.

이렇게 경영자는 텔레워크라는 새로운 일 방식으로 성과를 내겠다는 강력한 의지가 필요하다. 텔레워크의 성공 여부는 처음부터 경영자의 지원에 달려 있다고 해도 과언이 아니다. 경영자에게 텔레워크의 도입목적과 효과를 상세하게 설명하고 경영자가 확신을 갖도록 해야 한다. 경영자가 확신을 갖지 않으면 관리자와 직원의 공감을 끌어내기 어렵다.

경영자의 텔레워크에 대한 인식과 이해도는 기업규모나 경영자 개인에 따라 다를 수 있다. 텔레워크에 대한 선입견과 편견을 가진 경영자가 의외로 많다. 텔레워크를 정확하게 이해하지 못하고 부정적인 정보를 접하고 텔레워크는 효과가 없다고 미리 단정한다. 이런 경영자에게는 오해와 불안을 제거하는 작업부터 실시해야 한다.

그렇다면 어떻게 경영자를 설득할까? 경영자 중에는 직원들이 오피스에 출근하여 일하는 모습을 봐야 안심하는 사람도 있다. 직원이 열심히 업무에 임하는 모습, 진지하게 서비스를 확대하려고 논의하고 고민하는 모습을 보는 것이 경영자에게는 일상적인 동기부여가 될 수 있다. 오피스에서 다양한 광경을 보며 의사결정을 내리는 것이 일상적이었다. 그러나 텔레워크를 실시하면 그런 오피스 모습은 확연히 달라질 수 있다. 친숙한 직원의 모습이 보이지 않고, 동일한 물리적 공간에서 업무 진행 과정이 보이지 않으면 불안감이 커진다.

하지만 코로나 사태 이후에 외출 자제에 따라 도입된 재택근무는 기업의 형태를 크게 바꾸고 있다. 확실히 이전에는 집에서 할 수 있는 간단한 업무라고 생각했다. 그러나 현재 IT 기술의 발전으로 지금 원격으로 대화는 물론 워크숍도 할 수 있다. 회사에 출근하지 않아도 출근한 것과 똑같은 수준의 업무를 처리할 수 있다는 사실을 알았다. 이처럼 텔레워크는 기업의 생산성을 높이고 성장하는 하나의 일 방식이며, 경영과제를 해결하는 효과적 수단임을 정량적 수치 등으로 제시해야 한다.

당연히 경영자는 텔레워크 도입에 투자하는 비용에 대해 어떤 경영 효과를 낼 수 있는지 알고 싶어 한다. 노동시간 감소에 따른 생산성 향상, 워라밸 향상 등을 정량적 수치로 파악하여 제시하고, 인력 운용의 효율성 또는 오피스 축소 운영에 따른 비용감소 효과를 지표로 제시할 필요가 있다.

- 텔레워크는 일시적인 이벤트가 아니라 회사의 성장을 위한 일 방식 개선 수단이다.
- 텔레워크는 직원의 복리후생뿐만 아니라 생산성을 높이는 수단이다.
- 우수한 인력확보, 장시간의 노동시간 개선 등 경영과제를 해결하는 수단이다.
- 큰 비용을 들이지 않고 적은 투자로 시작할 수 있다.
- 처음에 적은 인원을 대상으로 시범적으로 운영할 수 있다.
- 텔레워크의 이용 빈도를 정해서 회사 출근과 병행하며 유연하게 실시할 수 있다.
- 중소기업은 채용인력을 모집할 때 효과적이다.
- 텔레워크는 정량적으로 파악하여 생산성 향상을 검증할 수 있다.
- 텔레워크를 도입하여 성공한 사례는 충분히 있다.

코로나 감염대책 이후 많은 기업이 텔레워크를 도입하였지만, 텔레워크의 효과에 대해 진지하게 검토한 기업은 많지 않다. 회사에 텔레워크에 적합한 업무가 없다거나 기업규모가 크지 않고, IT 환경도 좋지 않아 앞으로 텔레워크를 계속해야 할지 불안하게 느낀다. 텔레워크를 실시하면 회사의 커뮤니케이션이 정체되어 업무가 추진되지 않을지 걱정하면서 텔레워크 도입을 꺼리는 기업 경영자가 많다.

경영자는 장기적인 인력구조와 조직의 생산성을 생각해야 한다. 일 방식을 변혁하여 기업의 지속적인 성장과 기업가치를 높이는 대책을 추진해야 한다. 텔레워크는 그러한 대책을 추진하는 효과적인 수단이다. 텔레워크에 대한 편견을 버리고 텔레워크에 성공한 다양한 사례를 보고 회사의 혁신 수단으로 활용할 수 있다. 따라서 경영자는 텔레워크를 도입하는 의의를 충분히 이해해야 한다. 스스로 솔선하여 텔레워크의 목적과 효과를 회사에 전파하고 직원의 의식개혁을 추진해야 한다.

특히 관리직 중에는 텔레워크보다 사무실에서 늦게까지 남아 일하는 부하를 적극적으로 평가하는 사람도 있다. 이러한 관리직은 경영층이 강력하게 텔레워크를 추진하고 야근문화를 폐지하는 방침을 제시하지 않으면 텔레워크 도입에 저항한다. 경영자는 텔레워크가 경영과제를 해결하는 수단이라는 것을 전 직원에게 호소해야 한다.

해외의 텔레워크 운영사례를 보면, 중소기업은 대기업에 비해 현격히 낮다. 경영자가 텔레워크의 효과와 필요성을 인식하지 못하고, 텔레워크에 대한 저항도 크기 때문이다. 그러나 중소기업에서 경영자의 철학과 방침이 현장에 침투되기 쉽다. 경영자가 의지를 갖고 결단만 내리면 텔레워크를 즉시 도입할 수 있다. 조직규모가 크지 않기 때문에 과제를 빠르게 해결하고 효과를 거둘 수 있다. 중소기업은 영업력 강화, 우수한 인재 확보, 기업인지도 향상, 비용절감이라는 경영과제가 있다. 텔레워크는 이러한 중소기업 고유의 경영과제를 해결하는 수단으로 활용할 수 있다.

대기업과 중소기업의 결정적 차이는 인력 규모이다. 자본금 규모가 큰 대기업은 예산과 인력에 여유가 있기 때문에 인사, 총무, 영업 등 다양한 분야에서 수십 명부터 수백 명의 직원이 있다. 이렇게 풍부한 예산과 인력으로 텔레워크를 도입할 수 있고 가시적으로 그 영향과 효과를 기대할 수 있다.

한편, 중소기업은 조직 각 부문의 인력은 몇 명에서 10명 정도다. 텔레워크 도입에 비용을 들여도 텔레워크의 혜택을 그만큼 받을 수 없다고 회의적인 경영자가 많다. 사실 중소기업이라도 텔레워크 대상 분야와 인력을 좁혀 부분적으로 텔레워크를 충분히 실시할 수 있다.

앞에서도 말했듯이 텔레워크는 반드시 전체 회사가 일제히 도입할 필요는 없다. 먼저 육아나 간병 중인 직원을 대상으로 실시하거나 일하는 장소에 융통성과 유연성이 필요한 영업 인력과 사무직원으로 좁히고, 주 1~2회를 상한으로 설정하는 방법 등 작은 규모로 도입할 수 있다.

실제로 '㈜우치다시스템'은 최초에 영업직, 기술직, 디자이너로 한정하여 텔레워크를 실시했다. 결과적으로 업무의 효율화, 영업이동 비용감소, 생산성 향상 등 명확한 효과를 거둔 후에 대상 범위를 점차 확대해나가고 있다.

그러나 최근 IT 기술의 발달로 텔레워크 도입의 벽이 점점 낮아지고 있다. 실제로 일본의 중소기업은 IT 기술을 활용하여 다양한 업무를 텔레워크로 추진하고 있다. 이전에는 엔지니어와 디자인 등 한정된 직종만 텔레워크에 적합하다고 했지만, IT를 최대한 활용한다면 마케팅과 영업직, 인사직종 등 다양한 직종에서 텔레워크를 실시할 수 있다.

텔레워크로 생산성을 높이는 중소기업

최근 정부는 중소기업의 텔레워크 도입을 지원하는 무료 컨설팅을 실시하고 있다. 2021년도에는 텔레워크와 같이 유연한 일 방식을 실현하기 위해 정부는 예산도 대폭 늘렸다. 새로운 인재를 확보하고 고정비용을 줄이는 등 기업에 다양한 장점이 있는 텔레워크는 지금이야말로 도입해야 하는 매우 유용한 일 방식이다.

인력부족은 중소기업의 경영과제 중 하나다. 만약 텔레워크를 도입한다면 중소기업은 지방에 거주하는 인력과 육아 중의 여성인력, 시니어 인력을 활용할 수 있다. 현재 많은 중소기업은 근로조건이 상대적으로 열악하여 인력을 충분히 채용하기 어려운 상황이다. 텔레워크는 이러한 중소기업의 경영과제를 일시에 해결할 수 있다.

실제로 '㈜이마크리에'는 텔레워크를 도입하여 전국에서 인력을 채용하고 있다. 지방거주 인력, 육아와 간병에 제약이 있는 인력 등 지금까지 채용하지 못했던 유능한 인력을 확보하고 있다. 회사의 채용담당자는 다른 지역에 거주하고 있다. 웹으로 면접을 보지만, 채용할 때 어려움이 없다. 채용된 모든 직원은 텔레워크로 일하기 때문에 사무실 비용을 줄일 수 있다. 장래에 텔레워크로 세계 각국의 인재를 채용하고 시차를 활용한 24시간 365일 대응 콜센터로 만들어 갈 계획이다.

텔레워크는 중소기업의 브랜딩에 도움이 된다. 일반적으로 텔레워크를 비롯해 유연한 일 방식을 추진하는 기업은 대중에게 화이트 기업으로 인식된다. 채용후보자는 회사의 텔레워크 일 방식을 인지하고, 기업에 호감을 갖게 된다. 결과적으로 기업의 브랜딩으로 작용하고 인재를 더 쉽게 확보할 수 있다. 실제로 젊은 세대는 유연하고 다양한 일 방식을 인정하는 회사를 선호하고 더 많이 지원하고 있다. 코로나 감염으로 인해 외출 자제와 취업 시기가 겹친 상황에서 신입사원은 장소에 얽매이지 않는 텔레워크 일 방식을 기업에 원하고 있다. 이렇게 유연한 업무스타일을 경험한 젊은 세대가 늘어나면 일상적으로 텔레워크를 실시하려는 기업의 수요도 늘어날 것이다.

텔레워크의 장점은 회사의 고정비용을 줄일 수 있다는 점이다. 규모가 작은 회사일수록 전체 경영비용 중에 차지하는 고정비용이 많다. 텔레워크를 도입하면 사무공간 비용을 크게 줄일 수 있다. 예를 들면 사무실의 냉난방과 조명의 광열비를 대폭 줄일 수 있다. 일본 총무성에 따르면 1인당 사무실 전력사용량이 텔레워크를 도입하여 43% 정도가 줄었다고 발표했다. 광열비 외에도 인쇄비도 크게 줄어든다. 또한 텔레워크를 실시하면 지금보다 사무실에 있는 인력이 감소하기 때문에 전체 인원에 필요한 사무집기를 갖춘 대형 사무실은 필요가 없다. 하루에 출근하는 인원수에 맞춘 소규모의 사무실을 운영하면 임대료도 대폭 줄일 수 있다. 매출이 정체된 중소기업은 텔레워크를 도입한다면 경비를 줄일 좋은 기회로 활용할 수 있다.

변화저항을 극복하라

개혁을 논의할 때 저항세력이라는 말이 자주 등장한다. 저항세력이란 기득권을 내려놓고 싶어 하지 않는 세력이나 계층을 말한다. 어떤 개혁이든지 반드시 저항이 따른다. 텔레워크라는 새로운 일 방식 도입에도 저항세력이 존재한다.

텔레워크의 저항세력은 현장의 관리자와 스텝들이다. 이런 관리직을 어떻게 참여시키느냐가 성공의 관건이다. 어느 조직이나 관리직이 반발하거나 개혁에 동참하지 않으려는 경향이 있다. 관리직이 저항하는 이유는 2가지가 있다. 관리직은 IT 활용 능력이 서툴고, 기존 일 방식과 다른 텔레워크를 선호하지 않는 연령층이다. 또한 관리자는 부하가 눈에 보이지 않는 곳에서 일하는 것을 불안하게 느낀다. 부하가 눈에 보이지 않는 장소에 있으면 일을 게을리 하지 않을까 걱정한다.

기본적으로 관리직은 부하에게 업무를 지시하거나 교육하고 평가하는 역할을 한다. 최근 실적평가를 하는 기업이 늘어나고 있지만 회사에서 오랫동안 남아 일하는 부하를 높게 평가하는 기업문화가 뿌리 박혀 있다. 적정한 노동시간을 투입하여 효율적으로 성과를 내는 생산성이 높은 일 방식을 추진하는 기업도 많지만, 평가 방법은 이러한 추세를 따르지 못하는 경향이 있다.

지금까지 부하가 사무실에 있을 때 관리하기 쉬웠다. 텔레워크를 도입하면 관리자의 책임이 커지고 관리업무도 대폭 늘어난다. 그러한 관리능력이 필요하기 때문에 급여가 높다는 것을 회사는 알고 있다. 또 한 가지는 근무체제가 바뀌면 관련된 시스템이 바뀌어 새롭게 배워야 할 것이 늘어난다. 젊은 부하직원만큼 IT 능력이 없기 때문에 불안감과 공포심이 커지면서 저항한다. 부하직원의 근태관리를 하기 어렵고 팀워크가 잘되지 않기 때문에 업무성과를 낼 수 없을 것이라고 불안해한다. 이러한 불안은 텔레워크를 제대로 이해하지 못하게 때문에 일어난다. 텔레워크도 업무 시작과 종료 등을 규정화하고, 텔레워크를 실시하는 날에 수행하는 업무를 사전에 신청하고 승인하는 절차가 있다. 업무 진행 상황을 업무일 수 제출과 성과 보고로 확인하여 부하의 근무상태를 쉽게 관리할 수 있다. 실제로 재택근무를 하는 직원은 자신이 근무하지 않는다고 오해받고 싶지 않아서 보통 이상으로 보고·연락하는 경우가 많다. 팀워크 관리도 시스템을 활용하여 관리할 수 있다. 텔레워크를 실시하는 기업은 웹 회의, 메일, 채팅 방법을 사용하여 팀의 업무생산성을 높인 사례가 많다.

관리자는 텔레워크의 성공과 실패를 좌우하는 집단이기 때문에 저항한다고 방치할 수는 없다. 관리직은 재택근무와 모바일 워크를 승인하는 권한을 가진 사람이다. 관리직이 어떤 태도를 보이느냐에 따라 부문별 텔레워크의 추진 성과가 다르게 나타난다.

아무리 경영자가 텔레워크 도입을 강력하게 지원해도 관리자가 저항하면 난관에 부딪힌다. 텔레워크를 도입하면 기존의 관리방식을 바꾸어야 한다. 먼저 텔레워크를 이용하는 직원을 공정하게 평가해야 한다. 텔레워크 이용자를 낮게 평가하면 회사에서 권장해도 이용하는 사람은 없다. 텔레워크 사용 여부에 관계없이 평가해야 한다. 직원이 업무 내용과 업무시간을 변경하지 않았는데 정당한 근거 없이 낮게 평가하면 문제가 될 수도 있다.

부하의 목표를 인식하고 성과 창출을 지원하는 역할을 해야 한다. 지금까지 상사는 회사에서 오래 남아 일하는 부하직원을 높이 평가하는 문화가 존재했다. 그러나 지금의 젊은 세대는 암암리에 장시간 노동을 인정하는 조직문화를 거부하고 있다. 짧은 노동시간에 효율적으로 일해서 성과를 낸다는 인식이 강하다. 관리자는 부하를 일하는 장소와 일하는 시간으로 평가하지 않고, 목표에 대한 구체적인 성과로 평가하는 의식을 가져야 한다.

업무스타일의 다양성을 인식하고 부하직원의 텔레워크를 지원해야 한다. 해외 텔레워크 이용실태를 보면, 텔레워크 이용률이 높은 회사도 어떤 부서의 이용실적은 크게 떨어지는 사례가 있다. 그 부서의 상사가 텔레워크를 싫어하여 직원들이 이용하지 않기 때문이다. 당연히 그 부서에서 일하는 직원의 사기는 떨어질 수밖에 없다. 이러한 상황을 방지하려면 사전에 텔레워크 추진조직은 각 부서의 텔레워크 추진현황을 정기적으로 조사하고, 상대적으로 이용률이 떨어지는 상사에게 피드백해야 한다.

텔레워크를 추진할 때 관리자의 불안 요소와 저항을 사전에 이해하고 해결책을 마련해야 한다. 텔레워크를 도입한 일본 '사가현'의 사례는 많은 참고가 된다. 관리자에게 텔레워크를 의무화하거나 먼저 체험하도록 하는 대책이 효과적이다. 사가현은 전체 관리직을 대상으로 주 1회 텔레워크 업무를 의무화하고, 실시상황을 본부에 보고하도록 했다. 현장 직원이 텔레워크를 이용하고 싶어도 관리직이 주저하거나 부정적으로 대처하면 순조롭게 진행되지 않는다고 판단했기 때문이다. 관리직이 텔레워크가 어떤 것인지 체험하면서 이해하도록 하였다. 전체 관리직을 대상으로 텔레워크를 의무화하면 다른 직원은 당연하게 받아들이고 조직 전체에 빠르게 확산되었다. 또한 사가현은 조직 전체의 텔레워크 도입을 가속하기 위해 관리직을 대상으로 텔레워크 교육을 실시하였다.

교육을 받은 많은 직원이 텔레워크를 효과적인 업무추진 방법으로 인식하였다.

'메이지야스다생명'은 관리감독자부터 텔레워크를 시범 운영하였다. 관리자가 텔레워크를 이해하지 못하면 이용을 확대할 수 없다고 생각했다. 처음에 관리자에게 텔레워크 단말기를 대여하고, 텔레워크의 효과를 체험하도록 하여 부하에게 전파하도록 했다. 이러한 체험을 바탕으로 관리자의 약 80% 이상이 부하의 텔레워크 이용을 긍정적으로 생각하고 업무를 효율적으로 추진할 수 있었다.

회사의 정보시스템 부문도 저항세력이 될 수 있다. 텔레워크는 ICT를 활용하기 때문에 정보시스템 부문의 업무도 대폭 늘어난다. 도입 전에는 기재와 시스템 선정, 예산 대책, 보안대책 등을 경영층에 설명해야 하고. 도입 후에는 시스템 관리와 보안상태를 관리해야 한다. 또한 근무체제와 제도변경에 따른 시스템 변경, ICT 기술 도입에 따른 주변기기의 준비와 조정 등의 업무가 대폭 늘어난다.

TV회의를 도입한 회사는 동작이 불안정하여 정보시스템 부문의 직원이 항상 대기하고 있는 회사도 있다. 시스템 부문의 업무부담을 줄이는 대책을 미리 생각해두면 시스템 부문의 저항을 줄일 수 있다. 텔레워크를 도입한 K사는 시스템과 기구의 납품업자에게 모든 패턴을 예상하고 수십 차례에 걸쳐 테스트를 진행했다. 텔레워크 시행 후에도 납품업자를 몇 개월 상주시킨 사례가 있다. 바로 시스템 부문의 부담을 조금이라도 덜어주려는 조치였다.

텔레워크 도입을 논의할 때부터 시스템 부문의 인력을 추진조직에 합류시키는 것이 효율적이다. 인사와 업무개혁 추진조직이 경영층을 이해시킨 후에 구체적인 텔레워크를 추진하면 시스템 부문의 인력은 업무를 추진하기 쉽게 된다. 저항세력을 중간에 끌어들이면 승리의 일등공신이 된다. 반대하는 사람이 선도적인 역할을 하기 때문에 두 배 이상의 추진력이 생긴다. 지금까지 저항세력이었던 사람들은 실제로 텔레워크 추진의 중요한 핵심 그룹이다. 앞서 말했듯이 텔레워크를 도입할 때 대표적인 저항세력인 관리자, 시스템 담당자, 노무 담당자의 업무부담을 줄이는 대책을 사전에 강구하여 불안을 제거해야 한다.

수평적 소통, 성과를 높이는 커뮤니케이션 기술

커뮤니케이션이 어려운 이유는 사람의 가치관과 크게 관련되어 있다. 매일 얼굴을 보고 대화하고 싶어 하는 사람이 있고, 매주 한 번만 만나도 충분하다고 생각하는 사람도 있다. 현재 개인의 라이프스타일 상황에 따라서도 커뮤니케이션에 차이가 난다. 직원 중에는 독신, 어린 자녀가 있는 사람, 부모와 동거하는 사람 등 세대 형태가 다양하다. 이러한 개인 상황을 배려한 커뮤니케이션이 텔레워크 업무에 큰 영향을 미친다.

조직의 불안을 줄이는 커뮤니케이션

코로나 이후 재택근무가 길어지면서 직장에서 다양한 과제가 나오고 있다. 무엇보다 부하의 매니지먼트의 어려움을 호소하는 상사가 많다. 업종과 직종이 달라도 부하직원의 고민은 거의 비슷하다. 과로하기 쉽고, 상사동료와 업무를 추진하기 위해 커뮤니케이션하기 어렵다고 말한다.

직원은 갑자기 재택근무를 시작할 때 긴장감을 갖고 집중해서 업무에 임한다. 재택근무 기간이 계속되고 상황에 익숙해지면 어느 정도 여유가 생긴다. 앞으로 세계, 회사, 내 미래는 어떻게 될지 막연한 불안이 생긴다. 그런 기분을 공감해주는 동료와 대화도 없으면 불안은 증폭된다. 앞이 보이지 않는 불확실한 상황이 계속되면서 미래에 대한 불안감은 더욱 커진다.

재택근무는 기본적으로 오피스로 통근하지 않기 때문에 그만큼 노동시간이 길어질 수 있다. 재택근무 중에 대부분 시간을 PC 앞에서 보낸다. 오피스 근무에서 상사나 동료가 서로 통제하면서 휴게시간, 업무시간을 구분했지만, 자택에서 그런 개념이 전혀 없다. 혼자서 업무에 몰입하면 휴식시간도 없고 명확한 종료시간도 정하지 않고 장기간 일한다.

애초 회사에서 근무시간을 규정하고 있지만 잘 지켜지지 않는다. 관리자는 가만히 지켜보지 않는다. 눈에 보이지 않는 부하의 업무 상황을 파악하려고 빈번하게 상황 보고를 요구하거나 시스템 로그를 분석한다. 그러나 그런 매니지먼트 방식은 역효과를 낼 수 있다. 부하는 감시하는 상사를 신뢰하지 않는다.

또한 부하직원은 업무추진과정에서 커뮤니케이션의 장벽에 부딪힌다.

팀 동료와 업무와 관련된 다른 부서의 동향을 파악하기 어렵다. 오피스 환경에서 소문을 듣고 동료의 움직임과 상황을 쉽게 파악할 수 있지만, 텔레워크 환경에서 그렇게 할 수 없다. 팀 동료의 동향을 잘 파악하는 부하도 있지만 업무상 연계된 회사의 다른 부문의 동향까지 파악하기 어렵다. 이러한 이유 때문에 어느 날 갑자기 일이 생기고 업무프로세스 전후에 해당하는 부서에서 일이 멈춰도 상황을 모른다.

이것은 상사가 다른 부서의 동향을 파악하지 못하고 부하도 다른 부서의 정보에 직접 접근할 방법이 없기 때문에 발생하는 문제다. 이러한 문제는 개발, 제조, 업무관리 부문의 담당자들에게 자주 들려온다.

또한 대면하지 않는 상황에서 동료, 다른 부서, 고객과 업무상 절충하기 어렵다. 영업 등 외부와 교류나 협상이 필요한 분야에서 자주 일어난다. 영업에서 고객의 언어 이외의 표정, 말투의 변화 등 비언어 커뮤니케이션에서 상대의 반응을 파악하는 경우가 많다. 대면 환경에서 이러한 정보를 충분히 얻을 수 있지만 텔레워크에서는 얻기 어렵다.

Zoom 등 웹 회의 시스템을 사용하여 상담하려면 90% 정도는 대면에 가까운 감각으로 대화할 수 있다. 그러나 상대의 세심한 표정 변화와 말투 변화를 느끼기 어렵다. 영업과 같은 대면 업무에서 미묘한 커뮤니케이션으로 승부가 갈리는 경우가 많다.

그럼, 어떻게 커뮤니케이션의 양과 질을 높일 수 있을까? 적어도 팀 내에서 적극적으로 정보를 공유해야 한다. 매주 한 번 정기적 온라인 미팅을 실시한다. 다른 부문의 동향에 관한 정보는 상사가 수집하여 팀에서 공유하는 대책이 필요하다. 텔레워크에서 상사는 정보의 허브 역할을 해야 한다. 상사와 부하가 협력하여 텔레워크에서 효과적인 커뮤니케이션 방식을 만들어 가야 한다. 여러 사람이 참여하는 웹

회의뿐만 아니라 핵심 인력은 직접 전화를 거는 방법을 조합해야 한다.

또한 관리자는 편하게 커뮤니케이션하는 환경을 만들어야 한다. 딱딱한 업무 내용이 아니라 부하가 아무 말이라도 자유롭게 하도록 잡담하는 환경을 만들고 부하의 고민을 들어주는 것이다. 이 외에도 불안을 줄이기 위해 정기적으로 팀 동료와 온라인 잡담 미팅을 하는 것도 좋다. 자신만 아니라 모두 불안을 느끼고 있다는 사실을 아는 것도 위로가 된다. 부하가 느끼는 불안을 그대로 받아들인다. 무엇보다 공감적 경청이 중요하다. 고민을 듣고 조언은 뒤로 미루고 철저히 듣고 상황을 파악하고 나서 적절한 대책을 마련한다. 주 1회 일대일 미팅으로 지금 불안하게 생각하는 것을 경청한다. 말을 들어주는 것만으로 부하는 감정이 해소되는 자기 정화 작용이 발생한다.

상사는 부하의 장래 커리어 불안에 적극적으로 대응해야 한다. 장래 커리어 불안을 호소하는 부하와 대화를 통해 진지하게 커리어를 생각할 기회를 만든다. 직장에서 업무에 바쁜 상황에서 미래의 일을 생각하기 어렵다. 그러나 텔레워크 환경에서 미래를 생각할 시간을 만들기 쉽다. 부하에게 장래에 하고 싶은 업무의 기획과 커리어를 생각하도록 한다. 코로나 사태가 종식되면 해보고 싶은 업무를 사전에 기획해보라는 숙제를 주는 방법도 있다. 실제로 회사의 전략에 필요한 혁신적인 기획안이 나올지도 모른다.

비대면 업무에 맞는 커뮤니케이션 스타일

앞으로 노동력 비중이 큰 다수의 화이트칼라 직종은 텔레워크의 대상이 될 수 있다. 텔레워크가 점차 확대되면서 대상 업종과 직종도 다양해질 것으로 보인다. 텔레워크의 효과와 생산성은 경험적으로 자주 거론되고 있다. 해외에서 텔레워크의 생산성에 관해 다양한 학술연구가 있지만 아직 구체적인 실증자료는 나오지 않고 있다. 하지만 이번 코로나 사태를 계기로 많은 기업은 어쩔 수 없이 텔레워크 업무스타일을 경험했기 때문에 그 장단점은 더욱 명확하게 파악하였다.

화이트칼라의 업무는 정보수집과 보고서 작성 등 직원이 혼자서 진행할 수 있는 업무(단독업무), 회의와 협상, 교섭, 영업 등 회사 내외 다른 사람과 커뮤니케이션이 필요한 업무(커뮤니케이션 업무)가 있다.

업무환경이 열악한 재택근무 환경에서 단독업무는 생산성이 떨어지는 문제가 있다. 특히 외부의 다양한 거래처와 연계해서 일하는 커뮤니케이션 업무는 생산성이 크게 떨어질 수 있다. 커뮤니케이션 업무는 현장 중심의 실시간 커뮤니케이션을 전제로 생각한다. 업무시간 전체에서 회의 시간이 차지하는 비율도 높다. 준비에 필요한 시간도 오래 걸리고 거래처와 면담하는 것에 많은 시간을 쏟아야 한다.

이러한 커뮤니케이션 업무는 경제적 관점에서 생각해봐야 한다. 이른바 커뮤니케이션 스타일의 경제성을 따져보는 것이다. 언어정보로 전달하는 커뮤니케이션 스타일은 한계가 있을 수밖에 없다. 기술발전으로 음성정보, 시각정보의 품질이 높아지면서 세련된 온라인 커뮤니케이션 방식이 등장했다. 텍스트 중심의 메일과 청각정보에 의존하는 전화와 비교하면 훨씬 효과적인 커뮤니케이션 수단이다.

메라비언 법칙은 시각과 청각 정보 중심의 커뮤니케이션 효과를 증명하였다. 미국의 심리학자 앨버트 메라비언의 실험 결과에 따르면, 사람과 사람이 얼굴을 마주할 때 커뮤니케이션은 언어정보, 청각정보, 시각정보라는 3가지 요소가 있다. 각각 모순된 정보를 발신할 경우에 다른 사람이 받아들이는 비율은 시각정보(몸짓과 행동) 55%, 청각정보(말투와 대화의 속도) 38%, 언어정보(문자와 언어)가 7%로 비언어 정보가 중요했다. 즉, 메일과 같은 언어정보는 7%, 전화와 같은 청각정보는 38%, 온라인회의(비디오 회의, 웹 회의)와 같은 시각정보는 55%의 전달 효과를 가지고 있다는 것이다.

비즈니스에서 커뮤니케이션은 정보공유, 피드백, 실행촉진이라는 3가지 목적이 있다. 커뮤니케이션 난이도로 볼 때 정보공유가 가장 낮고, 실행촉진이 가장 어렵다. 대형 프로젝트와 거래처를 결정하는 실행촉진에서 메일과 전화만으로 사람의 마음을 살 수 없고 적극적인 모습을 보여야 성과를 낼 수 있다.

그래서 온라인 커뮤니케이션은 기업경영 경제적 효용성이 높다. 직접 대면하는 커뮤니케이션 환경을 갖추려면 오피스 비용과 교통비, 출장비를 투자해야 한다. 오피스 근무자 한 명당 약 4평이고, 평당 단가를 월 30만 원으로 하면 직원 1인당 오피스 비용은 120만 원, 연간 1,440만 원이 든다. 게다가 사무기기 리스 비용, 관리비 등을 포함하면 더 큰 비용이 지출된다. 중소기업에는 결코 무시할 수 없는 비용부담이다.

온라인 커뮤니케이션은 직원에게도 이익이 된다. 면담 커뮤니케이션을 위해 통근 시간(약 2시간)을 낭비하고 있다. 직접 면담은 이동에 따른 시간 소요의 비용이 들지만, 확실히 상대에게 정보가 전달되고 영향력도 크다. 온라인회의에서 전달되는 정보량과 영향력은 직접 면담에 미치지 못하지만, 온라인 커뮤니케이션에 단독업무의 생산성이 유지된다면 기업과 직원 모두에게 장점이 있다. 코로나 감염률이 높아지면 직접 면담은 감염 프리미엄이 추가된다. 이점 때문에 온라인 커뮤니케이션의 경제성은 더욱 높아진다.

텔레워크 환경에서 효율적인 커뮤니케이션 대책

보이지 않는 부하와의 대화 법칙

한국에는 분위기를 파악하는 문화가 발달되어 있다. 말하지 않아도 느끼며 행동하는 하이 콘텍스트 문화가 뿌리박혀 있다. 하이 콘텍스트High Context란 콘텍스트(지식, 문화, 가치관, 언어)가 공통적으로 인식되는 상황을 말한다. 이심전심이라는 말처럼 말로 하지 않아도 서로 이해할 수 있는 상황이다. 반면에 콘텍스트의 공통점이 적고, 언어에 의존하여 커뮤니케이션하는 상황을 로우 콘텍스트Low Context라고 한다. 서로 당연하게 통용할 수 없다. 이러한 콘텍스트 문화는 미국의 문화인류학자 에드워드 홀이 세계 문화를 하이 콘텍스트와 로우 콘텍스트로 구분하고 비교하여 유명해졌다.

한국 사회는 이러한 하이 콘텍스트를 전제로 성장했다. 기업에서도 회사문화에 순응하는 사람들로만 구성되었다. 하이 콘텍스트 사회에서 조직 구성원의 지식과 가치관이 유사하기 때문에 많은 커뮤니케이션을 하지 않아도 소통할 수 있었다. 관리자는 직원을 돌봐주고, 직원은 관리자의 지시에 순응하는 기업문화가 형성되었다.

그러나 텔레워크라는 새로운 일 방식이 도입되면서 분위기를 파악하거나 살피는 조직문화가 바뀌고 있다. 바로 로우 콘텍스트의 커뮤니케이션이 주류를 이루고 있다. 텔레워크가 추진되고 디지털 환경에서 커뮤니케이션을 효율적으로 하는 노력이 필요하다.

독일의 사회학자 페르디난트 퇴니에스Ferdinand Tonnies는 게젤샤프트와 게마인샤프트를 제창했다. 게젤샤프트는 가족과 지인으로 구성되고 본질적으로 결합된 집단(공동체조직)을 말한다. 반면에 게젤샤프트는 인위적인 이해관계로 이루어진 이익을 추구하는 조직(기능적 조직)을 말한다. 기업은 조직 자체에 목적이 있고, 일하는 사람은 기업의 이익을 위해 활동한다. 즉 일하는 목적을 달성하기 위해 모인 노동자들이 감정적으로 연결되어 있지 않다. 어디까지나 주어진 업무를 수행하는 것이 목적이다.

경영학자 피터 드러커는 이렇게 말했다. "일하는 사람이 만족해도 일을 생산적으로 하지 않으면 실패한다. 반대로 일을 생산적으로 해도 사람이 활기차게 일하지 않으면 실패한다." 일할 때 보람을 느끼는 것이 중요하다는 말이다.

부하나 상사가 보이지 않는 텔레워크 환경에서 유일한 커뮤니케이션의 접점은 텍스트다. 상대가 필요한 정보를 적절한 표현으로 제공하는 것은 신뢰관계를 쌓고, 원활한 업무처리에 도움이 된다. 시간적 공간적으로 업무를 자유롭게 추진하는 텔레워크 환경에서 보이지 않는 상대에게 정확하게 전달하는 커뮤니케이션 마인드가 필요하다.

상대를 배려한 커뮤니케이션을 하라

2020년 일본텔레워크협회의 텔레워크 실천 부문에서 'TRIPORT'는 우수상을 받았다. 이 회사의 대표 오카모토 히데오키는 텔레워크 제도설계에서 커뮤니케이션 효율화가 가장 중요한 과제라고 말한다. 히데오키 대표는 커뮤니케이션 효율화를 위해 텔레워크 환경을 시스템으로 구축, 회사 내 제도의 설계, 상대를 배려한 커뮤니케이션의 장벽을 지적한다. 회사가 ICT 기구를 도입하여 텔레워크 환경을 구축하는 단계가 첫 번째 장벽이다. 이 장벽을 넘으면 회사 제도 설계의 문제에 부딪힌다.

텔레워크 직원을 대상으로 근태관리 방법을 활용해도 자택 환경에 따라 회사가 파악할 수 없는 상황이 발생할 수 있다. 회사에서 텔레워크 직원의 관리체제가 구축되지 않는 한 야근 시간을 계산하기 어렵다. 경영자는 엄격한 관리체제보다 텔레워크로 일할 때 자율적으로 일하기를 기대할 것이다. 그러나 현실적으로 경영자는 직원이 확실히 집에서 일하고 있는지 의구심이 생기는 것도 사실이다. 반대로 직원은 출퇴근 시간이 없어지기 때문에 때로는 정해진 근무시간을 초과해서 장시간 일한다고 생각할 수 있다. 경영자와 직원 간에 속사정을 터놓고 말할 수 없는 상황에서 좌절하고 직원이 이직할 우려도 있다.

텔레워크 업무환경에서 업무처리에 개인 비용을 쓸 수 있다. 전화와 프린터 사용, 사무기기 사용과 우편물 수발신 등에 비용이 발생한다. 회사가 어느 정도까지 부담할 것인지 명확하게 정하지 않으면 직원은 스트레스를 받는다. 장기간의 회사업무에 개인 비용 지출을 인내하기 어렵다. 마지막 장벽은 상대를 배려한 커뮤니케이션을 하는 것이다. 커뮤니케이션이 어려운 이유는 사람의 가치관과 크게 관련되어 있다.

매일 얼굴을 보고 대화하고 싶어 하는 사람이 있고, 매주 한 번만 만나도 충분하다고 생각하는 사람도 있다. 현재 개인의 라이프스타일 상황에 따라서도 커뮤니케이션에 차이가 난다. 직원 중에는 독신, 어린 자녀가 있는 사람, 부모와 동거하는 사람 등 세대 형태가 다양하다. 이러한 개인 상황을 배려한 커뮤니케이션이 텔레워크 업무에 큰 영향을 미친다.

상대를 배려하는 커뮤니케이션은 어떻게 할까? 커뮤니케이션에 감성 아이콘, 즉 그림문자는 커뮤니케이션의 효과적인 도구다. 채팅과 메시지 등 회사 커뮤니케이션에서 그림문자를 사용하면 그 사람의 감정 상태를 이해하기 쉽다. 텍스트만의 커뮤니케이션은 전달률이 낮지만, 그림문자는 전달량을 올릴 수 있는 장점이 있다. 비즈니스 채팅에 그림문자가 많이 준비된 것은 그러한 배경 때문이다.

다양한 커뮤니케이션 방식이 있지만, 그 효과성을 보면 최상위에 대면, 다음으로 비디오 회의와 전화, 채팅, 메일 순이다. 텔레워크 업무환경에서 커뮤니케이션 종류에 따라 커뮤니케이션 방식도 구분하여 사용하는 것이 좋다. 문장만으로 결론까지 상대에게 명확하게 전달하려는 내용이라면 채팅을 사용한다. 상대에게 정확하게 전달되지 않을 수 있다고 판단하면 비디오 회의를 선택한다. 업무 종류나 상황에 따라 어느 커뮤니케이션 방법이 적절할지 판단해야 한다.

직원의 심리적 안정을 주는 커뮤니케이션도 필요하다. 업무에 직접적인 관계가 없는 고객 이야기, 회사에 관련된 긍정적인 정보, 동료의 좋은 일 등을 채팅으로 공유하는 것이다. 사소한 일을 공유하면서 적극적인 팀 내 커뮤니케이션을 유도하고 직원의 심리적 안정을 높일 수 있는 수단이다. 평소에 직원 간 커뮤니케이션 기회를 의도적으로 늘려 관계를 구축하도록 해야 한다. 텔레워크 업무환경에서 직원 간 실제 거리가 떨어져 있기 때문에 심리적 거리를 줄이는 대책을 마련해야 한다. 사무실 업무에서 대면으로 상대의 마음을 쉽게 추측할 수 있지만, 보이지 않는 환경에서 커뮤니케이션은 일시에 단절된다. 따라서 텔레워크로 일하는 직원과 커뮤니케이션에 많은 배려를 해야 한다.

지금까지 많은 기업은 목표설정을 명확히 하고, 도달할 목표를 정량적으로 분석하고, 해결책을 찾고 구조화하는 등 업무 효율화를 가장 우선했다. 그러나 텔레워크 시대에는 정량적 지표 외에 정성적 지표와 회사 내 직원 간 생각을 공유하는 것이 중요해질 것이다.

업무생산성을 높이는 일대일 미팅

환경변화가 크지 않고 경제가 성장하던 시대에는 가시적인 정답을 찾을 수 있었고, 모든 직원이 일률적인 일 방식으로 경영과제를 해결하였다. 지금 기술혁신과 비즈니스 환경이 급변하는 시대에는 정답이 없고, 고객의 다양한 요구에 대응하기 어렵다. 고객의 요구에 빠르게 대응하고 적절한 해답을 찾으려면 현장에 권한을 위임하고, 현장에서 대화하면서 고객니즈에 대응해야 한다.

또한 일하는 방식의 변화와 일에 대한 가치관도 과거에 비해 크게 달라졌다. 일과 마찬가지로 개인의 생활도 중시하는 사람이 늘어나고 일에 대한 가치관도 다양해졌다. 또한 커리어 자율적 사고가 나타나고 개인은 가치관을 더욱 중시하고 있다. 커리어 비전을 세우고 커리어 성장에 도움이 되거나 연계되는 일에서 동기를 찾고 있다.

당연히 관리자는 개인의 라이프스타일과 가치관에 따른 매니지먼트 방식으로 바꿔야 한다. 지시와 전달뿐만 아니라 부하가 무엇을 생각하면서 일하고 있는지 무엇에 의욕을 느끼는지, 장래 어떤 커리어를 그리고 있는지 등 개성을 파악하는 커뮤니케이션이 필요하다.

일대일 미팅의 효과

텔레워크를 도입하면 상사와 부하 간 커뮤니케이션에 큰 변화가 일어난다. 텔레워크 환경에서 상사와 부하의 일상적 커뮤니케이션은 감소하는 경향이 있다. 커뮤니케이션양은 심리적 거리에 영향을 준다. 구체적으로 커뮤니케이션의 수단, 내용과 양이 변한다. 대면 중심에서 온라인 중심으로 바뀌고 커뮤니케이션양이 크게 감소한다. 지금까지 오피스 환경에서 공식적(진도관리), 비공식적(잡담 등) 대화가 있었다면 온라인에서는 주로 공식적 커뮤니케이션 중심으로 바뀐다.

이러한 변화가 지속되면 상사는 부하가 어떤 고민과 불안을 안고 일하고 있는지 파악하기 어렵고, 매니지먼트 부담이 커진다. 이때 일대일 미팅은 효과적인 커뮤니케이션 대책이다.

텔레워크 환경에서 일대일 미팅은 어떤 효과가 있을까? 일대일 미팅은 난이도가 높아지는 매니지먼트 대책이 될 수 있다. 물론 그것만으로 해결하지 못하지만 상사와 부하 간 커뮤니케이션 환경이 바뀐 현상에서 효과적인 수단이다. 일대일 미팅을 도입할 때 현상의 조직상황을 파악하고, 그 초점을 어디에 둘 것인지 생각해야 한다.

첫째, 일대일 미팅은 상황을 제대로 파악할 수 있다. 텔레워크 환경에서 일상적으로 부하의 얼굴이 보이지 않고 부하의 상황을 파악할 수 없다.

일대일 미팅은 정기적으로 커뮤니케이션 기회를 만들기 때문에 부하의 상태를 정확하게 파악하기 쉽다.

둘째, 관계성 구축이다. 텔레워크 환경에서 쓸쓸함과 소외감을 호소하는 사람이 많다. 정기적인 대화를 통해 부하의 쓸쓸함과 소외감을 줄이는 효과가 있다. 회의 목적뿐만 아니라 경청과 인지라는 부하와 관계를 구축하는 스킬을 활용하고 부하에게 진심으로 대화할 수 있는 장을 제공할 수 있다.

셋째 자율을 촉진한다. 텔레워크 환경에서 혼자서 일하는 시간이 길어 높은 자율성이 필요하다. 일대일 미팅에서 부하의 경험학습 사이클을 돌리도록 하여 부하가 자율적으로 업무를 추진하도록 할 수 있다.

넷째, 성장을 촉진한다. 업무의 목적과 목표를 명확히 하고 함께 회고하면서 부하의 성장을 지원한다. 현재 눈앞의 업무와 역할 외에도 장래의 커리어를 생각하고, 필요한 능력개발에 대해 대화하면서 중장기적인 육성을 지원할 수 있다.

다섯째, 성과를 창출한다. 이노베이션을 일으키기 위해 새로운 아이디어를 찾는 목적도 있다. 개인적인 고민에서 자신의 커리어까지 대화하는 신뢰관계를 토대로 현재의 업무과제뿐만 아니라 장래 대처할 문제도 대화할 수 있다.

여섯째, 이직을 방지하는 효과가 있다. 업무에 불안과 문제를 안고 있는 부하, 직장에 적응할 수 없는 동기부여가 떨어진 부하를 적절하게 매니지먼트할 수 있는 방법이 일대일 미팅이다.

[일대일 미팅을 경험한 상사와 부하의 목소리]

상사	• 매주 정기적 미팅을 하면 업무추진에 새로운 과제를 발굴하고 적시에 대처할 수 있음 • 예상치 못한 부하의 의견을 들을 수 있어 효과적임 • 대책이 없는 어려운 과제에 부하의 제안이 적절했음 • 업무 이외의 고민이 간접적으로 업무에 영향을 미치고 있다는 것을 이해
부하	• 업무를 추진하기 어려울 때 조언을 듣고 초조감이 완화됨 • 업무에 새로운 관점을 갖고 자신과 마주할 수 있었음 • 장래 비전에 따른 업무 배정을 해주어 신뢰감이 커졌음 • 사적인 대화를 하고, 이후에도 배려하는 커뮤니케이션이 좋았음

출처: 리쿠르트매니지먼트 조직행동연구소(2020)

매니지먼트 사이클에서 일대일 미팅

관리자는 매니지먼트 사이클 과정에서 직원과 일대일 미팅을 실시할 수 있다. 관리자의 매니지먼트 사이클은 계획, 조직화, 지시, 통제, 조정이라는 5가지로 구성되어 있다. 먼저 관리자는 처음에 각 조직에 부여된 목표를 어떻게 달성할지 순서를 정한다. 다음에 그 목표를 달성하기 위한 자원을 적절하게 배분하고 목표달성을 위해 부하에게 적절한 업무를 지시한다. 계획대로 추진되는지 확인하면서 문제가 일어나면 필요에 따라 관련자와 협의하면서 궤도를 수정한다. 이것이 관리자가 일상적으로 하는 매니지먼트 사이클이다.

텔레워크 환경에서 매니지먼트 사이클을 돌릴 때 주의해야 할 점이 대폭 늘어나고 난이도가 높아진다. 각 프로세스의 변화가 일어난다. 모든 프로세스를 통해 대면으로 전달되는 시각적 청각적 정보를 이전보다 획득하기 어렵기 때문에 의식적으로 부하의 상태를 확인해야 한다.

오피스 환경과 달리 텔레워크 환경에서 변형된 커뮤니케이션이 나타난다. 예를 들어 업무 중심의 커뮤니케이션에 편중되고 부하의 성장이라는 인간적 측면을 의식하기 어렵다. 결과적으로 부하의 성장을 실감할 수 없다. 또 최소한의 커뮤니케이션을 하기 때문에 맡은 일의 의미와 가치를 전달할 수 없고, 작업으로 일을 맡아 추진하기 때문에 부하의 동기와 의욕이 떨어진다.

관리자는 텔레워크 매니지먼트 사이클에서 다음과 같은 점에 주의하고 일대일 미팅을 실시해야 한다.

・계획

목표를 짧은 사이클로 구분하고 상황에 맞춰 수정한다. 보이는 현상에 대해 상사와 부하는 자주 대화하고, 계획을 정기적으로 검토한다.

・조직화

부하의 업무환경과 내면을 파악하고 업무 배분에 엄밀한 설계를 해야 한다. 부하의 업무환경과 개인적 내면을 일대일 미팅으로 상사는 정기적으로 파악한다.

・지시

업무의 목적, 성과의 질과 기한을 명확히 지시해야 한다. 일을 지시할 때 업무 진도가 불안하다면 일대일 미팅할 때 상담을 명시한다.

・통제

부하에게 더 많은 자율성을 주어야 한다. 부하가 건전하게 업무에 집중할 수 있도록 지원해야 한다. 일대일 미팅에서 상사는 부하의 자율성을 높이는 역할을 한다.

・조정

상사와 부하의 커뮤니케이션량이 줄어들기 때문에 의도적으로 커뮤니케이션 기회를 마련해야 한다. 의도적으로 커뮤니케이션 기회로 일대일 미팅을 도입하여 상사와 부하 간 커뮤니케이션양을 확보해야 한다.

이와같이 일대일 미팅을 실시하여 텔레워크 환경에서 부족한 커뮤니케이션의 양과 질을 보충할 수 있다. 커뮤니케이션의 질이란 부하의 감정과 기분을 이해하는 관계를 의미한다. 실적이 떨어지거나 문제가 발생할 때만 지시 명령하는 상사관점의 일방적인 커뮤니케이션을 방지해야 한다.

일대일 미팅에서 관리자의 커뮤니케이션 스킬

일대일 미팅에서 관리자는 커뮤니케이션의 지식과 스킬이 필요하다. 회사의 계층별 교육과정을 보면 과장, 차장, 부장 승격자의 교육커리큘럼에 커뮤니케이션 스킬이 포함되어 있다. 전체 교육과정 중에 비교적 짧은 시간으로 편성된 사례가 많다. 그 정도의 짧은 교육으로 관리자가 커뮤니케이션 스킬을 충분히 익히기 어렵다. 앞으로 관리직은 개성이 강한 다양한 세대, 다양한 업무환경에서 일하는 사람을 대상으로 커뮤니케이션을 해야 하다. 당연히 회사는 지금보다 관리직의 커뮤니케이션 스킬 향상에 더 많은 투자를 해야 한다.

그렇다면 일대일 미팅에 필요한 지식과 스킬은 무엇일까? 일대일 미팅에는 4단계, 3가지 관여 방법과 기본 스킬이 필요하다. 대면에서도 일대일 미팅을 실시할 때 핵심 요소는 동일하다. 하지만 텔레워크 환경에서 4단계와 경청스킬을 의식해야 한다.

일대일 미팅의 4단계는 회고와 주제 설정, 경청, 학습과 실행사항 확정, 격려와 지원이다. 이런 4단계는 경험학습 사이클에 근거하고 있다. 경험학습 사이클이란 인재 육성에 관한 최신의 접근방법이다. 구체적인 업무 경험을 되돌아보고 무엇을 배웠는지 명확히 하고 다음에 응용하는 사이클을 의미한다. 텔레워크 환경에서 부하의 자율성을 높이기 위해 부하의 경험학습 사이클을 돌리는 것이 효과적일 수 있다.

[4단계의 경험학습 사이클]

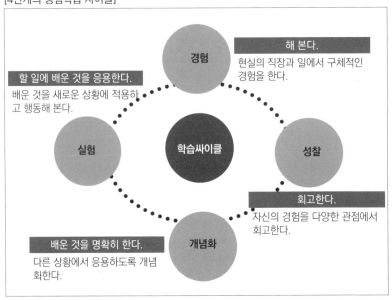

출처: Kolb. D. A.(1984)

3가지 관여 방법과 스킬도 숙지해야 한다. 일대일 미팅에서 티칭, 코칭, 피드백을 조합하여 대화를 실시한다. 각각의 부하의 상황과 대화 주제에 맞춰 상사의 판단으로 필요한 방법을 조합하여 대화를 실시한다.

티칭이란 상대가 모르는 지식과 하는 방법을 가르치고 지시하는 방법이다. 일반적으로 신속한 문제해결의 촉진과 경험을 부족한 부하의 지도와 교육에 효과적이다. 부하가 처음으로 추진하는 업무나 업무추진에 필요한 지식을 가르치거나 클레임 등 긴급성이 높은 업무의 대책을 조언하는 장면을 예로 들 수 있다.

코칭은 대화를 통해 상대의 생각과 인식을 끌어내는 방식이다. 부하의 자율적인 성장을 목적으로 현재의 매니지먼트에 더욱 적극적인 관여 방법이다. 코칭방식은 부하가 자신의 일을 스스로 설계하고 주도적으로 대응하는 자세를 촉진한다. 정답이 없는 것을 끌어낼 때 효과적이다.

피드백은 상대가 현실과 마주할 기회를 제공하는 방법이다. 부하에게 자신의 현상과 현실을 마주하도록 촉진할 때 효과적이다. 부하가 현상을 올바르게 인식하고, 장래에 개선안을 세우도록 지원하는 것이 중요하다.

텔레워크 환경에서 필요한 3가지 스킬을 알아보자. 첫째는 경청 스킬이다. 대화의 배경에 있는 의미와 느낌을 듣는 스킬이다. 수용적으로 상사가 경청하고, 부하와 안심하고 대화하는 분위기를 조성하고, 자신의 언어의 배경에 있는 느낌과 가치관을 상사가 언어화하여 새로운 느낌과 배움이 생기는 경우도 있다.

둘째는 질문 스킬이다. 상대가 파악하는 현상과 장래에 관한 인식을 묻는 스킬이다. 부하와 함께 경험을 회고하고 배움을 얻을 수 있다. 또한 부하와 함께 미래의 행동을 그려볼 수 있는 중요한 스킬이다.

셋째는 인지 스킬이다. 인지 스킬은 대화를 통해 느낀 상대의 인격과 모습을 긍정적으로 인식하는 스킬이다. 인지를 통해 부하는 상사가 자신의 일을 잘 이해해준다고 느끼고 안심하고 발언할 수 있다. 부하와 관계에 깊이를 더하기 위한 스킬이다.

마지막으로 일대일 미팅의 효과적인 운영 방법을 소개한다. 첫째는 일대일 미팅의 도입목적을 정리하고 언어화한다. 다시 말하면 도입목적을 명확히 해야 한다. 현장 관리직에게 어떤 목적으로 도입할 것인지, 무엇을 실현하고 싶은지를 정확히 전달해야 한다. 인사관리 업무와 연계하여 현장의 관리직과 눈높이를 맞출 수 있다면 효과적으로 출발할 수 있다.

둘째, 어떻게 회사 전체로 확산할지 생각하고 추진한다. 상의하달 풍토가 강한 조직에서 사장과 직원 간에 시험해보고 효과를 체감하고 나서 추진하는 것이 침투하기 쉽다. 도입 후에는 잘 되는 사례와 고민 등 관리직이 공유하는 장을 마련하는 것이 좋다. 일대일 미팅이 잘되지 않아 혼자서 고민하며 공유하는 장을 찾는 관리자들이 많다.

셋째는 관리직의 스킬을 키운다. 일대일 미팅을 효과적으로 추진하려면 관리직에 코칭, 피드백, 교육이라는 3가지 스킬이 필요하다. 커뮤니케이션 기회만 늘려서는 무엇을 어떻게 대화할지 고민한다. 관계의 개선, 부하의 동기부여로 연결하기 어렵다. 관리직은 3가지 스킬을 확인하고 부족하면 배울 기회를 마련해야 한다.

코칭만으로 일대일 미팅을 처음 시작한 부하와 커뮤니케이션을 효과적으로 추진할 수 있다고 생각한다. 코칭은 만능이 아니다. 때로는 가르치고 전달하고(교육), 기분을 끌어내고(코칭), 회고를 지원하기 위해 피드백해야 한다. 상황에 따른 커뮤니케이션 방식을 활용해야 한다.

일대일 미팅은 부하를 배려한다는 자세를 갖고 부하중심의 커뮤니케이션을 진행해야 한다. 진행할 때 3가지 자세를 갖고 진행해야 한다. 첫째, 부하를 위한 시간이고, 주인공은 부하다. 부하가 대화하고 싶은 것을 주제로 한다. 상사가 대화하고 싶은 것을 말하는 장이 아니다. 둘째, 부하의 행동과 학습을 촉진한다. 부하의 학습경험을 넓히고, 동기부여와 성장 속도를 높이는 장이다. 셋째, 부하와 상사의 협동작업이다. 관리하고 시키는 것이 아니라 함께 생각하고 함께 달린다.

성과를 이끄는 관리자의 커뮤니케이션 스킬

텔레워크 업무의 생산성을 높이려면 관리자의 프로젝트 관리 스킬이 필요하다. 지금까지 많은 회사는 직원의 일하는 모습과 프로세스를 중시하고 높이 평가하였다. 그러나 텔레워크 환경에서 상사는 부하의 일하는 모습을 직접 관리할 수 없기 때문에 부하를 오직 성과로 평가할 수밖에 없다. 성과로 평가하려면 예상할 수 있는 구체적인 아웃풋을 명확하게 그려보고, 성과를 평가하는 지표를 설정하고 작업공정을 분석하는 프로젝트 관리 스킬이 필요하다. 사람을 관리하는 스킬보다 업무를 관리하는 스킬이 중요하다.

관리Management란 소속된 직원을 활용하여 부서를 유지 발전시키는 일이다. 업무와 부하의 현상을 파악하고 관리하는 유지기능과 업무와 부하를 더욱 개선하고 성장시키는 발전기능이 있다.

텔레워크의 관리와 오피스 관리는 무엇이 다를까? 그것은 직접 만나 관찰할 기회가 적고 정보량이 지금보다 대폭 늘어난다는 점이다. 직접 만나 관찰할 기회가 적어진다는 것은 직접 대면으로 지시 등 정보 발신 기회와 부하의 고민, 업무 진도 확인 등 정보 수신 기능이 적어진다는 것을 의미한다. 부하와 대면할 때 갑자기 떠오르는 아이디어, 지시와 확인 등의 기회가 적어진다. 다시 말해 관리상의 변칙이 통하지 않는다.

정보량이 대폭 늘어난다는 의미는 상사와 부하의 텍스트에 의한 지시, 보고, 연락, 상담과 이에 대응하는 지시가 증가한다는 것이다. 따라서 관리자는 기존 사무실 업무와 다른 환경에 대비한 관리방식을 재정비해야 한다. 부하의 관찰 기회가 줄고, 정보량이 늘어나는 현상을 이해하고 관리자로서 팀의 유지기능과 발전기능을 수행해야 한다.

첫째, 팀 커뮤니케이션 기회를 늘려야 한다. 텔레워크 환경에서 직접 대면으로 충분한 정보를 얻을 수 없다. 사무실 업무 이상으로 부하와 커뮤니케이션 기회를 늘리면 정보부족 문제를 해결할 수 있다. 메일과 채팅 기능 외에도 때로는 전화와 웹 회의를 통해 대화 기회를 늘리면 조직의 애착성을 높이는 의미에서도 효과적이다. 자기관리와 적극적인 커뮤니케이션에 문제가 있는 부하에게 의도적으로 커뮤니케이션 기회를 늘려나가야 한다.

둘째, 명확하고 구체적인 지시를 내려야 한다. 관리자는 업무를 지시하는 입장이기 때문에 부하보다 더욱 명확하고 구체적으로 커뮤니케이션해야 한다. 애매하고 오해의 소지가 있는 지시는 부하에게 쓸데없는 업무를 부담시킬 수 있다. 텔레워크에서 부하가 눈앞에 없기 때문에 사무실 업무 상황보다 지시의 인식 차이를 확인하고 수정하기가 어렵기 때문이다. 업무지시를 잘못 이해할 경우 부서의 생산성에 큰 영향을 미친다.

또한 관리직의 업무지시는 명쾌해야 한다. 명쾌함이란 조리가 분명하고 알기 쉽다는 의미다. 부하에게 지시사항을 이해시키고, 자율적으로 일하게 하려면 명쾌한 지시가 필요하다. 업무지시는 "5W1H"를 명확히 하여 전달해야 한다.

셋째, 수신하는 정보를 정확하게 이해한다. 관리직은 수신하는 정보가 늘어나는 환경이지만, 그렇다고 모든 정보를 부하에게 그대로 전송하거나 반응하고 지시하기는 어렵다. 그렇게 하면 부하도 방대한 정보량에 파묻히게 된다.

늘어나는 정보를 효율적으로 관리하기 위해서는 정보에 태그를 붙이는 등의 정리 방법으로 부하에게 지시하는 것이 좋다. 즉 정보를 정리하는 사고회로를 공유하는 것이다. 정보의 우선순위를 설정하고, 정보 내용과 상대에 따라 강약을 조절하며 반응하고 지시하는 대책이 필요하다. 모든 수발신 정보에 똑같이 대응할 필요는 없다는 말이다.

넷째, 의도적으로 부하직원들을 연계시킨다. 관리직의 커뮤니케이션은 관리직과 부하의 일대일에 머물지 않는다. 여러 명의 부하, 그리고 부하직원들끼리 커뮤니케이션의 장을 의도적으로 만들어 부서 전체의 커뮤니케이션 기회를 늘려나가는 활동도 필요하다. 의도적으로 복수의 부하와 의견교환 자리를 늘려나가면 일상적으로 대화가 부족한 부하직원들의 연계를 촉진하고 팀 빌딩에도 도움이 된다.

다섯째, G-PDCA사이클을 돌린다. PDCA 사이클이란 생산관리와 품질관리 등 관리업무를 원활하게 진행하는 방법이다. PDCA 앞에 G(목표)가 붙어 있다. 사전에 어떤 목표를 설정하면 계획이 명확해지고, 동기부여를 유지하고, 하루의 행동에 일관성을 유지할 수 있다. 즉 G-PDCA사이클이란 최초에 목적을 달성하기 위한 목표를 최초에 설정하는 것이다. 목표를 설정하면 P(계획)을 세우고, D(실행), C(점검), A(개선)하는 사이클을 돌려서 성과를 올리는 방법이다.

부하의 목표관리에 대해 관리자는 방치하거나 반대로 너무 세심하게 관리하는 경향이 있다. 텔레워크 환경에서는 부하가 보이지 않기 때문에 두 가지 방식으로 관리할 수 없다. 텔레워크 환경에서 부하의 업무목표를 관리하려면 마일스톤 G-PDCA사이클을 돌리는 방법이 있다. 마일스톤이란 목표(G)를 달성하는 프로세스로 구분된 통과점이다. 부하는 각 프로세스 단계에 따라 목표를 달성할 수 있도록 지원하고, 점검(C) 기능을 수행한다.

여섯째, 부하의 업무숙련도에 따라 관리방식을 바꾼다. 부하의 업무능력은 경험과 지식수준에 따라 다를 수밖에 없다. 모든 부하에게 똑같은 관리방식을 적용하는 것은 효율성이 떨어진다. 부하의 능력과 스킬 수준에 따라 의도적으로 접촉하는 방법과 맡기는 방법을 바꿔야 한다. 이처럼 텔레워크 환경에서는 상황 대응형 리더십이 필요하다. 상황 대응형 리더십이란 부하의 업무숙련도와 의욕에 따라 세심하게 지시하고, 문답하면서 사고 및 행동을 촉진해야 한다. 의견을 존중하고 자기 완결을 지원하고, 의사결정도 맡기는 대책이다. 텔레워크는 자율적으로 일하는 방식이기 때문에 세심한 지도가 필요한 부하의 자율적 업무수행을 촉진하는 좋은 기회다. 관리직은 부하의 업무숙련도에 따라 대응책을 바꿔가며 업무과제를 해결하고 인재도 육성할 수 있다.

일곱째, 시간관리를 해야 한다. 텔레워크 환경에서는 정보량이 크게 늘어나기 때문에 관리자는 사무실 업무보다 철저하게 업무의 우선순위를 명확하게 설정해야 한다. 업무의 우선순위는 긴급도와 중요도라는 두 가지 관점에서 일을 분류한다. 긴급도란 기한이 얼마나 임박했느냐에 따라 정해지고, 중요도는 그 업무가 조직에서 어떤 위치에 있느냐에 따라 정해진다. 긴급도가 높은 업무는 방치하면 큰 손해를 보지만, 중요도가 높은 업무는 조직의 지속적 발전과 성장에 중대한 영향을 미치는 과제다. 관리직은 중요도와 긴급도의 관점으로 업무를 관리해야 한다. 방치하면 긴급하지도 중요하지도 않은 업무까지 긴급한 업무가 되고, 매일 긴급하지 않은 업무에 쫓겨 시간이 부족하고 정신적 압박을 받는다. 평소에 업무의 우선순위를 설정하여 업무의 강약을 조절하고 정신적 신체적 여유를 갖고 적절하고 균형 있게 판단할 수 있는 능력을 갖춰야 한다.

　텔레워크를 추진하면 조직과 직원에게 다양한 해결과제가 있다. 텔레워크를 추진하면서 그동안 당연하게 생각한 일 방식과 필요한 스킬을 재검토하는 계기가 된다. 새로운 환경에서 기존의 업무관리 방식을 근본적으로 재검토하면서 오히려 성장 발전의 기회로 삼을 수 있다. 이러한 절호의 기회를 살려 조직의 생산성을 높이고, 개인의 풍요로운 생활을 만들어나가는 전략적 비전이 필요하다.

성과를 내기 위한 팀원의 스킬

　최근 텔레워크를 추진하는 기업이 늘어나면서 교육이나 체계적인 지침도 없이 재택근무를 하는 직장인도 많다. 재택근무 지침을 만들어 배포하는 회사도 있지만, 재택근무에 관한 경험도 없고, 컨설팅하는 기관도 없어 주먹구구식으로 재택근무에 임하고 있다. 무엇보다 직장인들은 익숙한 사무공간이 아닌 휴식처였던 집에서 근무하다 보니 업무효율이 오르지 않는다고 하소연한다. 필자가 직장인들의 경험을 들어보면 재택근무의 성과를 높이려면 나름대로 독특한 스킬이 필요하다는 사실을 알았다. 필자는 텔레워크를 효과적으로 이용하기 위해 익혀두어야 할 몇 가지 스킬을 정리해보았다.

시간관리 스킬
　누군가 당신에게 한 시간의 가격은 얼마인가 하는 질문을 하면 어떻게 대답하겠는가! 일본의 '세이코 홀딩스'는 시간의 가격을 물어보았다. 응답자는 일과 가사, 학습하는 온타임에 4,443엔, 사적인 오프타임은 8,346엔으로 대답했다. 사람은 자신만의 시간을 더욱 중시하였다. 그런데 응답자 중에 텔레워크를 하는 사람과 하지 않는 사람의 차이가 컸다. 1시간의 온타임에 대해 텔레워크를 하는 사람은 1만6,329엔으로 하지 않는 사람의 8,063엔보다 두 배가 높았다. 텔레워크로 일하는 사람은 업무와 휴식이 구분이 모호해지기 쉽기 때문에 확실한 온, 오프타임을 원하고 시간가치를 높게 생각한 것이다.
　또한 텔레워크에 관한 시간관리 방법을 조사했다. 그 결과 텔레워크

근무자들은 개인적인 재량으로 시간을 조절할 수 있지만(76.4%), 시간에 쫓기고 있다는 사람이 많았다(73%). 회사라는 장소의 규율이 없는 반면에 시간의 규율을 느끼는 사람이 많았다. 텔레워크로 시간의 가치관이 크게 바뀌었고, 일상생활 전체의 시간관리가 얼마나 어려운지를 엿볼 수 있는 조사내용이다(세이코 홀딩스, 세이코 시간백서 2020).

텔레워크로 일하는 사람은 업무시간이 빠르게 흐르고 시간에 쫓기는 사람이 많다. 업무시간이 빠르다고 느끼는 것은 다른 사람과 대화가 적고, 업무에 집중하고 있다는 의미다. 시간에 쫓기고 있다고 느끼는 것은 텔레워크의 관리 방법에 달려 있지만 시간관리를 눈에 보이는 형태로 수치로 표시하거나 규정시간까지 끝내야 한다는 초조감 때문이다.

집에서 계속 생활하면 행동이 꾸물거리고 생동감을 느끼기 어렵게 된다. 웹 회의, 다른 동료와 공동작업 시간을 만들거나 피곤하면 차를 마시면서 휴식하거나 음악을 들으면 작업하는 등 작업의 강약을 조절하는 대책이 필요하다. 피곤할 때 휴식하는 자기 시간으로 생활 리듬을 갖기 어렵다면 한 시간 일하고 10분 휴식이라는 규정을 만들어 본다. 자신의 생활 리듬을 만들면 생활에 탄력이 생기고 심리적 부담도 줄어든다. 잠이 올 때 잠잘 수 있는 것도 텔레워크의 장점이다.

"시간학"을 제창하는 이치가와 마코토는 코로나 사태로 시계의 시간에 따르는 공공의 시간(모두의 시간)과 개인의 생활 리듬에 근거한 개인의 시간(자신의 시간)이라는 2가지 시간 축을 새롭게 생각하게 되었다고 말한다. 텔레워크로 통근하지 않는 만큼, 아침 시간을 활용하는 사람이 늘어나고, 혼자서 느리게 일하기보다 시간 제약이 있으면 더욱 분발하고 합리화할 수 있는 계기가 될 것이라고 말한다.

텔레워크를 시작하기 전에 대부분의 불안은 눈에 보이지 않는다는 것이다. 그렇다고 해도 지금 대부분 직장인은 PC로 작업하기 때문에 매일 사무실에서 얼굴을 볼 수 있다고 해도 실제로 일하고 있는지 확인할 수는 없다. 부하가 매일 업무에 얼마의 시간을 사용하고, 어떤 성과를 낼지 파악할 수 없다. 또한 부하는 업무의 우선순위를 정하고 얼마의 시간을 들여 어느 정도의 질을 만들지, 어떤 순서로 일할지를 교육받거나 경험으로 배워 판단한다. 그 판단기준은 반드시 상사와 일치하지 않고 상사가 우선순위가 높은 일을 미루는 일도 자주 발생한다.

이런 의미에서 시간관리 능력이 중요하다. 얼마의 시간을 들여 어떤 일을 어느 정도의 수준까지 완성할 것인지, 어떤 순서로 해야 할지를 관리하는 능력이다. 이러한 일 처리 방식을 익히면 우선순위에 따라 일하는 순서를 생각하고 얼마의 성과를 낼지를 목표로 추진하고, 실제 어떻게 했는지 점검할 수 있다.

텔레워크로 일하고 있다고 해서 시간을 마음대로 사용하지 않아야 한다. 혼자서 일을 하면 기분이 쾌적하고 간섭받지 않은 만큼 나도 모르게 쓸데없는 일로 시간을 낭비한다. 상사는 가능한 효과적으로 부하가 시간을 관리할 것을 기대하고 있다. 목표는 사무실에서 일할 때와 동일하고, 효율적으로 일해 생산성을 올리기를 바란다.

텔레워크로 일할 때 업무절차와 작업시간을 사전에 파악하고, 집중할 수 있도록 준비해 두어야 한다. 텔레워크로 일하는 직원도 사전에 시간관리 대책을 수립해야 한다. 맡은 업무를 세분화하고, 정해진 시간에 반드시 마무리한다면 업무효율은 크게 올라갈 수 있다. 물론 시간관리 스킬은 사무실에서 일할 때도 반드시 익혀야 할 스킬이다.

대부분의 재택근무를 추진하는 회사는 안전과 위생을 고려하여 재택근무일에 정한 노동시간 외의 근무, 심야 및 휴일 근무를 금지하고 있다. 회사의 재택근무 방침을 따르고, 업무시간과 적절한 휴식을 취하기 위해서도 매일 달성할 업무목표를 인식하고, 효율적으로 업무를 처리한다는 적극적인 자세가 필요하다. 구체적으로 다음과 같은 4가지 점에 따라 일을 하면 성과가 나올 것이다.

- 업무의 목적·목표를 파악하고 PDCA사이클을 돌린다.
- 작업속도를 파악하고, 업무 기한을 설정하여 진척 사항을 관리한다.
- 해야 할 일과 하고 싶은 일이 있으면 주도적으로 처리하면 업무를 통제하기 쉽다.
- 동료에게 기대하지 않고, 먼저 커뮤니케이션을 시도한다.

텔레워크는 컴퓨터만 켜면 평일과 휴일을 가리지 않고 언제든지, 누구의 관리도 받지 않은 채 언제까지라도 일할 수 있다. 그러나 언제라도 언제까지 일할 수 있다고 해서 제한 없이 일하면 스트레스가 커지고 결과적으로 성과가 떨어진다. 생산성을 올리려고 도입한 텔레워크가 생산성이 떨어지는 일 방식이 되는 본말전도 현상이 나타난다. 텔레워크의 본질을 제대로 살려 성과를 유지하거나 높이기 위해 유연한 자기관리가 필요하다.

- 집중할 수 있는 시간대, 업무 종류별로 성과를 낼 수 있는 시간대를 설정한다.
- 일할 수 없거나 눈에 띄지 않는 장소와 방에서 점심 식사를 한다.
- 짧은 시간이라도 스트레칭, 가벼운 산책과 운동으로 기분전환 시간을 가진다.

[텔레워크 환경에서 필요한 행동양식과 스킬]

텔레워크의 업무환경	필요한 스킬
• ICT를 활용해야 일할 수 있다 • 커뮤니케이션 수단이 바뀐다 　(직접 커뮤니케이션 감소) • 회사와 상사의 관리가 감소한다 • 언제 어디에서도 일할 수 있는 환경	• ICT 능력 • ICT 툴을 활용한 커뮤니케이션 • 정보수집과 관리 분석 스킬 • 진취적인 업무추진 방식 　(PDCA와 시간관리, 적극성과 주체성) • 삶의 보람을 찾고, 심신의 자기관리

출처: "텔레워크 적용에 필요한 개인의 스킬과 매니지먼트 요체"(MUFG, 2020. 5), 필자 재구성

커뮤니케이션 스킬

'Unipos㈜'는 2020년 4월 텔레워크 장기화에 따른 조직과제를 조사했다. 관리직과 일반 직원 모두 커뮤니케이션을 통해 회사의 다른 부서와 연계하는 것이 가장 큰 문제라고 대답했다. '유니포스'는 기업의 경영이념이 어느 정도 침투하고 있는지 측정하는 밸류 침투 분석기능을 제공하는 등 인사관리 IT 솔루션을 제공하는 업체다.

[텔레워크 실시에 따른 조직 과제]

관리직 대상(333명)		일반직원 대상(553명)	
커뮤니케이션하기 어려움	206	커뮤케이션하기 어려움	313
회사 내 연계가 어려움	181	회사 내 연계가 어려움	283
동기부여 관리	168	동기부여 유지	261
집중력 유지	167	집중력 유지	254
부하의 업무를 파악하기 어려움	155	IT 환경 정비 부족	205

출처: Unipos㈜, ※ 복수응답

텔레워크로 일할 때 커뮤니케이션의 감소에 주의해야 한다. 온라인 미팅과 채팅 시스템을 활용해도 커뮤니케이션 빈도와 양은 감소한다. 간단한 대화와 점심을 먹으면서 업무 이외의 기회에서 얻을 수 있는 유익한 정보를 얻을 수 없다. 이전보다 정보량과 정보의 질이 크게 떨어진 상황에서 일해야 한다.

사람과 접촉 기회가 줄어들면 가볍게 동료에게 상담하거나 힘든 동료에게 말을 걸기 어렵다. 팀 내의 자발적인 지원도 이전만큼 기대할 수 없다. 팀원이라는 의식이 없이 소외감을 느끼는 사람도 있다. 특히 회사 인맥이 적은 신입사원과 경력이 짧은 직원은 큰 문제가 된다.

텔레워크를 도입하면 사무실 근무자와 텔레워크 이용자 모두 커뮤니케이션 스킬을 익혀야 한다. 사무실에 근무하면 얼굴표정이나 목소리만으로 쉽게 동료의 상태를 파악할 수 있다. 그러나 얼굴이 보이지 않으면 갑자기 커뮤니케이션이 단절되는 경우가 있다. 커뮤니케이션이 단절되면 정보공유가 늦어지고, 업무의 효율이 떨어지기 때문에 오히려 생산성이 악화한다.

텔레워크를 이용하지 않으려는 직원 중에는 ICT 시스템을 다루는 능력이 서툴고 귀찮아하는 사람이 많다. 최근에 ICT 시스템이 발달하여 커뮤니케이션 문제를 해결하고 있다. 채팅 기능과 참석 상태를 표시하는 툴을 값싸게 이용할 수 있다. 텔레워크에서뿐만 아니라 정보화 시대에 언제든지 능숙하게 사용할 수 있도록 커뮤니케이션 기능을 숙지해 두어야 한다. 누구나 쉽게 이해할 수 있도록 텔레워크 ICT 시스템의 조작 설명회는 효과적인 방법이다. 동료가 텔레워크 상태라도 이러한 툴을 활용하여 보통의 커뮤니케이션을 할 수 있도록 사전에 사용 방법을 합의해 두어야 한다. 시스템을 활용해 회의를 추진하는 방법을 공유하고, 상대를 부르는 시기도 검토해야 한다. 때로는 출근하여 직접 대면 커뮤니케이션 방법도 합의해야 한다. 메일과 채팅에 의존하지 않고 중요한 안건은 전화로 확인하거나 대면 회의로 합의하는 규정 작성도 중요한 요소다.

텔레워크로 일할 때 커뮤니케이션 장애를 극복하고 이전처럼 업무성과를 내려면 다양한 커뮤니케이션 스킬이 필요하다. 무엇보다 가장 중요한 커뮤니케이션 스킬은 스스로 정보를 습득하는 능력이다. 가만히 기다리고만 있으면 들어오는 정보는 한정된다. 회의 등 정기적인 정보교환 장소 밖에서도 적극적으로 정보를 얻는 노력이 필요하다. 텔레워크에 들어가기 전에 가능한 다른 부서의 사람들과 폭넓은 관계를 구축하는 것이 좋다.

텔레워크 환경에서 상사는 업무를 직접 감독할 수 없기 때문에 직원에게 업무 추진 방법을 맡기는 부분이 늘어난다. 개인 재량으로 스스로 일할 수 있는 텔레워크 환경에서 보고, 연락, 상담이라는 기본적인 커뮤니케이션은 더욱 중요하다. 보고, 연락, 상담으로 상사와 신뢰를 만드는 것이 텔레워크 도입 초기에 특히 필요하다. 지나가는 상사에게 잠시 물어보는 기분으로 커뮤니케이션을 시도해본다. 상사와 대화를 통해 예상 가능한 업무성과를 명확히 설정하고, 미리 보고 시기도 정하는 등 리더십을 발휘하는 적극성이 중요하다.

정보수집과 관리 분석 스킬

텔레워크 환경에서 커뮤니케이션할 때 상대에게 알기 쉽게 전달하려면 명확하고 구체적인 표현을 써야 한다. 구체적으로 표현하려고 하면

텍스트 정보량이 대폭 늘어날 가능성이 있다. 전달해야 할 정보를 분석하고 전달할 내용을 정리하여 구체적으로 전달하지 않으면 오해를 불러일으킬 가능성이 크다. 오해를 불러 정보를 받은 상대가 쓸데없는 일을 할 수 있다. 결과적으로 업무를 의뢰한 사람이 수정하는 작업이 늘어나고, 생산성이 떨어지는 결과로 이어진다. 이러한 상황은 사무실 업무에서도 일어나지만 텔레워크에서는 더 많은 생산성의 차이를 가져올 수 있다.

텔레워크에서 정보를 취급할 때 보내고 받는 정보를 종류별로 색인표(태그)를 붙여 정리하는 좋다. 태그에 따라 불필요한 정보를 정밀하게 심사하여 삭제한다. 정보를 정리하고 심사할 때 자신의 판단기준을 가질 필요가 있다. 자신이 어떤 취지로 정보를 수발신하고 정리하고 싶은지 명확하게 설정하여 커뮤니케이션과 정보를 수집하면 더욱 빠르고 양질의 업무를 추진할 수 있다.

지방소멸 시대, 지방을 살리는 텔레워크

지방소멸 시대가 온다

2014년 지방소멸이라는 말이 일본에서 처음 사용되었다. 일본의 총무장관 마스다 야스히로는 일명 마스다 리포트에 구체적인 지방소멸 현상을 발표하여 일본 열도를 충격에 빠뜨렸다. 보고서는 2040년에 지방에 사는 젊은 여성의 유출로 인해 일본의 896개 지자체(전체의 49.8%)가 소멸할 위기에 직면한다고 지적했다. 젊은 여성(20~39세)이 급격하게 유출되는 지역에서는 아무리 출산율이 높아도 장래에 소멸할 가능성이 크다. 결국 도쿄로의 인구집중을 억제하고, 매력 있는 지방 거점도시를 만들어야 출산율을 높이고 인구감소를 막을 수 있다고 제언했다. 이 보고서는 일본의 지방창생 전략을 추진하는 신호탄이었다.

한국의 지방 문제도 일본의 사정과 다르지 않다. 다가올 미래에는 고령화와 인구감소로 그 기능을 제대로 하지 못할 지자체가 많다. 한국고용정보원(2016년)의 지방소멸에 관한 연구자료에 따르면, 앞으로 30년 이내에 82개 "군"지역 중에 69곳(84.1%)이 소멸할 것으로 전망했다. 읍면동 지역 3,482곳 중에 1,383곳(39.7%)이 소멸할 것으로 예상했다.

지방소멸의 경고에도 수도권으로 인구는 계속 집중되고 있다. 코로나 사태 이후 수도권으로 들어가는 인구는 더욱 늘어나고 있다. 한국고용정보원에 따르면, 2020년 3월과 4월에 수도권으로 들어간 인구가 2만7,500명으로 전년보다 2배 이상이 늘어났다. 결과적으로 지방의 소멸위험은 더욱 높아졌다. 2020년 4월 전국 228개 지역 중에서 소멸위험 지역은 105개로 전년보다 12곳이 늘어났다.

특히 청년인구가 수도권으로 이동하며 지방소멸 위험이 커지고 있다.

지방의 인구감소는 지역경제를 넘어 국가 경제에도 나쁜 영향을 미친다. 경제적 지역 격차가 커지면서 국민의 불평등을 초래한다는 점에서 대처해야 할 중대한 국가적 과제다.

지방을 피폐화시키는 블랙홀 서울

서울에 집중 현상은 좋은 효과도 있다. 서울에 다양한 자원이 집중되면 경제 전체의 생산성을 높이고, 이노베이션을 촉진하는 측면도 있다. 대기업 본사가 집중된 서울에서 기업은 비즈니스 활동의 효율성을 높일 수 있다. 기업은 서울에 있는 대학을 나온 우수한 인재를 언제든지 쉽게 활용할 수 있다. 개인은 좋은 대학과 일자리가 많은 서울로 계속 이동하고 있다. 대기업에 들어가면 임금도 많이 받을 수 있다. 이렇게 지방의 젊은 인재가 몰려온 서울은 경제성장의 동력이었다.

그러나 과도한 집중으로 이러한 효과는 줄어들고 있다. 서울로의 과도한 집중은 생활환경을 악화시킨다. 높은 집값과 물가, 교통체증과 혼잡한 전철, 아동 보육시설과 간병시설 부족 등 많은 문제를 일으키고 있다. 효율이 좋은 서울 중심의 중앙집권 사회는 출산율을 낮추고 인구증가를 억제하는 역할을 하고 있다. 지금까지 모든 산업과 문화, 교육인프라가 서울에 집중되어 일정한 성공을 거두었지만 언제까지 지속될 수 없다. 서울의 일극집중을 완화하기 위해 행정부와 공기업을 지방으로 이전하였지만, 큰 효과는 없는 것 같다. 건물만 이전했을 뿐이지 지역의 균형발전에 전혀 기여하지 못하고 있다.

한편, 서울이 기업과 사람을 흡수하여 지방경제를 피폐화시키는 문제는 심각하다. 서울로 인구가 이동할수록 지방의 인구는 그만큼 줄어든다.

지방의 생산자원, 토지, 자금, 인재를 충분히 활용하지 않기 때문에 그만큼 경제효율이 떨어진다. 지방에서는 고령화가 심각하여 인구가 줄어들고 커뮤니티 자체를 유지할 수 없다. 이처럼 농어촌은 붕괴되고 있다. 그래도 지방은 식자재와 에너지를 생산하고 서울보다 출산율이 높다. 서울은 지방에서 생산하는 식자재와 에너지를 소비할 뿐 출산율은 가장 낮은 블랙홀이다. 지방이 계속 쇠퇴하는데 서울만 생존할 수 없다. 지방이 쇠퇴하면 서울은 바로 식량부족 문제를 겪는다. 대도시가 혼란에 빠지면 지방의 기업은 생존하지 못한다. 현재의 정치와 행정, 경제가 서울에 집중된 모습은 매우 위험하다.

서울 등 도시의 주민은 지방의 인구감소 문제에 관심을 가져야 한다. 도시에 있는 주민과 대기업은 지방의 인구감소 문제와 관계가 없다고 생각한다. 그러나 도시와 기업은 지방이 없으면 존립할 수 없다. 우리가 사는 지역의 생활과 경제는 다른 지역이 온전해야 그 기능을 제대로 할 수 있다. 팔다리가 아픈데 몸통이 온전할 리 없다.

소설가, 관료, 평론가로 유명한 사카이야 다이치는 2019년 사망 직전에 『3번째의 일본』을 썼다. 이 책에서 미래를 살아가는 일본인에게 마지막 제언을 남겼다. 그중에 인상적인 대목이 있다. 저자는 에도시대가 260년간 지속되었던 이유는 에도성에 사람이 집중되지 않았기 때문이라고 한다. 군마를 만들지 못하고, 강에 다리를 건설하거나 도로를 포장하지 않도록 했다. 에도성에 물류와 사람이 들어오는 것을 제한하고, 지방에 독자적인 경제와 교육을 창출하였다. 중앙집권과 지방분권 간에 적절한 균형과 조화는 260년 동안 천하태평을 이끈 원동력이었다. 저자는 인구감소로 피폐한 지방의 문제를 걱정하면서 과거 역사적 경험에서 조화로운 국가의 발전 방향과 비전을 제시하고 있다.

현재 한국도 일본과 같이 지방의 문제가 심각한 상태다. 도쿄와 같이 서울에 과도한 집중으로 인한 양극화 현상은 심각한 부작용을 낳고 있다.

앞으로 다소 시간이 걸리겠지만, 코로나 사태를 계기로 서울에 일극집중을 개선할 기회를 만들어야 한다. 필자는 수도권에 집중되어 있는 기업을 지방으로 분산하는 정책은 국가 전체에 경제적 파급 효과가 클 것으로 생각한다. 장기적 관점에서 지방에 일자리를 늘리고, 지방의 인재를 활용하는 텔레워크의 한국형 모델을 만드는 대책도 고려할 필요가 있다.

지방에서 텔레워크로 일하는 장점은 실로 많다. 지방에서 텔레워크로 일하는 직원은 집값과 물가 등 생활비용이 높은 서울에 계속 거주할 필요가 없다. 생활환경이 좋은 외곽지역과 지방으로 이주하여 일할 수 있다. 텔레워크로 지방에서 일할 수 있다면 동일한 주거비용으로 더 넓은 주거공간에서 살고, 자택 근무 공간도 확보할 수 있다. 수도권의 기업에 취업하여 지방에서 일할 수 있다면 지방으로 이주하는 사람은 늘어날 것이다. 수도권의 인구가 지방으로 이동하면 지방에 새로운 비즈니스 기회가 늘어날 것이다. 그러면 대도시의 기업은 지방으로 들어가 새로운 비즈니스를 발굴하고 활동할 것이다. 기업이 지방에 있는 도로, 공공시설 인프라, 토지, 인재 등 다양한 자원을 효과적으로 이용하여 지역경제를 활성화할 수 있다. 지방에서 다양한 문화 활동이 전개되고 지방분권을 더욱 촉진할 수 있다.

코로나 사태를 계기로 서울 일극집중의 문제를 다시 생각해보아야 한다. 코로나가 종식되면 균형과 조화를 이룬 국토 발전 문제를 숙고하고 새로운 청사진을 그려야 한다. 단순히 사람이 서울을 떠나 지방으로 가는 것은 효과가 없다. 지방에서도 대도시와 같이 일과 생활을 할 수 있는 여건을 만들고, 대도시보다 여유롭고 풍요로운 삶이 보장된다면 지방으로 이주하는 사람은 크게 늘어날 것이다.

지방 텔레워크 운동으로 지역경제 살리기

코로나 사태는 지방경제에 큰 타격을 주고 경제적 위기를 맞은 지역이 많다. 지역사회의 활력을 창출할 수 있는 대책이 필요한 시점이다. 포스트 코로나 시대에 닥칠 경제적 위기에 대비해 지역 차원에서 구체적인 대책을 수립해야 한다. 특히 지역의 관광업과 서비스업, 숙박업, 음식점 등은 막대한 타격을 입고 생존의 기로에 서 있다. 지역경제를 뒷받침하는 소상공인의 고용을 유지하고 일자리를 창출하는 적극적인 대책이 필요하다.

무엇보다 코로나 이후 지방의 문제를 해결한 선제적인 정책을 생각해야 한다. 지역은 어느 때보다 지역 활성화를 위한 대책이 시급하고, 기업은 텔레워크 운영 경험을 살려 지방에서 새로운 사업을 창출할 수 있다.

지방 텔레워크 제도를 즉시 도입하는 것보다 먼저 지방에서 일하는 체험을 쌓는 것은 어떨까? 대도시에서 벗어나 일하는 관점을 가지는 것만으로 새로운 관점을 갖는 사람이 많아질 것이다. 구체적으로 대도시에 있는 기업의 직장인을 대상으로 일정 기간에 지역에 머물면서 텔레워크로 일하는 운동을 추진하는 것이다. 지금 즉시 지방으로 이주하거나 전직할 수 없지만, 코로나 이후 IT 환경이 정비되면 적어도 몇 주간 지방에서 텔레워크로 일할 수 있을 것이다. 복잡한 만원 전철에서 벗어나 여유 있는 자연환경에서 일에 집중할 수 있고, 적어도 며칠은 지역을 위해 공헌할 수 있다.

기업은 텔레워크를 직원의 니즈에 따라 다양하게 활용할 수 있다. 어떤 기업은 현재 보유한 기술과 영업력으로 특정 지역에서 혁신적인 사업을 추진할 수 있다. 일에 지친 직원의 심신을 위로하고 높은 성과를 낸 직원에게 재충전할 기회로 활용할 수 있다. 기업의 유능한 인재들이 능력과 스킬을 높이고 장래 커리어를 탐색할 기회로 활용할 수 있다. 고향에서 자녀를 키우고 부모를 돌보면서 퇴사하지 않고 계속 일할 수 있는 방법이다. 정년퇴직 후 새로운 인생을 설계하고 싶은 시니어 직원에게 커리어 전환을 위해 활용될 수 있다. 퇴직 후 살고 싶은 지역을 사전에 탐색하고, 직접 살아보거나 지역사회에 봉사하면서 지역주민과 우호적 네트워크를 형성할 수 있다. 이런 기회는 자연스럽게 안정된 이주로 이어질 수 있다.

지방 텔레워크 운동은 지역사회의 소비를 창출한다. 지역에서 텔레워크로 일하는 사람이 늘어나면 열차와 비행기 탑승, 지역의 호텔 등 숙박시설과 음식점, 관광명소 등의 가동률이 크게 늘어날 것이다. 지방에 방문하는 인구가 늘어나야 피폐한 지역경제에 활력을 불어넣을 수 있다. 방문인구를 늘리려면 직원이 많은 대기업을 참여시켜야 한다. 수도권에 있는 대기업 중에 직원 수가 수천에서 수만 명에 이르는 직장이 많다. 대기업 인력이 연간 약 10만 명이 지방에서 일정 기간 상주하거나 텔레워크로 일한다면 지방에서 엄청난 소비가 창출될 것이다.

방문인구를 늘리는 것은 지역 활성화의 첫 단계다. 지방으로 향하는 여행자가 늘어나면서 정착인구가 늘어날 가능성이 있지만, 지역에 살 수 있는 사람을 유치해야 지역경제가 활성화된다. 따라서 먼저 지역을 계속해서 방문하는 관계인구를 늘려야 한다. 관계인구란 지방의 특정 지역과 관계를 맺고 다양한 형태로 교류하는 사람을 말한다. 지역에서 다양한 형태로 교류하면서 외부에 있는 사람을 수용하는 것은 소중한 노동력을 확보하는 것과 같다. 수도권 기업에서 일하고 있지만 지방에서 살고 싶어 하는 젊은 인재, 퇴직 후 지방에 거주하려는 경험 많은 시니어 인재는 지역사회나 기업에 소중한 인적자원이다.

  지방 텔레워크 운동은 지방의 주거와 네트워크 인프라를 확충할 수 있다. 지방에 방문하는 인재가 늘어나면서 지역의 주거지역과 오피스 환경이 정비되고 IT 인프라의 수요가 발생한다. 지방의 어느 장소에서도 유용하게 활용할 수 있는 스마트 기술과 관련된 인프라와 플랫폼도 구축될 것이다. 지역주민은 물론 텔레워크로 일하는 사람들이 편하게 접근할 수 있는 ICT 환경을 구축할 필요가 있다.

[지방 텔레워크 운동을 활용하는 다양한 모델]

모델	기간	목적
지역 혁신사업형	수개월~수년	회사의 기술과 영업력으로 지역 활성화를 위한 신규사업추진
휴식형	수주간~수개월	직원의 멘탈헬스 증진, 재충전 및 새로운 아이디어 창출 원천
인재교육형	수개월~수년	회사의 경영 인재 양성, 직원의 스킬과 커리어 개발
육아 간병형	수개월~수년	고향에서 육아와 간병, 회사에서 계속 고용유지
퇴직 후 제2 인생 설계형	수개월~수년	시니어 인재가 이전이 커리어를 살려 새로운 방향 설정

출처: "리모트 워크를 지방창생으로 활용"(마쓰다 토모오, 2020. 6) 필자가 재구성

지방경제 살리기에 나선 일본에서 배운다

지역을 활성화하는 관계인구 확대 정책

앞에서 언급한 관계인구는 좀 생소한 용어다. 관계인구는 인구감소 문제를 해결하는 대안으로 거론된다. 간단히 말해, 어떤 지역에 살지 않지만 그 지역에 매력을 느끼고 응원하는 지역 팬덤fandom이다. 그들은 특정 지역의 문화에 흥미를 보이고 시간과 노력을 아끼지 않는다. 또한 관광하러 지역에 방문한 교류인구도 아니다. 지역과 다양하게 관련된 사람들이다. 즉 이주와 관광 이외에 지역과 관계를 맺고 있는 사람이다. 관계인구를 늘리면 지방의 인력부족과 젊은 세대의 유출을 막을 수 있다. 다양한 인재가 지역에 모여들면 지역에 새로운 바람을 불어넣을 수 있다.

한편, 도시 거주자는 지방에서 살고 싶어 하지만 이주를 쉽게 결정하거나 즉시 이주하지 않는다. 도시 거주자의 속성을 고려하여 먼저 지방으로 이주할 의향이 있는 사람을 대상으로 단계적 대응이 필요하다. 먼저 지방으로 이주를 희망하는 사람의 니즈를 파악하고 차근차근 이주를 준비하도록 라이프스타일에 따른 다양한 교류 기회를 마련해야 한다. 지방으로 이주하는 장벽을 단계적으로 낮춰가도록 지원해야 한다. 지역사회는 관계인구를 지역에 공헌하는 사람으로 인식하고, 지역사회가 고향처럼 편하게 느끼고 공헌하고 싶게 해야 한다. 그런 단체나 사람들과 깊은 관계를 맺고 계속해서 연계 기회를 제공해야 한다. 관계인구와 지역을 연계하는 코디네이트 기능을 발휘할 수 있는 중간조직도 필요하다. 중립된 입장에서 인재 육성을 지원하는 대책을 검토해야 한다.

지방에서 텔레워크를 확대하는 것은 관계인구를 늘리는 효과적인 대책이다. 관계인구를 늘리는 정책은 개인의 라이프스타일을 충족하고, 지역을 살리는 대안이 될 것이다. 지역거점에 위성오피스나 공유오피스를 설립하면 지역의 인재 유출을 막고 고용을 창출할 수 있다. 대도시에 본사를 둔 기업이 지방에 위성오피스를 만들어 도시에서 지역으로 인재와 일자리를 이동하면 지방에 사는 사람이 그 지역에서 텔레워크 환경에서 일할 수 있다. 젊은 세대는 도시 생활에서 벗어나 지방에서 자유롭게 텔레워크로 일할 수 있는 곳을 선호할 것이다. 관계인구를 늘리는 대책은 지속 가능한 지역관광 차원에서 중요하다.

지방에서 텔레워크로 일하는 사람은 다양한 이벤트를 통해 지역사회에 적응해나간다. 지역주민과 만나면서 연대하고 자연스럽게 정착할 가능성이 있다. 예를 들어 농업을 시작하고, 수확 작물을 가까운 음식점에 도매로 공급하는 체험은 지역사회와 유대감을 형성하고 애착심을 높일 수 있다. 여러 지역에서 방문한 사람은 지역주민과 함께 새로운 공동체를 만들어갈 수 있다.

최근 일본의 지자체는 지방의 관계인구를 확대하고 있다. 관계인구에서 지역경제 활성화의 돌파구를 찾고 있다. 정부도 지자체의 관계인구 확대 정책을 체계적으로 지원하기 위해 2018년부터 2년간 관계인구 창출 모델사업을 실시했다. 그리고 모델사업에 참여한 지자체의 사업내용과 성과를 조사한 후에 전국의 지자체와 공유하며 관계인구를 확대하는 분위기를 조성하고 있다.

[관계인구의 지역 이주 과정]

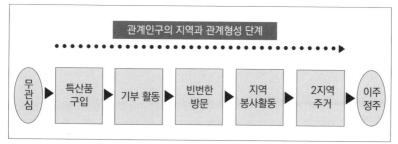

관계인구의 지역과 관계형성 단계

무관심 → 특산품 구입 → 기부 활동 → 빈번한 방문 → 지역 봉사활동 → 2지역 주거 → 이주 정주

출처: 텔레워크의 최신동향과 정책 전개(일본 총무성, 2018), 필자 재구성

[일본 지자체의 관계인구 창출 유형]

관계심화형(연고형)	그 지역과 관계가 있는 사람을 대상으로 관계인구를 모집하는 체제를 구축하고, 지역과 계속해서 연계 기회를 제공하는 대책을 실시
관계심화형 (고향납세형)	고향납세기부자를 대상으로 지역과 연계해서 지속해서 기회를 제공하는 대책을 실시
관계창출형	지역과 연계하고 싶은 사람의 지식, 스킬과 지역의 과제를 매칭하기 위해 중간지원기능을 갖고 지역과 계속해서 연계기회를 제공하는 대책을 실시
시야확대형	도시의 NPO, 대학과 제휴하여 도시 주민이 지역에 관심을 높이기 위한 대책을 실시
시야확대(외국인)형	지역주민과 단체와 제휴하여 외국인과 교류를 촉진하면서 지역과 계속해서 연계를 창출하는 대책을 실시

출처: 관계인구 포털사이트

수도권 대기업 인재가 부업으로 지방에서 일한다

일본은 수도권의 인구집중을 완화하고 지역경제를 활성화하기 위해 2016년부터 지방경제 활성화에 주력하고 있다. 그 중에 핵심 정책은 저출산 고령화로 인구가 크게 감소하면서 위축된 지방경제를 회생하는

지방창생 전략이다. 지방창생 전략 중에 2024년까지 도쿄와 지방간에 인구 전입과 전출의 균형을 이루고, 부업을 통해 지역의 관계인구를 늘리는 대책이 포함되어 있다. 일본 정부는 2018년에 부업 촉진에 관한 지침을 만들고, 부업 모델 규정을 제시하며 노동자의 부업을 전면적으로 허용했다. 노동력 부족사회에서 부업의 다양한 장점을 홍보하고 기업 노동자의 부업을 적극적으로 장려하고 있다. 부업을 허용하는 기업은 계속 늘어나고 있다.

올해 들어서 코로나바이러스 확산으로 많은 대기업이 텔레워크를 도입하고 있다. 부업과 텔레워크가 확산하면 결과적으로 지방과 중소기업의 인력확보에 도움이 될 수 있다. 노동자는 일하기 편한 장소에서 일할 수 있고, 본업 외에도 부업을 통해 외부에서 능력과 스킬을 발휘하며 소득을 올릴 수 있다. 또한 도시에서 일하는 인재가 지방에서 부업을 통해 일할 수 있다는 점에서 지역발전에 기여할 수 있다.

이미 부업을 허용하기 전 지방기업에 부족한 인력을 지원하는 제도가 마련되었다. 2016년부터 지방창생 전략의 하나로 시작된 프로페셔널 인재 사업이다. 이 프로젝트는 수도권의 유능한 인재를 영입하여 지방기업의 혁신 창출을 지원하는 것이다. 기업의 사업혁신과 신상품개발, 공격적 경영을 하도록 지원하여, 지역에 새로운 양질의 고용을 창출하여 지역경제를 활성화하는 전략이다. 광역 지자체(도도부현)는 프로페셔널 인재전략 거점을 설치하고 기업의 혁신과제를 발굴하고, 민간 인재소개회사와 제휴하여 필요한 인재를 소개하고 있다. 구체적으로 이 프로젝트는 먼저 기업과 상담을 통해 신규사업 발굴, 판로개척, 공격적 경영 등에 관한 과제와 해결에 필요한 인재 요건을 명확히 설정한다. 그리고 제휴한 인재소개회사는 혁신사업을 추진하는 지방기업에 적합한 인재를 소개하고 있다. 2019년 현재 프로페셔널 인재전략 거점은 45개 지역에 설치되었고, 3년간 약 3만5,000건의 상담, 5,800건의 매칭 성과를 거두었다.

또 하나의 사업은 지방으로 인재를 이동하는 "지역인재 지원전략 패키지"가 있다. 수도권에 있는 기업의 부업인재를 활용하여 지방기업의 과제를 해결하기 위한 인재 매칭 사업이다. 지역의 금융기관이 기업의 과제해결에 필요한 인재를 발굴하고, 그러한 인재가 일하는 수도권 기업을 개척하거나 제휴하여 부업방식으로 지역으로 인재를 데려오는 대책이다. 수도권의 인재를 활용하여 지방기업을 살리고, 관계인구를 늘려 지역경제의 활성화를 겨냥하고 있다.

[지역인재 지원전략 패키지 사업]

인재 매칭	프로페셔널 인재 거점, 지역 금융기관과 협력하여 새로운 사업 발굴
지역 중소기업	지역기업의 경영지원, 혁신 창출에 필요한 인재 니즈 발굴
인재소개회사	수도권 기업과 제휴를 통한 인재 송출 회사 확대

2020년에는 지방에 부업 인재를 더 많이 영입하기 위해 지원제도를 강화했다. 프로페셔널 인재전략 거점의 인력을 두 배로 늘려 500명을 갖추도록 했다. 지방에서 부업으로 이동할 경우 이동경비를 1인당 3년 동안 최대 150만 엔을 지원한다. 주로 수도권에서 다른 지방으로 부업으로 통근하는 사람이 대상이다. 수도권 중에서 교통 사정이 열악한 과소지역으로 통근은 대상에 포함된다. 지방에서 부업을 장려하여

지역에 관련된 관계인구를 확대하려는 것이다.

일부 지자체는 직접 외부의 부업 인재를 채용하며 모범을 보이고 있다. 2017년에 히로시마현의 후쿠야마시는 한 명의 전략고문의 채용공고를 냈는데, 전국에서 395명이 지원했다. 와카테현은 2018년 정기적으로 지역을 방문하는 관계인구를 늘리려고 부업을 하고 싶은 수도권 인재를 지역기업과 매칭하는 관민 제휴의 버츄얼조직을 설립했다. 지자체 중에는 전직 지원회사, 취업 정보회사와 활발한 제휴 대책을 추진하고 있다. 도야마현 난토시는 지역 상공회의소, 인재 플랫폼 기업 '그루부스Grooves'와 제휴하여 기업의 활성화와 관계인구를 늘리려고, 제휴회사의 부업 플랫폼을 통해 수도권 인재와 지역기업의 매칭을 추진했다. 히로시마현은 파소나 그룹과 도쿄에서 설명회를 개최하였다. 돗토리현에서는 비즈리치와 제휴하여 수도권 대기업 직원을 대상으로 지역기업 견학회 또는 경영자들과 의견교환을 기획하였다.

'야마구치 파이넨셜그룹'은 자회사를 설립하고 인재소개회사 '서큐레이션'과 제휴하여 수도권 인재를 지방으로 영입하는 대책을 추진하고 있다. 지방에 관심 있는 수도권의 부업 희망자를 소개하고, 중소기업의 해결과제 분석에서 구입, 직장환경 개선까지 지원한다. 2019년 마코토 월은 미야기현 마루모루초에서 태풍 피해기업을 부업으로 지원하는 인재를 채용하는 매칭이벤트를 온라인으로 개최했다. 수도권 인재와 경영과제가 있는 지역기업을 연계하여 피해기업과 지역경제를 회복하는 대책이었다.

지방에서 일할 수 있는 제도와 지원대책이 충분히 갖춰져도 사람이 이동하지 않으면 소용이 없다. 수도권 기업의 인재가 지방기업에 관심을 갖고 있는지가 중요하다. 일본인재기구는 2018년 1월 수도권 기업에 일하는 관리직을 대상으로 부업, 지방에서 일하는 의식을 조사했다. 조사에서 부업을 할 수 있는 사람은 많았지만, 부업에 적극적인 사람은 적었다. 평일 노동시간이 2시간 줄어들면 그 시간에 부업 하겠다는 사람은 6%였다. 그러나 월 1~2회 휴일을 이용하여 지방기업에서 능력과 스킬을 살려 일하겠다는 사람은 60%를 넘어, 지방으로 이동 가능성을 보여주었다.

일본 국토교통성은 2019년 2월 대도시권에 사는 성인 2만8,000명을 대상으로 일상생활과 교통, 관광, 귀성을 제외하고 정기적으로 계속해서 방문하는 지역이 있는지 조사했다. 이 조사를 근거로 성인 4,678만 명 중에 생활과 교통권 이외에 계속해서 방문하는 지역이 있는 관계인구는 1,080만 명(20%)으로 추정했다.

방문목적은 지역과 혈연 이외의 지역에서 음식과 취미활동을 하는 취미 소비형이 가장 많았다. 지역주민과 교류, 이벤트, 체험프로그램에 참여하는 참여 교류형, 텔레워크와 부업의 실시, 지방기업에 취업, 농업종사 등의 취업형, 지역산업 창출과 지역 활성화 프로젝트의 운영, 자원봉사활동에 참여하는 직접 기여형 순으로 나타났다.

현재 일본의 지방기업은 위기에 직면해 있다. 젊은 인재는 도시로 유출되고, 고령화에 따라 생산연령인구가 크게 줄었다. 지방의 중소기업은 우수한 스킬과 노하우를 가진 인재가 크게 부족하다. 지역경제를 살리기 위해 수도권의 대기업 출신의 경험이 풍부한 인재를 유치하여 지역을 활성화하는 선제적 대책이 필요하다.

현재 부업을 허용하는 대기업이 점차 늘어나면서 직원은 지방기업에서 경험과 스킬을 활용하려는 사람도 늘어나고 있다. 지자체, 지역 금융회사, 지역기업에 부업 인재를 활용하는 대책은 계속 늘어날 것으로 보인다. 지자체는 지방에 없는 수도권의 유능한 인재를 영입할 때 단순히 대우 외에도 자기실현의 기회를 제공하는 대책도 필요하다.

개인은 지방으로 이주하거나 전직 전에 도시에 살면서 부업으로 일해보고, 지방기업은 우수한 인재를 활용하여 혁신을 창출하는 전략은 바람직한 지역발전 전략이다. 개인은 도시에서 일하면서 여유 시간을 활용하여 지방기업에서 부업을 통해 자신의 능력을 발휘하면서 새로운 커리어를 개발하고, 퇴직 후 인생을 설계하는 장점이 있다. 지방기업은 부업용 업무를 적극적으로 공급하여 지역에 필요한 인재를 싸고 쉽게 확보하여 인력부족 문제를 해결할 수 있다.

그러나 아직 해결할 과제는 많다. 부업을 포함한 기업의 니즈를 발굴하고 인재를 공급하는 수도권 기업의 이해를 바탕으로 부업 이외에도 다양한 형태의 인재를 활용할 필요가 있다. 무엇보다 이동경비를 지원하여 지방과 관계를 맺는 도시의 인재를 늘리는 것이 중요한 과제라고 전문가들은 지적한다.

고향에 있는 대기업 오피스에서 일한다

홋카이도에 있는 샤리쵸의 인구는 약 1만 명이다. 웅장한 샤리다케(해발 1,547m)라는 산을 바라볼 수 있고, 세계 자연유산의 시레토코에 가깝고 자연이 풍부한 지역이다. 이 지역에서 "시레토코라보"라는 텔레워크 거점이 있다. 2층의 건물에 회의실과 사무공간, 약 6명이 숙박할 수 있는 공간이다. 사무실 창밖으로 보이는 오호츠크 풍경에 감동하고 통근 스트레스도 없고 자신만의 공간에서 일할 수 있다. 수도권의 대기업에서 일하는 텔레워커는 무료로 체류할 수 있다.

샤리쵸는 텔레워크 인재를 유치하여 지역을 활성화하고자 2015년 총무성의 "고향 텔레워크" 실증사업에 참여하였다. 한 번 방문하면 바로 지역의 매력을 느낄 수 있다. 시레토코라보의 이용자는 2박3일부터 1주일 이내의 단기 체류가 많다. 개인과 대기업이 숙박 형태로 이용하는 경우가 많다. 2020년 3월 현재 '히타치제작소'와 '손해보험 재팬' 등 대기업과 중소기업 226개사, 531명이 이용했다.

일본 정부는 지역을 활성화하고, 지역의 인력부족 문제를 해결하기 위해 "고향 텔레워크" 사업을 실시하였다. 도쿄상공회의소의 조사에 따르면, 2020년 6월 약 70%의 기업이 텔레워크를 실시하고 있다. 그러나 텔레워크를 도입한 기업이 지방에는 매우 낮은 현상을 보이고 있다. 수도권의 텔레워크 도입 비율은 20.8%이지만, 지역의 도입 비율은 2~6%로 미미한 수준이다. 2019년 총무성 조사에서 자본금 5억엔 이상의 대기업에서 35.5% 이상이 텔레워크를 도입하고 있지만, 중소기업은 6.2%만 도입하고 있다. 이렇게 텔레워크는 대기업일수록 도입하는 회사가 많지만 지방에 있는 중소기업은 아직 도입하지 않는 현상이다.

지역 인구가 감소하는 지자체는 지역 전체의 텔레워크를 도모하는 고향 텔레워크 대책을 효과적인 방법으로 생각했다. 육아 문제로 직장에 복귀할 수 없는 여성, 간병을 위해 취업할 수 없는 사람에게 지역에서 텔레워크로 일할 수 있는 환경을 제공할 수 있기 때문이다. 전국의 모든 기업은 언제든지 지역의 인재를 활용하여 노동력 부족을 효과적으로 해소할 수 있다고 판단한 것이다.

다시 말해 고향 텔레워크란 도시에 있는 기업이 지방에 위성오피스를 설치하여 기업과 인재 이전을 촉진하는 대책이다. 지역을 활성화하고 누구나 언제 어디에서도 일하기 쉬운 환경을 제공하는 효과가 있다. 도시에서 지방으로 유턴한 사람과 개인이 위성오피스나 지역거점에 머물면서 ICT를 이용하여 일할 수 있다. 지방에서 자녀를 교육하고 싶은 사람, 지방에 사는 부모와 살고 싶은 사람도 지방에 거주하면서 도시와 같은 업무를 할 수 있다. 누구라도 일하기 쉬운 환경구축에 적합한 대안이다. 어떤 지역의 개성과 특징을 살리거나 애착심을 가진 지역에서 살면서 텔레워크로 일하며 자기답게 살아갈 수 있다. 도시에서 지방으로 사람과 일자리가 흘러가도록 하여 지역 활성화를 실현하는 정책이다.

[고향 텔레워크 운영방식과 과제]

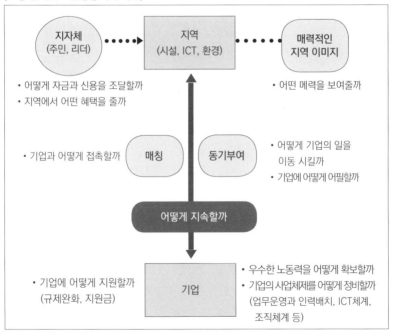

2017년 일본 총무성의 자료를 보면, 텔레워크를 실시하거나 검토하는 지자체는 19.6%였다. 관심은 있지만 특별한 대책을 실시하지 않는 지자체는 36.8%였다. 절반 이상의 기업이 지역의 텔레워크에 관심을 갖고 있다.

일본 정부는 2018년까지 고향텔레워크를 확대하기 위해 지자체와 민간기업에 지방 위성오피스 환경을 정비하는 비용을 보조하고 있다. 2015년 실증실험을 포함해 55개 사업을 보조했다.

지자체가 텔레워크에 관심을 갖는 이유는 두 가지다. 다른 지역의 기업을 유치하고(위성오피스), 지자체 직원을 대상으로 텔레워크를 실시해야 하기 때문이다. 지자체마다 목적이 다르지만 인구의 유출을 고민하는 지자체는 위성오피스를 설치하고, 인구 밀집지는 생산성을 높이고 우수한 인재를 확보할 목적으로 추진하고 있다.

아오모리현은 선진적인 텔레워크 모델 시스템의 실증실험을 하였다. 현의 공무원과 민간기업의 직원을 대상으로 자택과 위성오피스에서 업무를 추진하면서 웹 회의 시스템 환경을 마련하여 텔레워크의 커뮤니케이션 활용법을 실험하였다. 실험 후에 대상자의 93.3%는 업무를 계속할 수 있었고, 48.3%는 직장에 있을 때와 똑같이 업무를 수행했다고 대답했다. 65%는 업무부담이 줄어드는 효과가 있었다. 텔레워크의 현실성과 워라밸의 향상을 실감할 수 있는 결과가 나왔다.

사가현에는 텔레워크를 본격적으로 추진하고 있으며 표준모델로 주목받고 있다. 재택근무, 위성오피스, 모바일워크 방식으로 2016년부터 현청 공무원 약 4,000명이 텔레워크로 일하고 있다. 텔레워크의 과제로 지적되는 커뮤니케이션 문제는 웹 회의 시스템으로 해소하고 있다. 자택과 출장지에서도 자료를 공유할 수 있고, 효과적인 ICT 시스템을 구축하여 재해 상황에도 언제든지 사업을 지속할 수 있다는 것을 확인하였다.

히로시마현은 텔레워크를 확대하기 위한 커뮤니케이션 환경을 정비하고 있다. 시간과 장소에 얽매이지 않는 다양한 일 방식을 추진하는 기업 비율을 2020년까지 80% 이상으로 하는 목표를 추진하고 있다.

나가노현 오지리시는 2015년 "고향텔레워크 추진을 위한 지역실증사업"에 참여했다. 오타키무라에 옛날 여관을 개조한 공유오피스, 후지미마치에는 학교 유휴시설을 이용한 위성오피스를 설치하였다. 그리고 오지리시에는 고용지원 시설을 이용한 텔레워크 센터, 3개의 공유 오피스를 관리하는 텔레워크 클라우드가 마련되어 있다. 이런 클라우드로 관리하는 버츄얼 오피스에 의해 도시에서 해왔던 일을 지방에 거주하면서 계속 일할 수 있다. 이런 실증 사례를 보고 다른 지역에서 고향 텔레워크를 추진하고 있다.

오지리시는 처음 25명의 이동인구를 목표하였지만 2015년 56명의 성과를 올렸다. 고향텔레워크 실증사업을 통해 연간 목표 1억 엔을 크게 넘는 4억5천만 엔의 경제적 파급효과를 달성했다. 텔레워크 실증사업에 참여한 담당자는 좋은 반응을 보였다. 모델 사업 전에 업무생산성이 높다는 사람이 17%였지만, 사업 후에는 78%가 개선되었다고 대답했다. 워라밸의 만족도도 사업 전보다 크게 높아졌다. 사업 전에 41%가 높다고 했지만, 사업 후에는 무려 94%가 만족감을 보였다. 또한 나가노현의 다른 이름 "신슈"를 사용하여 "신슈고향텔레워크" 추진기반 대책을 세웠다. 이 프로젝트는 고향텔레워크를 친근하게 느끼는 사례를 인터뷰하고, 텔레워크 추진 정보, 지역의 매력을 외부에 발송하고 있다.

오지리시는 2016년에는 마쓰모토시와 협력하여 참여하고 있다.

실증사업의 성공으로 여러 기업에서 수주가 크게 늘어났기 때문에 인구가 많은 마쓰모토시와 함께 고향텔레워크 추진 컨소시엄을 설립하여 사업을 시작했다. "텔레워크 센터 시오지리"가 중심이 되어 개인사업자와 기업을 대상으로 사업을 추진했다.. 텔레워크 시오지리에는 위성오피스가 설치되어 기업에서 파견된 텔레워커와 지역에서 채용한 인력이 일하고 있다. 전문성이 높은 업무는 마쓰모토시에 있는 공유오피스 "Knowers"로 배분하고 있다.

군마현 다카사키시도 고향텔레워크 실증사업에 참여하였다. 도쿄의 노동력을 다카사키로 이전할 목적이었다. 도쿄에서 일하는 노동자가 겪는 육아와 간병 문제를 지원하기 위해 편리한 위성오피스와 텔레워크 센터를 정비하였다. 상시 접속할 수 있는 태블릿을 도입하여 텔레워커의 고독감을 줄이고, 위성오피스를 설립하여 도시 중소기업의 이용을 촉진했다. 외부지역에서 이주한 여성이 자녀를 키우면서 일할 수 있는 텔레워크 센터 "다카사키치"를 설립하였다. 2015년 33명의 노동력이 이주하는 성과를 냈다. 현재 '주식회사 CRANE'이 빈집을 활용한 위성오피스를 설립하고 있다.

와카야마현 시라하마초의 실증사업으로 위성오피스를 활용하여 직원이 이주하거나 장기간 파견하는 텔레워크의 효과를 검증하였다. 2015년 이주하거나 장기파견된 사람이 27명이었다. 사업에 참여한 세일즈포스닷컴은 자체 성과분석 자료에 따르면 활동 건수, 상담 건수, 계약금액이 증가했다.

시라하마초는 지역에 거주하는 텔레워커의 생활을 지원하는 앱을 개발하고 가족의 생활편의 정보를 제공하였다. 진출기업이 지역에 있는 인력을 3명 이상 고용하면 항공료의 절반, 1인당 연간 30만 엔을 지원하였다. 현재 IT 비즈니스 오피스는 공실이 없다. 많은 기업이 시찰하고 있고 IT 기업이 모여들고 있다.

지역 분산은 삶의 질을 높인다

코로나 사태를 계기로 많은 사람이 텔레워크를 경험하였다. 대도시에 밀집된 위험과 감염증 확대를 방지하는 대책으로 지역 분산의 필요성을 느끼는 계기가 되었다. 앞으로 ICT 환경과 오피스 시설이 지방에서 갖춰지면 지방으로 이주하여 일하려는 사람도 늘어날 것이다. 새로운 일 방식과 일하는 장소도 선택할 수 있는 사회가 될 것이다.

일본은 코로나 사태를 계기로 지방 활성화 대책을 더욱 적극적으로 추진하고 있다. 도쿄에 대기업 중심의 오피스를 지방으로 이전하고, 직원이 지방으로 이주를 돕기 위해 정부와 경제계는 적극적으로 연계하여 정책을 추진하고 있다. 도쿄에 있는 기업의 위성오피스 유치를 전략적으로 추진하는 지자체를 강력하게 지원하고 있다. 코로나 이후에 지방에서 위성오피스를 개설하고 우수한 업무환경을 갖춘다면 지방으로 젊은 인재를 끌어들일 수 있을 것으로 예상된다.

[지방에서 활용할 수 있는 텔레워크 유형]

○ 기업의 신규사업 개척, 사업 지속성 강화 등 기업경영 강화대책

종류	주요 내용
스마트 시티 추진	스마트 시티 실현에 필요한 ICT 관련 기업의 위성오피스와 연구기능 유치 대책
신사업 창출 클러스터 형성	지역의 산업 창출과 성장에 기여하는 관련 기업의 위성오피스 유치 대책
사업 지속력 강화, 거점 다원화 추진	수도권에 크게 영향을 미치는 재해위험을 고려한 본사 기능의 백업을 담당하는 오피스 유치 대책
인재 확보	도시에서 경쟁이 치열하고 이직률이 높은 직종과 부서를 지방으로 이동하여 확보 육성하는 대책

○ 직원의 새로운 생활방식과 일 방식을 통해 자기실현에 기여하는 대책

종류	주요 내용
워케이션, 오픈 이노베이션 창출	다양한 직종의 기업과 개인사업자에게 워케이션의 장을 제공하고, 지역기업과 제휴하여 혁신 창출 추진 대책
지역공헌	직원이 본사 업무에 종사하면서 부업을 통해 애착이 가는 지역에 공헌 욕구를 지원하는 대책
육아에 편리한 일 방식	자녀양육이 필요한 세대가 일할 수 있는 공유형 위성오피스를 설치하여 젊은 세대의 지방 이주를 촉진하는 대책
지역 텔레워크 (간병 대책)	부모간병을 위해 지역에 돌아온 직원이 ICT를 활용하여 업무를 추진하는 대책

출처: "리모트 워크 추진에 의한 이주 추진"(일본내각부, 2020. 7), 필자 재구성

지역에 확산되는 위성오피스

위성오피스는 지역 과제를 해결하는 수단

현재 일본에서 다거점 생활과 관계인구라는 키워드가 유행이다. 다거점 생활은 여러 지역을 돌아다니며 살아가는 유목 생활과 같다. 다거점 생활은 사람의 생활 스타일을 근본부터 바꾸어 놓고 있다. 일의 디지털화로 언제 어디에서도 일할 수 있는 직종과 노동자, 이른바 디지털 노마드가 세계에서 증가하고 있다. 대도시와 지방의 2개 지역에서 또는 복수 지역에 거점을 두는 생활스타일 니즈가 대중화로 변모하고 있다. 2030년에는 다거점 생활 관련 시장규모는 37.5조 엔에 이를 것으로 전망하고 있다. 지방의 빈집을 활용하고, 예약 형태로 전국 각지에서 살 수 있는 서비스를 제공하는 벤처기업도 있다. 주택을 소유하지 않고 가볍게 거점을 이동하는 라이프스타일이 트렌드화 될 가능성이 높다. 이러한 라이프스타일에 대응하는 위성오피스와 공유오피스가 필수시설로 각광받고 있다.

일본 지자체가 위성오피스를 유치하는 사례에 시사점이 많다. 지역에서 위성오피스 유치에 성공하려면 관련 기관과 긴밀히 협조하며 마케팅 전략을 실행해야 한다. 젊은 세대를 유인하는 자연환경, 핵심 프로젝트 리더가 필요하다. 또한 치밀한 행정지원과 외부인력을 수용하는 문화 등 많은 요소를 갖춰야 한다. 지역마다 특색이 있기 때문에 지역 특성을 분석하고 어떤 직종과 인재가 그 지역에 적합한지 타깃 마케팅을 추진해야 한다. 그 대상층이 지역에 매력적으로 느끼는 것을 파악하여 전략을 추진해야 한다.

U턴 이주자를 유치할 때도 대상을 구체적으로 분석해야 한다.

이주자가 필요한 이유는 무엇인지, 이주자가 지역 기능을 유지한다면 필요한 정주인구를 필요한 노동력으로 환산하고, 이를 관계인구로 보충하는 것도 효과적인 선택지다. 소비만 하는 사람이 아니라 창출하는 사람을 불러온다는 의식이 필요하다.

가미야마쵸는 지역의 목표와 지역에 필요한 직종과 기능을 가진 전입 희망자를 명확히 설정하고, 사업을 지원하고 있다. 필요한 사람과 물건을 갖춰 지역 브랜드화를 추진하고 있다. 또한 과소지역의 기능 유지 거점으로 초등학교를 유지하기 위해 최저 필요한 전입자의 수를 계산하고 2060년까지 목표를 정하였다.

구체적으로 도쿠시마현의 실증사업 듀얼스쿨에 참여하여 관계인구를 확대하는 전략을 추진하고 있다. 듀얼스쿨이란 도시와 지방의 학교를 전학 절차 없이 하나의 학교처럼 왕래하며 배울 수 있는 제도다. 지방과 도시의 교육위원회가 합의하면 전학 절차를 간소화하고 두 개 학교를 쉽게 이동할 수 있다. 지방과 도시의 장점을 체험하고 다양한 관점과 다면적 사고를 할 수 있는 삶으로 육성할 수 있다. 과소지역의 학교 기능을 유지하고 지방과 도시, 두 지역에 살면서 지역을 번창하게 할 가능성이 커 주목받고 있다.

요약해서 말하면, 과소지역에서 일어나는 현상을 객관적으로 파악하고, 지역에 필요한로 타깃층을 기반한 관계인구와 전입자 유치계획을 세워야 한다. 그리고 수익성을 충분히 고려한 위성오피스와 공유오피스를 유치하고 장소를 정비하는 대책이 필요하다.

[듀얼스쿨의 니즈와 효과]

도시 출신의 니즈	지방 출신의 니즈
• 위성오피스 근무자 등 새로운 일 방식을 실천하고 싶다. • 가족이 지방 이주를 위해 시험 이주하고 싶다. • 지방의 자연과 문화를 접하면서 자녀에게 다양한 가치관을 갖게 하고 싶다.	• 지방과 도시의 차이와 매력을 느끼고 다양한 관점을 갖고 싶다. • 지방에만 키울 수 없고 도시에 진출할 각오를 갖게 하고 싶다. • 도시 생활을 경험하고 새롭게 지방의 매력을 느끼게 하고 싶다.
효과	
• 지방과 도시 2개교의 학생이 같은 교실에서 함께 배우고, 교류하면 학교가 활성화되고 다양한 관점을 가진 학생 육성 • 복잡한 전학 절차를 간소화하여 쉽게 이동하도록 하여 지방과 도시의 교류인구 확대 • 학습진도의 차이 등 학교생활의 불안을 해소하여 지방과 도시에 두 지역 거주 가능성을 확대하고 지방 이주를 촉진	

출처: 듀얼스쿨 홈페이지(https://dualschool.jp/), 필자가 재구성

워케이션으로 지역의 매력을 높이다

지자체에도 워케이션은 매력적인 대책이다. 최근 코로나바이러스의 영향으로 인바인드 수요는 크게 줄어들었다. 코로나바이러스 영향으로 여행객이 줄어들고 있다. 새로운 일 방식인 워케이션은 하나의 대안이 될 수 있다. 워케이션이 활성화되면 지역의 관광 숙박업에 고객이 평일에도 늘어나고 휴일과 균등화하는 장점이 있다. 지자체가 워케이션을 유치할 수 있다면 관광객을 늘려 지역경제를 활성화할 수 있다. 워케이션은 관계인구를 늘리는 좋은 방법이다. 저출산 고령화 과제를 안고 있는 지방에서 관계인구를 늘리면 지역 내외의 사람들이 연계하여 지역을 활성화할 수 있다.

일본의 환경성은 적극적인 대책을 실시하고 있다. 예를 들어 숙박시설에 일할 수 있는 기본설비를 갖추어 워케이션을 체험하는 이벤트를 개최하거나 와이파이의 도입을 지원하고 있다. 또한 온천시설과 국립공원 캠핑장에서 워케이션을 하는 사업단체와 관광사업자에게 보조금을 지급하고 있다.

워케이션을 착수한 지자체는 전국적으로 늘어나고 있다. 2019년 와카야마현과 나가노현이 주체가 되어 워케이션 지자체 협의회를 설립하고 2020년 8월 현재 99개의 지자체가 참여하고 있다. 특히 와카야마현은 워케이션 사업을 선구적으로 대처하고 있다. 미쓰비시가 2018년에 와카야마현 미나미키시라하마에서 워케이션을 개설을 발표하고 대형 개발업자가 이미 사업을 추진하고 있다. 그러나 재택근무와 같이 그 장점을 이해하지 못하면서 사회 전체에 확산되지 않고 있다. 최근 와카야마현은 워케이션 프로젝트인 "와카야마 워케이션

네트워크"를 설립하고 참여한 기업과 단체의 대책을 적극적으로 소개하고 있다. 특히 온천과 리조트에서 인기 있는 시라하마쵸는 워케이션에 최적화된 지역으로 설정하고 모니터 투어를 모집하는 등 관계인구의 창출과 지역경제의 활성화를 추진하고 있다.

일본의 '세일즈포스닷컴'은 와카야마현에 위성오피스를 설치하였다. 사회공헌 미션을 내걸고 직원이 취업시간 1%를 사회공헌 활동에 사용한다는 지역 활성화에 크게 기여하였다. 와카야마현은 2017년부터 워케이션을 추진하고 있다. 워케이션을 확대하기 위해 프로젝트팀을 만들고 워케이션을 추진하는 기업과 개인을 지원하고 있다. 2017년부터 2019년까지 104개 회사의 910명이 워케이션을 체험하였다.

워케이션은 관광업, 지자체, 기업이 과제를 해결하는 수단으로 주목받고 있다. 그러나 워케이션을 도입할 때 과제도 있다. 워케이션은 직원에게 일하는 선택지가 늘어나지만 기업에 단점도 있다. 기업은 근태관리의 복잡성, 인사평가의 곤란, 도입 비용 등의 문제가 발생한다. 오피스 밖에서 일하기 때문에 근태관리와 인사평가가 곤란하다. 소프트웨어와 하드웨어 등 보안 비용이 소요된다. 워케이션을 추진하는 기업은 노동시간과 비용, 산재적용 범위 등 노무관리 제도를 재구축해야 한다. 정보보안 대책도 필요하다. 또한 워케이션 제도를 수용할 수 있는 우호적인 기업문화와 직장 분위기가 형성되어야 한다.

워케이션을 수용하는 민간사업자와 지자체도 네트워크 환경을 정비하고 공유 오피스와 미팅룸 등 쾌적한 업무환경을 정비해야 한다. 워케이션은 풍부한 자연환경 조건도 중요하지만 현지 사람들과 교류와 비일상적 다양한 활동도 중요하다. 이러한 자유로운 활동 속에서 번뜩이는 혁신적 사고를 떠올리는 것이 여행의 매력이고, 회사

혁신의 씨앗이 될 수 있다. 매력을 높이는 작업을 통해 다른 관광지역과 차별화로 이어질 수 있다.

감염 확대를 막고, 경제를 유지하려면 코로나 시대에 맞는 여행 형태를 추구하는 사람이 늘어나고 있다. 국내외 유명 관광지역보다 한적하고 조용한 작은 여행을 추구하는 것이다. 이른바 작은 여행, 마이크로 투어리즘이 인기를 끌고 있다. 자택에서 30분에서 1시간 정도 걸리는 장소에서 보내는 여행 스타일이다. 지금까지 귀가할 수 있는 거리에서 외출하여 호텔과 여관에 숙박하는 일이 없었다. 그러나 코로나 시대에 감염 확대를 막고 여행을 즐길 수 있는 새로운 스타일로 주목받고 있다.

코로나로 인해 좁아진 행동 범위 속에서 약간의 윤택함을 즐기며 생활에 색채를 가미한 새로운 형태다. 감염자가 많은 지역의 자택에서 약간 떨어진 호텔과 여관에서 마이크로 투어리즘을 시험하는 직장인도 있다. 호텔은 텔레워크를 위한 숙박 서비스를 제공하고 마이크로 워케이션을 할 수 있는 환경을 정비한 도시형 호텔도 늘어나고 있다. 호텔 객실은 네트워크 환경과 사생활 보호장치가 잘 갖춰져 업무시설로 편하게 이용할 수 있는 장점이 있다.

코로나 사태로 많은 기업은 재택근무를 실시하면서 업무 중에 집안일을 동시에 경험하였다. 일과 일상의 사생활의 경계선이 모호해지는 현상을 느꼈다. 워케이션은 휴가라는 비일상적인 생활과 일을 통합하고, 워라밸을 더욱 효과적으로 추진하는 수단이다. 워케이션이 확대되고 일 방식이 더욱 다양화되는 사회를 기대한다.

그들은 어떻게 재택근무로 최고의 성과를 높였나

초판 1쇄 발행 2021년 03월 01일

지은이 이형종
펴낸이 곽유찬

기획·편집 손승겸
디자인 시여비

펴낸곳 레인북
등록 2019년 5월 14일 제2019-000046호
주소 서울시 은평구 불광동 통일로 82길 22 101호
전화 010-9013-9235
대표메일 lanebook@naver.com

인쇄·제본 (주)상지사

ISBN 979-11-967269-3-5 (03320)